文化と宗教　基礎用語事典

文化と宗教
基礎用語事典

授業、講義、キャリアのための
101の基本概念

ベアーテ=イレーネ・ヘーメル
トーマス・シュライエック＊編著

岡野治子＊監訳
硲智樹　岡野薫＊訳

海鳴社

Beate-Irene Hämel
Thomas Schreijäck(Hrsg.)
BASISWISSEN
KULTUR UND RELIGION
101 Grundbegriffe für Unterricht, Studium und Beruf
Verlag W. Kohlhammer
© 2007 W. Kohlhammer GmbH Stuttgart

まえがき

　この小事典のタイトルは、読者に多大な期待を抱かせるかもしれない。グローバリゼーションという時代の波、およびそれに伴って世界至るところで生起している社会的変動のプロセスに向き合う今、熱い議論の中心となる二つの領域、つまり文化と宗教——これらはさまざまに重なり、交差する様相を呈している——が、この『基礎用語事典』の対象となるはずである。この小事典は101の項目を擁し、最終的には、高校の授業、大学の講義・ゼミ、さらには職業人の教養のためといった種々異なる要請に応えようとするものである。

　こうした簡潔なテクストは、すべての関係ある事象を視野に入れるには不十分であろう。これらは、時には複雑で、予備知識を必要とすることが多いかもしれない。101という項目数は、あまりに禁欲的な選択であるかもしれない。あるいは読者諸氏には、この項目について全く異なる概念や視点が基本と映るかもしれない。しかしながら、私たちが意図するのは、文化と宗教領域の諸概念をそれぞれのテーマに沿った関連性へと案内する諸論考の数々を、小さな空間に凝縮した「ポケットサイズの本」として提示することにある。それは、議論やテクストに関連する事象を理解するための一助、特にささやかな発見がなされる一助であって欲しいからである。さらに学際的、異文化間、宗教間および諸教会一致運動の一環として相互理解に役立つものであれば、と願ってい

る。宗教的な意味連関は、一義的にはキリスト教的色彩を帯びた視点となっており、同時にキリスト教神学の視点で扱われていることは、読者諸氏の生活意識の文脈がほぼ一貫して、圧倒的にキリスト教的であり、同時に「独自的」でありまた「異質的」でもあるという事実に由来する。この意味で、この『基礎用語事典』は、思考の方向付けの一助として、内向的であり、外向的なのである。

　本書のために我々は、精神科学、社会科学、文化科学の諸領域から、協働的な活躍が実証されている80人超の専門家を獲得した。本書の成果自体が、国際的、学際的、相互文化的な共同作業の一例である。この点でも我々には大いなる喜びであり、よき協力者である著者諸氏には、心から感謝を捧げたい。編集作業上の問題を除いて、著者の論考は、著者それぞれの個性を意図的にそのままに活かしている。すべての著者たちはいずれにしても、「神・世界・人間」という基本次元を、多くの場合、1頁に、世界宗教や数少ない基本概念のケースでは、2頁に収まる論考に仕上げてくれた。関連文献（それぞれ最新版）は、それぞれの項目理解の深化の一助となるであろう。

　　フランクフルト・アム・マイン2007年
　　　　　　　　ベアーテ＝イレーネ・ヘーメル
　　　　　　　　トーマス・シュライエック

もくじ

　　まえがき　　　　　　　　　　　……5
愛　Liebe　　　　　　　　　　　　……13
アイデンティティ　Identität　　　　……15
悪　Das Böse　　　　　　　　　　　……18
アブラハム的宗教／セム語族宗教
　　　　　　　Abrahamische Religionen　……20
移住／移動　Migration　　　　　　……24
イスラム教　Islam　　　　　　　　……26
イニシエーション／加入礼　Initiation　……31
　いのち → 生
祈り　Gebet　　　　　　　　　　　……34
　異文化間 → 間文化
意味　Sinn　　　　　　　　　　　　……37
宇宙論／コスモロジー　Kosmologie　……40
エキュメニズム／教会一致運動　Ökumene　……42
　エスニック・グループ → 民族集団
　オーソドキシー → 正統信仰
（諸）価値　Werte　　　　　　　　……44
　加入礼 → イニシエーション
神　Gott　　　　　　　　　　　　　……47

間宗教／宗教間（相互）　interreligiös　……50
　感性 → 美学
　感知 → 知覚
間文化／異文化間　interkulturell　……52
寛容　Toleranz　……54
記憶　Gedächtnis　……57
儀式／典礼　Ritus　……60
救済　Erlösung　……62
　教育 → 人間形成
教会　Kirche　……65
　教会一致運動 → エキュメニズム
　教職 → 聖職
共生　Konvivenz　……67
共同体　Gemeinschaft　……69
　教養 → 人間形成
キリスト教　Christentum　……71
クルアーン／コーラン　Koran　……76
グローバリゼーション　Globalisierung　……79
啓示　Offenbarung　……82
　啓典 → 聖典
言語　Sprache　……84
（真の）現実　Wirklichkeit　……86
原理主義　Fundamentalismus　……89
故郷　Heimat　……91
　互恵性 → 相互性
　こころ → 精神

コスモロジー → 宇宙論
コーラン → クルアーン
コンテクスト／文脈　Kontext　　　　　　　……94
差別　Diskriminierung　　　　　　　　　　……97
死　Tod　　　　　　　　　　　　　　　　……100
時間　Zeit　　　　　　　　　　　　　　　……102
自由　Freiheit　　　　　　　　　　　　　　……105
宗教　Religion　　　　　　　　　　　　　　……107
宗教学　Religionswissenschaft　　　　　　……113
　宗教間（相互）→ 間宗教
宗教教育　Religionsunterricht　　　　　　……115
儒教　Konfuzianismus　　　　　　　　　　……117
　祝日 → 祭
象徴　Symbol　　　　　　　　　　　　　　……122
　諸宗習合 → シンクレティズム
自律　Autonomie　　　　　　　　　　　　……124
神学　Theologie　　　　　　　　　　　　　……126
神義論／弁神論　Theodizee　　　　　　　……130
シンクレティズム／諸宗習合　Synkretismus　…134
信仰／信心　Glaube　　　　　　　　　　　……136
新宗教運動　Neue religiöse Bewegungen　　……139
人種差別／人種差別主義　Rassismus　　　……142
　信心 → 信仰
神道　Shinto(ismus)　　　　　　　　　　　……144
神秘主義　Mystik　　　　　　　　　　　　……148
新メディア　Neue Medien　　　　　　　　……150

真理　Wahrheit	……153
人類学 → 人間学	
神話　Mythos	……156
スピリチュアリティ／霊性　Spiritualität	……158
生／生活／いのち　Leben	……161
生活世界　Lebenswelt	……165
正義　Gerechtigkeit	……167
性差　Geschlechterdifferenz	……170
政治　Politik	……172
聖書　Bibel	……175
聖職／教職　Amt, religiöses	……177
精神／こころ　Geist	……179
聖典／啓典　Heilige Schriften	……181
正統信仰／正統主義／オーソドキシー　　　　　　　　　　　Orthodoxie	……185
聖なるもの　Heilige, das	……187
生命 → 生	
世界エートス　Weltethos	……190
世界教会　Weltkirche	……192
セクト／分派　Sekte	……194
セム語族宗教 → アブラハム的宗教	
宣教／布教　Mission	……197
相互性／互恵性　Reziprozität	……200
創造　Schöpfung	……202
対話　Dialog	……205
多元主義　Pluralismus	……207

魂 → 霊

知覚／感知　Wahrnehmung　……210

超越　Transzendenz　……213

罪　Sünde　……216

伝統　Tradition　……218

　典礼 → 儀式

道教　Daoismus　……220

土着の神学　Indigene Theologie　……224

人間学／人類学　Anthropologie　……227

人間形成／教養／教育　Bildung　……230

ハビトゥス　Habitus　……233

美学／感性　Ästhetik　……235

秘義／秘教／密教　Esoterik　……238

秘跡　Sakrament　……240

ヒンドゥ教　Hinduismus　……243

　布教 → 宣教

仏教　Buddhismus　……247

文化　Kultur　……252

文化科学　Kulturwissenschaft　……257

　分派 → セクト

　文脈 → コンテクスト

平和　Frieden　……260

　弁神論 → 神義論

ポストモダン　Postmoderne　……262

ホスピタリティ／もてなし　Gastfreundschaft……265

祭／祝日　Fest　……268

密教 → 秘義
民主主義　Demokratie　　　　　　　　……270
民族集団／エスニック・グループ　Ethnie　……273
無神論　Atheismus　　　　　　　　　……275
瞑想　Meditation　　　　　　　　　　……277
　　もてなし → ホスピタリティ
ユダヤ教　Judentum　　　　　　　　……280
預言者　Prophet　　　　　　　　　　……284
倫理／倫理学　Ethik　　　　　　　　……286
霊／魂　Seele　　　　　　　　　　　……290
　　霊性 → スピリチュアリティ
連帯　Solidarität　　　　　　　　　　……293

　訳者あとがき　　　　　　　　　　　……297
　執筆者紹介　　　　　　　　　　　　……303
　索　引　　　　　　　　　　　　　　……309

――凡例――
＊……………………他の項目参照
「　」……………引用個所
イタリック体………原文でイタリックになっている箇所
アンダーライン……イタリック体個所の翻訳
〔　〕……………訳者注
〈　〉……………訳語において特に強調すべき個所

　聖書は特に断りがない限り、日本聖書協会刊『新共同訳聖書』を使用
　クルアーン（コーラン）は、井筒俊彦訳『コーラン上・中・下』岩波文庫1998（1957）を使用

愛　　Liebe

愛は、キリスト教文化（＊キリスト教）のみならず、西洋＊文化全般にとっても重要なテーマのひとつである。それは、愛の実態と共に人間の重要な心身の状態や課題、目標設定と要求、憧憬を可視化するからである。その場合、愛に関するキリスト教の理解は、愛のセクシュアルな面も等閑にしていないことに注意が向けられる必要があるだろう。愛されるという経験をした人だけが、人を愛することができるという深層心理学の洞察は、いかなる愛も自己愛に関係しているという、トマス・アクィナスに既に見られる思想を受容したものである。しかし、この洞察は、利他主義の利己主義への退化というような帰結に落ち着いてはならない。なぜなら、自己愛もやはり愛である限り、それ自身によって根拠づけられているのではなく、むしろ愛する力の源泉であり、認められるという出来事の内に根拠があるのである。愛とは、愛する人（もの）を、「純粋な好意 reines Gefallen」（R・ムジール Musil）または喜び Wohlgefallen（M・ルター）をもって観察することの表現なのである。その場合、喜び Wohlgefallen は、他者を、またそれ以上に他者との親密な関係への欲求を、留保なく無条件に認めることの表現である。その際、他者をありのままに認識したいと努力することは、喜びから生まれるこうした親密さのしるしである。従って、私たちは愛する限り、他者と向き合うことを「やめ」ないというのはそのことである（M・

フリッシュ Frisch)。愛を育むこと、および愛のなかで成長することは、この終わりのない認識過程を顧慮しているのである。その限りで誠実さは、愛の本質的な局面をなす。この点において、愛の持続をもくろむ婚姻といった制度にも、またあらゆる法的かつ社会的理由づけと同じように、倫理的な正しさ（*倫理学）がある。二人のパートナー間の愛の場合、他者について新たなことを知ろうとし、それを意識し、保持するという努力や意欲が重要である。

　*生／いのちの秘密や他者の秘密を守るのが愛であって、それは他者の*自由を考慮することで成り立つ。この可能性は*神の誠実さによって開かれる。神の誠実さは、たとえ私たちが愛を忘れたとしても、また憎しみを持つ場合でさえ、私たちへの愛に拘りつづけるのである。愛を誠実に遂行することが、*信仰の実質的な意味である。信仰において私たちは愛されることを受容する状況におかれることになる。そして愛されることで私たちは自由になるのである。愛は、財貨や自分のいのちを肉体的に維持することなど、二次的であると感じさせるほどに、個々の存在の全体的充実さを示すことに役立っている（ヨハ15章13節）。このような価値序列において、愛のみが人間を真に自由にするというキリスト教の考え方が実証されているのである。

　これによって信仰は、信頼である、という特徴をもつ。その信頼のうちにいのちの成就がある。愛は解放するものである。それは私たちが自分自身でなせる業ではない。その限りでプロテスタントの視点においても愛は人間の徳なのではなく、トマス・アクィナスが説くように、

<u>神</u>の徳に算入されるものである（一コリ 13 章 7-8 説。13 節）。最終的に愛においてつねに重要なことは、隣人だけでなく、敵をも包摂する神の愛を、人もともに遂行することなのである（マタ 5 章 44 節）。神とは愛そのものである（ヨハ 4 章 8 節と 16 節）。愛の行為において信仰の力が証明される。愛は信仰のいのちなのである。

■ Herms, E., Liebe, Sexualität, Ehe, in : Zeitschrift für Theologie und Kirche 96 (1999), 94-135. - Beck, U./Beck-Gernsheim, E., Das ganz normale Chaos der Liebe, Frankfurt a.M. 1990 (2005). - Luhmann, N., Liebe als Passion, Frankfurt a.M. 1982 (^{8}2004).

エリーザベート・グレープ゠シュミット／硲　智樹

アイデンティティ　　　Identität

アイデンティティは同一性 Selbigkeit（自己自身と同一的）と自我性 Selbstheit（「自我 Ich」）を同時に意味する。<u>人格的</u>アイデンティティ *personale* Identität とは、＊時間を通して自己自身と一致していること、あるいは自己自身と一つであることである。さらにそれは代替不能な特徴を持つ人格の唯一性を表している。人間は自分自身について問い、自分にとっても他者にとっても一にして同一の者として認識可能であり、それとして承認されるために、自己を自己に相応しく（「真正に」）形成することを目指す。

自己発見という要請がしばしば過剰な自己中心や自己美化（＊美学）へつながることがあるが、このことと、＊多元主義や＊ポストモダンの記号で用いられる流動的

アイデンティティ bewegliche Identität（言葉の意味ではまさに非‐同一的なもの）なるものが、「日常的なアイデンティティ作業」（H・コイップ Keupp）を必然的なものにするという要求や挑戦を突き付けることと矛盾するものではない。もはや自我‐アイデンティティが必ずしも「集団アイデンティティの成果あるヴァリエーション」（E・エリクソン Erikson）として現れるわけではないし、個人の次元ではアイデンティティは一度形成されたらその後はずっと同一にとどまるものとも考えられていない。それに代わって、新しいアイデンティティ研究が語るのは、<u>パッチワーク</u>‐アイデンティティ（H・コイップ）や<u>ブリコラージュ</u>（C・レヴィ＝ストロース）、そして変化可能なアイデンティティについてである。そこでは何をアイデンティティとするか、あるいは「<u>整合性の感情</u>」すなわち調和を回復するためにもう一度それを変えるかどうかは主体に委ねられる。こういったことが起こるのは特に、変化を自分自身や他者にとって納得のいくものにする（物語的自己構築；J・ブルーナー Bruner）ための自己‐語りの途上においてである。しかしながら、アイデンティティの構築はまったく主観的に「なされる」わけではない。それは社会的現実の内部で他者との関係の中で起こる。それゆえ、適合するものや異なるもの、それどころか矛盾しているものから自分自身の<u>アイデンティティの織物</u>（*Identitätsgewebe*）を仕上げ、試着し、再び変えるべく、主体は言わばその＊コンテクストである<u>アイデンティティの糸</u>（*Identitätsfäden*）へと立ち戻るのである。文化的また宗教的な審級機関との結び付きが弱まったり、さまざまなオリエンテーショ

ンの提供があったり、アイデンティティへの衝動や強制にもかかわらず、うまく形成されたアイデンティティは個人的なアイデンティティと社会的なそれとの間の一種の調和として、つまり自己形成（* 人間形成／教養／教育）という永遠で、決して到達されえない目標として理解されうる。

　社会的存在として人間は、自分のアイデンティティのみならず、その文化的帰属（* 故郷、文化）についても問う。その文化的アイデンティティは、* 共同体のなかへ無意識的に馴染むことおよび文化的な型を意識的に学習することを通して発展する。文化共同体において生活し、存続しうるためには、文化環境への順応の過程で、人間は徐々に必要な行為権限、* 価値、行為様式を獲得していくのである。特に移住を背景とする（* 移住）人々にとっては、アイデンティティ作業は彼らに対するさまざまな期待のせいで、しばしば困難な条件のもとでなされることになる。しかしながら、文化的アイデンティティも、* グローバリゼーションといううねりのなかでより大きい変化プロセスにおいて理解されることになり、ハイブリッドな〔異種混合的な〕教養や間文化性（*Transkulturalität*）（W・ヴェルシュ Welsch）が話題となるのである。

　宗教的な局面でも、特にヨーロッパ的‐キリスト教的コンテクストにおいてはさまざまな変化が生じている。これらの変化は特定の宗教的アイデンティティ、あるいは宗派的アイデンティティ、さらには明確な段階的発展（J・フォウラー Fowuler、F・オゼル Oser／P・グミュンダー Gmünder）に端を発するわけではない。* 宗教は、

むしろ個人的な形をとる宗教性あるいは＊スピリチュアリティ（＊意味）として現れている。

■ Hämel, B.-I., Textur-Bildung. Religionspädagogische Überlegungen zur Identitätsentwicklung im Kulturwandel, Ostfildern 2007. - Oertel, Holger, „Gesucht wird : Gott?". Jugend, Identität und Religion in der Spätmoderne, Gütersloh 2004. - Keupp, H./Höfer, R. (Hg.), Identitätsarbeit heute. Klassische und aktuelle Perspektiven der Identitätsforschung. Frankfurt a. M. ²1998. - Erikson, E. H., Identität und Lebenszyklus, Frankfurt a. M. ¹⁶1973(2003).

ベアーテ゠イレーネ・ヘーメル／硲　智樹

悪　　Das Böse

　最も広い意味では、〈悪い〉と規定される対象は、出来事や事柄の有害な特質であるが、狭義には、人や行為の〈害をなす意図〉である（＊倫理、自由）。この語は、すべての有害なものに対する集合概念であり、優先的に使用される場は、人間論（＊人間学／人類学）、世界観、および宗教的文脈においてである。悪が名詞として使用されるのは、その構造、その原理的意味、または危険が強調されるような場合である。この概念を詳細に極めること（たとえば道徳的、形而上的、ラディカルに）は、暗喩的な語りを省察された意味連関に当てはめることになる。すなわちそれはそのものの本性へと独立させられるのである。西欧の一神教的特徴をもつ＊文化では、多くの場合、〔形容詞的意味で〕〈悪い〉および〈悪なるもの〉は、それに相応する善きものの否定もしくは破壊として

立ち現れる。善がいわば人間の解放にその頂点を表すとすれば、悪は抑圧ということになろう。つまり＊自由として定式すれば、それは「自由のドラマ」となる（R・サフランスキー Safranski）。基本的な関連性において見れば、それは同時に取り消しのきかない害悪・不幸（＊罪）として現れる。政治的に、あるいは心理的にも、社会的もしくは道徳的、また宗教的手段を用いても、それは克服され得ないものである。分析的な解明は、放棄してはならないが、暴力という意味関連で認識できるように（＊平和）、進展・進歩は悪の新たな螺旋サイクルに取り込まれ得るのである。

　悪を説明できるだろうか？　人類と世界を、善と悪に区分し、こうした緊張の場を用いてそれを説明する傾向は常に存在した。このケースでは、二元論について語ることになる。良い人間と悪い人間を区別する道徳主義の場合、＊政治あるいは歴史における比較可能な手続きの場合、世界観の場合、あるいは原理と反原理から悪を説明しようとする宗教の場合などがそれである。マニ教は世界が善と悪の原理から成り立つと考え、＊道教は、現実が対照項の相互活動であると説明する。仏教においては、すべてが仮象と考えられ、それは自己耽溺に由来するとされる。一神教の宗教は、二元論を不完全な形でしか克服できていない。破壊をもたらす存在、人格として捉えられる悪魔には、説明可能な要素が高い。カトリック教会とプロテスタント教会に強く影響を与えているキリスト教的アウグスティヌスの伝統によれば、悪（利己主義、高慢、不従順）とは人間に、その誕生以来深く埋め込まれたもの（罪）である。＊キリスト教と＊イスラ

ム教では、人間の交流の規制を無効にするような黙示録的な考えが台頭している。

　ヨーロッパ文化には、こうした二面性が見られる。そこには一方で人間らしい、人権を尊重する伝統が作用している。他方で、悪に対する闘いが人間を悪魔化し、奈落の底のように人を貶める行為にまで及んでいる（*人種差別や性差別）。二十世紀のヨーロッパは、悪について解釈する権能を、宗教が、哲学、人文科学、そして芸術と共有していることを学んだのである。いずれにしても重要なことは、人間は善を実現するためのすべての社会参加と同時に、自分自身の無力さ、有限性、そして罪障性について真摯に学ばねばならないことである。そうなれば、神的神秘において悪という矛盾を止揚することができるかもしれない。

■ Ricoeur, P., Das Böse. Eine Herausforderung für Philosophie und Theologie, Zürich 2006. - Safranski, R., Das Böse oder das Drama der Freiheit, München 1997(Frankfurt a. M. 2006). - Laube, J. (Hg.) Das Böse in den Weltreligionen, Darmstadt 2003. - Häring, H., Das Problem des Bösen in der Theologie, Darmstadt²1999.

ヘルマン・ヘーリング／岡野治子

アブラハム的宗教／セム語族宗教
Abrahamische Religionen

　この概念は、ユダヤ人、キリスト教徒、イスラム教徒が、聖書に語られる（創12章1節-25章18節）父祖アブラハムをそれぞれ特別な仕方で「信仰の父」と崇敬

している事実を明らかにしている。ユダヤ人、キリスト教徒、イスラム教徒はしたがって、アブラハム的宗教に属さないインドまたは中国起源の宗教の信徒とは、遺産を共有していないことになる。こうした特別なつながりは、次の事実により成立する。キリスト教徒は、『新約聖書』の重要なテクストにあるキリストの証を正当化するためにアブラハムを引き合いに出し（特にガラ 3 章、4 章；ロマ 4 章；ヨハ 8 章）、イスラム教徒は、＊クルアーン〔コーラン〕からはっきりと読み取れるが、イスラムを〈ミラト イブラヒム〉（millat Ibrahim アブラハムの宗教）と理解している。この三つの＊宗教がアブラハムに収斂していることは、共通項と分別項が明確になる結果となっている。

　ユダヤ人、キリスト教徒、イスラム教徒に共通しているのは、アブラハムが手本となるような人間の神に向き合う基本姿勢であり、それは神へのラディカルな信頼という行為に表れるものである。こうした神への信頼は、次のように表現されている。ユダヤ教徒にとっては、特に——これは遂行されなかったが——アブラハムの息子イサクの犠牲（創 22 章 Akeda 犠牲）、キリスト教徒にとっては、十字架に架けられた者の＊神による復活への信仰——その神は、「死者に命を与え、存在していないものを呼び出して存在させる神」（ロマ 4 章 17 節）であることを明らかにした——、そしてイスラム教徒にとっては、唯一で、真理である神のために、人間によって造られたあらゆる偶像や崇拝の対象と闘うことで（クルアーン 21 章 57-67）信仰が表現されるのである。

　ユダヤ人、キリスト教徒、イスラム教徒を結ぶアブラ

ハム神学が、第二バチカン公会議により教会にもたらされた。「キリスト教以外の諸宗教に対する教会の態度についての宣言」(Nostra aetate)〔『第2バチカン公会議公文書全集』に所収〕において、イスラム教徒の信仰(同書3)とユダヤ人の信仰(同書4)を新たに評価している。公会議の教会憲章がそのための転轍〔方向転換〕を次のように行っている。「救いの計画は創造主を認める人々をも包容するものであって、そのような人々のうちには第一に、アブラハムの信仰を保っていると主張し、……(礼拝する)回教徒が含まれる」(Lumen Gentium「<u>教会憲章</u>」16)。

しかしアブラハムに関して、ユダヤ人、キリスト教徒、イスラム教徒は互いに独自のプロフィールを先鋭化させ、初めから常に「アブラハムをめぐる戦い」があったのである。ユダヤ人はアブラハムを通して特に選民(「契約」)と約束の地が正当化されたと考えているため、キリスト教徒とイスラム教徒とは一線を画すことになったのである。キリスト教徒は、ユダヤ人に対しアブラハムを引き合いに出しながら、キリスト信仰を正当化し、同時にキリストによりアブラハムを凌駕してしまったのである(「アブラハムが生まれる前から、『わたしはある』」ヨハ8章58節)。そのことからアブラハムにより正当化される他の宗教(イスラムのような)を初めから排除してしまったのである。＊ユダヤ教や＊キリスト教の後に世界史に参入した宗教であるイスラム教の信徒たちは、ユダヤ人と自分たちの犠牲を払いながら、アブラハムの上に、真の宗教として彼らの実質上の優位性を確立した。「イブラーヒームは、ユダヤ教徒でもなかっ

た、キリスト教徒でもなかった。彼は純正な信仰の人、全き帰依者だったのだ。偶像崇拝のたぐいではなかった。……あらゆる人間の中で一番イブラーヒームに近いのは、彼の後に従った人たち、それからこの預言者（マホメット／ムハンマド）、それから（アッラーを）信ずる人たち。」（クルアーン3章67以下）

あらゆる分離する要素にも拘らず、今日のドイツでも、ユダヤ人、キリスト教徒、イスラム教徒の間で、諸種の組織がアブラハムの精神においてより良い理解、有益な協働を目指して努力を重ねている。すなわちミュンヒェンの「アブラハムの友」のような会（M・ゲルク教授）、あるいは「アブラハムのチーム」（J・ミックシュ）がそれである。そのような作業は、アブラハムが、ユダヤ教、キリスト教、イスラム教によって占有されることなく、神の前の模範的な信仰の証者であるという信頼によって進められている。この意味でこれら三つの聖典は、ユダヤ人、キリスト教徒、イスラム教徒を正しい精神において、神への友情を教示できるアブラハムを「神の友」と呼んでいる（イザ41章8節；ヤコ2章23節；クルアーン4章125）。

■ Görg, M. Abraham als Ausgangspunkt für eine "abrahamitische Ökumene"? In: A. Renz/ S. Leimgruber(Hg.), Lernprozess Christen - Muslime. Gesellschaftliche Kontexte-Theologische Grundlagen- Begegnungsfelder, Münster 2003, 142-150. - Kratz, R.G./ Nagel,T. (Hg.), "Abraham, unser Vater". Die gemeinsamen Wurzeln von Judentum, Christentum und Islam, Göttingen 2003. - Micksch, J., Abrahamische und interreligiöse Teams, Frankfurt a. M. 2003. - Naumann, Th., Ismael -Abrahams verlorener Sohn, in: R. Weth (Hg.), Bekenntnis zu dem einen

Gott? Christen und Muslime zwischen Mission und Dialog, Neukirchen-Vluyn 2000, 70-89. - Kuschel, K.-J., Streit um Abraham. Was Juden, Christen und Muslime trennt- und was sie eint, München 1994 (Düsseldorf 2001).　　　　　　　　　カール゠ヨゼフ・クッシェル／岡野治子

移住／移動　　Migration

　移住／移動の概念には、実にさまざまな社会現象が集約されている。その社会現象とは、個人と集団にとっての意図的で、フィジカルな条件で決定される場所の移動である。我々が区別すべきは、次の概念、すなわち労働移住、脱走・避難、国外追放および強制移住 Displacement（特に国籍を失った人々）である。労働移住は、個人の社会的行為の領域とほぼ同じで、意図的になされ、数世代にわたり長期間を視野に入れ計画するものである。これに対し、脱走・避難、国外追放、強制移住は、政治的もしくは自然災害によって押し付けられる運命である。この二つの形はしばしば重なり合うことがある。それは環境破壊のケースであり、極端な貧困もしくは世界の地域発展格差であり、特にポスト・植民地主義の文脈における格差である。労働の移動が個々のケースにおいては確かに個人の決断の結果であるように見えるとしても、移住者の生活には典型的に、社会の無秩序と多かれ少なかれ極端な受苦のプロセスが表出している。移住の歴史の社会的構造を見るためには、意図的および押し付けという両方の行為の型を結びつけることで可能となる。こうして可視化した「構成論理」は、同時に性別に

みて、異なるものである（*性差）。今日いたるところで、移住プロセスの〈女性化〉〔移住のプロセスには女性に、より多くの比重が置かれているということ〕が目撃されている。そのプロセスとは出自の国での移住の推進力ではなく、移住先での魅力のせいであると説明されねばならないものである。産業先進諸国は、介護および生殖の領域での需要をカバーするために、ますます女性の労働力を必要としている。その上、（特に非ヨーロッパ諸国の）安価な生産において、生産力、マネージメントの統制および利益を上げるために、（多くの場合地方から移住してきた）女性の弱い社会的な状況を利用する傾向が目立つ。

　移住に関する研究（20世紀初頭の<u>シカゴ学派（社会学）</u>という著名な研究で始まる）は、学際的な色彩を帯びている。この研究が絞り込んだテーマは、移住と*伝統、もしくは伝統の形成である。入植地で出自を異にする個々の移民集団の中から、いわば<u>坩堝</u>の中から新しい*文化（*故郷）が誕生するというフォード式（フォーディズム、すなわちH・フォードにちなんで命名された社会モデル）のイメージは、北・南アメリカの公然の入植地である諸国でも、また北・西ヨーロッパの入植地社会であっても、意思に反して、実現しなかった。移住先の国民国家の視点からは、長いことひたすら統合もしくは適応の視点だけが強調されてきたのに対し、個々の移民集団の視点からは、少数民族性という局面（*民族集団／エスニック・グループ）が開けている。移住研究における比較的新しい傾向は、国家を越える移住の発見である。国家を越える移住という傾向が焦点を定める先には、国家を越える生き方（たとえば多国籍の母親）があるので

あって、もはや移住者を送り出す国家や受入れ国家の利益ではないのである。

■ Apitzsch, U. (Hg.), Migration, Biographie und Geschlechterverhältnisse, Münster 2003. - Dies. (Hg.), Migration und Traditionsbildung, Opladen 1999. - Faist, Th. u.a. (Hg.), Migration, Immobility and Development, Multidisciplinary Perspectives, Oxford 1997. -Sassen, S., Migranten, Siedler, Flüchtlinge. Von der Massenauswanderung zur Festung Europa, Frankfurt a.M. 1996. - Castles, S., The Age of Migration. International Population Movements in the Modern World, London 1993.

ウルズラ・アピッチュ／岡野　薫

イスラム教　　Islam

　イスラムとは、アラビア語からの翻訳で、帰依、完全な服従ないしは＊神への専心を意味する。それゆえ、イスラムの信仰告白における最初の文章は「私は告白する。神以外にはいかなる神も存在しない」となっている。従って＊宗教学において、イスラム教は一神教（＊宗教）として説明される。一神教にはユダヤ教、キリスト教も含まれるが、イスラム教はこれらの宗教を、人間の営む自然な宗教であり、イスラム教によって完成に至るが、その実現過程においては先輩格の宗教として理解している。歴史の流れのなかで、ユダヤ教とキリスト教はアダム以降の＊預言者たち（預言者宗教）を通じて、同じく神の永遠なる言葉の＊啓示（啓示宗教）を与えられたとされる。神から選ばれた預言者たちは古い啓示に従うことを促すだけでなく、神の永遠なる言葉を文字で引用す

ることによって啓示の歴史を継続したのである。イスラム教が記述預言者たちと認めるのは、トーラー（＊ユダヤ教）を授かったモーセ、マリアの息子で福音を伝えたイエス、そして、神の全ての言葉である＊『クルアーン』を最良の記録（クルアーン 12, 1-4 参照）としてまとめた最後の預言者ムハンマドである。それゆえ信仰告白の第二の文章は「私は告白する。ムハンマドは神の預言者である」となる。ムハンマドはイスラムの＊信仰によれば、歴史的に最後の預言者であり、それゆえに「預言者の封印」と称される。彼の受けた啓示を基準として、他の預言者たちの言葉もまた優劣が決められることになる。その点で、彼らの言葉の善・＊悪や正・否の区別をする際の基準となるのである（＊真理）。

　ムハンマド（570 年にメッカで生まれた）は孤児の生い立ちであり、長じて彼の叔父の隊商に加わり、シリアまで同行することが許された。25 歳で商人の寡婦ハディージャと結婚し、それにより上流階級の仲間入りを果たした。商業都市や旅の途上で多神教やユダヤ教さらにキリスト教の諸宗派との出会いもあった。40 歳の時、ムハンマド自身の習慣であった精神的沈潜〔瞑想〕のさなかに天使ガブリエルが現れ、神の原的言葉を誦み、告知するよう、ムハンマドに委託した。唯一神への信仰のメッセージは、〔最後の〕審判という脅威と結び付いたこともあり、メッカでは拒絶にあった。622 年、ムハンマドは迫害を受けた弟子とともに後にメディナと呼ばれる地に亡命した。このヒジュラ（＝移住・聖遷）は、イスラム暦の起点とされる。というのは預言者ムハンマドの生涯において、これは宗教的共同体としてのイスラ

ム教の基本的な転換点を示すものだからである。ムハンマドの伝記の著者イブン・イスハークの言葉によれば、ムハンマドは神の啓示を「衷心から」読誦することを支えとして、メディナでのユダヤ教徒、イスラム教徒そしてアラビア人部族との共同生活を組織した。632年に死去するまでに、ムハンマドは信仰の礼拝の仕方を定形化し、アラビア半島における「イスラムの家」を安定させることに成功したとされる。＊政治、宗教、日常生活の結合はイスラム教に一貫した特徴である。ムハンマドは後継者規定を定めなかった。こうしてカリフ〔「代行者」、「後継者」を意味するハリーファの転訛。イスラム社会の最高指導者の称号〕の地位をめぐる争いは第三代、第四代のいわゆる正統カリフの暗殺へとエスカレートした。ウマイヤ朝の創始者であるムアーウィヤは、ムハンマドの女婿で第四代カリフのアリーに対して蜂起し、成功を収めた。その後、シーア派の人々は自らをアリーの後継と考え、彼らはカリフではなくアリー以降のイマーム〔「指導者」の意。スンニ派のカリフに対抗するシーア派の指導者〕を宗教的指導者（＊聖職）として認めている。しかし第12代イマームの失踪以後、アーヤトッラー〔シーア派最大派である十二イマーム派の高位法学者（ウラマー）の尊称〕たちがこの役割を補っている。ほぼ90％の多数派であるスンニ派の大部分は、1924年のカリフ制の廃止に至るまで、ダマスカス、バグダッド（アッバース朝）、コンスタンチノープル／イスタンブール（オスマン朝）のカリフたちに従った。こうしたカリフたちがイスラム＊共同体（<u>ウンマ</u> *umma*）の団結を保証したのであった。

神の啓示を歴史的に締めくくる宗教としてのイスラム教は、神学的にはユダヤ教とキリスト教との「中間の宗教」として、つまりイエスを預言者として認めないというユダヤ教の「過小評価」とイエスを神の子として崇拝するキリスト教の「過大評価」との「中間の宗教」として自己理解している。宗教政策の観点からすれば、イスラム国家においてユダヤ教徒とキリスト教徒は、自分たちの宗教を営むことが許されるが、制限付きの市民権だけをもつという、黙認された（＊寛容）「庇護民」（ジンミー *dhimmi*）という地位を占める。こうした宗教政策のうちにイスラム主義、イスラム原理主義の脅威が認められる。こうした主義主張は、衆人の認める人権に対して、イスラム法（シャリーア Scharia）を基盤とした政治と宗教との統一を、部分的には暴力を使って、押し通そうと試みるからである。

　「律法宗教」とは、イスラム法いわゆるシャリーアに関連して、イスラム教に適応される宗教学の概念である。シャリーアは『クルアーン』とムハンマドが語った教訓（ハディース *Hadith*）に基づいている。法学者たちはイスラムの歴史のなかで、シャリーアを拡大するために共同体の決定、類比、自主的な法の制定という方法を用いた。シャリーアは人々の個人的および集団的な生活領域を広範にわたってカバーする。宗教儀礼（＊儀式／典礼）における不可避の義務として神への告白、一日五回の＊祈り、ラマダーン月の断食、宗教的貢（みつぎ）、メッカへの巡礼がある。断食の義務を終えると続いて断食終了祭ないし砂糖祭とも呼ばれる祝祭が行われ、巡礼の後には、いわゆる犠牲祭が行われる。シャリーアは

戸籍法、特に結婚法と相続法を定め、国際法、国政、経済倫理（*倫理／倫理学）に関する規定を含んでいる。イスラム教徒は、彼岸に対する具体的なイメージ（*死、救済）を、死の眠りの克服と死後の生への信仰に結び付ける。戒律に従順であった褒賞として天国の喜びが与えられ、地獄の苦しみが不従順を罰する。神秘主義者であるいわゆるスーフィー教徒とその理論家たちは、神への遠さと近さを表す具象的イメージに宗教的な解釈を施している。

　民衆的イスラム教と慣習は、死者の祝福に満ちた贈り物を〔意のままに〕用いる術と、人間の望みに合わせて神の働きを操作する術を心得ている。正統のイスラム教でタブー視されるこうした事柄は、呪術と神秘主義との間、また無条件の義務と推奨される模範的態度との間をどのように区別すべきなのか、とくに第三者にはわかりにくくなっている。このグレーゾーンにおいてヨーロッパに暮らすイスラム教徒の文化適応力を試すような対立が生じ、それが〔公共の場での着用の是非をめぐる〕スカーフ論争、風刺画論争、さらには女性の家庭外での就業、女児のための水泳授業、イスラム法の定められた方法で屠殺された肉、イスラム教の葬儀をめぐる議論となっている。

　世界の約13億人のイスラム教徒のうち概算で320万人を上回るイスラム教徒の移住者（*移住／移動）がドイツで生活している。カリフから法学者（<u>ムフティー</u> *Mufti*）を経て指導者（<u>イマーム</u> *Imam*）に至る理論上の理想と比較すると、ヨーロッパのイスラム教においてはウンマ法によって組織化された階層構造が欠けている。

このことは、パートナーを必要とする宗教間（＊間宗教／宗教間）＊対話に困難をきたすだけでなく、イスラム教内部での長期にわたる議論へと至る。共同体の統一性のなかで唯一神へ信仰を告白すること、神の言葉と戒律の絶対性の要求に沿うこと、さらに宗教共同体の普遍化を表明すること、そうした際に明らかになる頑なな態度は、イスラム教徒の努力にかかっているのである。

■ Ende, W./ Steinbach, U. (Hg.), Der Islam in der Gegenwart. Entwicklung und Ausbreitung - Kultur und Religion - Staat, Politik und Recht, München ⁵2005. - Nagel, T., Das islamische Recht. Eine Einführung, Westhofen 2001. - Reidegeld, A., Handbuch Islam. Die Glaubens- und Rechtslehre der Muslime, Kandern 2005.

バルバラ・フーバー＝ルドルフ／岡野　薫

イニシエーション／加入礼　　Initiation

（1）　イニシエーションは、「古典的意味」において、儀礼（＊儀式／典礼）を意味する。それは伝統的社会では、個人（個人儀礼）または全ての年齢集団の（集団儀礼）子どもの段階から、生殖・妊娠可能な成長期への過渡期に同伴する儀礼、換言すれば、過渡期を完遂するという儀礼である。個人でも集団でも、また少年でも少女でも、原則として、同じ儀礼的図式に則ることになる。すなわち隔離儀礼、変容儀礼、復旧儀礼である。イニシエーションを受ける男女の子どもは、一定期間、共同体の他のメンバーから隔離され（子どもというステイタスから脱皮する）、それも厳粛な隔離のなかで（荒野またはイニシ

エーションのキャンプでの隔離)、死と誕生を経験する(「小さな死」を表象する彼岸の世界や、肝試しや不自由という鍛錬、また性差の経験、すなわち男児の割礼や女児の陰核の切除、そして成人としての生活の「秘儀」の伝授を通して)。そのことで共同体は、その子どもたちを放縦な宴という枠組みのなかで(場合によっては最初の性交も)、完全な権限を具え、新たなステイタス(男／女)の権利と義務を具えた成人として認定する。イニシエーション儀礼とは、「未成年者危機」という重要な変化状況に対し儀礼的に統制された向き合い方を保障するものである。中性的な子どもから、成熟した性的な存在へと転換させ、新たな社会的＊アイデンティティを形成するのは、生物学ではなく、伝統的儀礼なのである。

(2) 成人という存在に向かうこのような儀礼的過渡期は、今日もなお見られるものである。たとえば堅信礼や〔ドイツの〕成人式、学校など教育機関の卒業、〔オーストリアの〕選挙権年齢に達した人たちの祝いなどであるが、これには少なくとも部分的には古式の儀礼の様相が認められる。さらに隔離および成人の生活の「秘儀」の伝授(堅信礼教育には、前世紀までは、性的啓蒙も含まれていた)、「小さな死」と新たな誕生(解体と再生の要素としての水を灌ぐこと、すなわち「ガウチェン」と言われる見習い印刷工の修行の終りに受ける水を伴う儀式)、成人者たちの仲間入り(卒業時の放縦な酒宴、堅信を受けた人々が用いる敬称の二人称表現)などもその例である。またそのような機会には(しばしば悪い結果を伴う)無鉄砲な肝試しも行われ、繰り返しメディアの注目の的になってきた。

（3）<u>広義のイニシエーション</u>は、種々の（生物学的、社会的、地域的な）過渡期の状況におけるすべての儀礼的な遂行を意味する。それは誕生、死、結婚、初めての妊娠、初子の離乳、長子の割礼に際しての長老役に任ぜられることでもある。さらに養子縁組、男性同盟への入会、ギルドや手工業者の同業組合。転居、王位に就くこと。シャーマンの召命も同じである。秘儀宗教への入団、＊密教の位階における一定の階位の獲得がそれに当たる。ここでもまた古典的なイニシエーション儀礼のすべての要素が見られる。すなわち共同体からの隔離儀礼（アフリカの王位継承儀礼では、即位する王は、母親との近親相姦により、自分の家族との関係を絶つ）、さらに変容儀礼（受洗者は、洗礼水の中で死に、同時にその水により「新しい被造物」として再生する（ロマ6章3節以下、二コリ5章17節）。そして復旧儀礼（死者は、儀礼的、具体的な埋葬と犠牲の供養により、祖先のステイタスを獲得し、再び生者と死者の聖なる共同体の一員となる）。そしてまたもや生物学ではなく、イニシエーションの儀礼が、新しいアイデンティティを形成するのである。誕生した新しいいのちは（再生した祖先としてイメージされることが多いのであるが）、イニシエーションによる養子縁組により共同体受け入れの手続きが済むまで、つまり「誕生する」までは、死んでいることになる。そうでない場合、この新しいいのちは、捨てられるか、目印もないままに大地に埋められる。このいのちは（まだ）「人」と見なされていないのである。

■ Hasenfratz, H.-P., Die antike Welt u. das Christentum, Darmstadt 2004, 77-96 (antike Mysterienkulte). - Müller, K.E., Initiationen, in: ders./

A.K. Treml (Hg.), Ethnopädagogik, Berlin ²1996, 69-91 (traditionelle Gesellschaften). - Henking, K.H., Was ist Esoterik? In: Wissende, Eingeweihte und Verschwiegene. Katalog zur Ausstellung (Zentralbibliothek Zürich, 23. 9. 22.11.86), Zürich ²1986, 8-13 (abendländische Esoterik).

ハンス＝ペーター・ハーゼンフラッツ／岡野　薫

祈り　　Gebet

　祈りは存在する。祈りとは＊生活世界の一部である。過去の見慣れない遺物としてであれ、同時代の奇妙な証としてであれ、祈らない人でさえ、祈りには遭遇している。たとえ祈らない人間であっても、体験と学習を基にして、特定のテクストやさらに特定の言語的実践を祈りと解釈する（できる）であろう。祈り、祈る人、祈りの読誦の仕方は、すべての＊宗教に見られるものである。祈りとは、複数形である。それぞれの予備的理解があるが、要するに、祈りとは確かに認識されてはいるが、認知されていないということである。そうであれば、祈りを日常的なコミュニケーションから外れたコミュニケーションとして一度ネガティヴに捉えてみるのも、意味があるように思われる。祈りのなかで、日常のコミュニケーションから偶然ではなく、脱落しているものとのコミュニケーションが求められる。＊意味あるいは無意味、成功あるいは失敗という通常の尺度は、祈りに関する限り、ほとんど何も説明してはくれない。

　それにもかかわらずそれぞれ具体的な実践の中で、祈りは存在する。祈りの実践については次のように問いを

立てることができるだろう。すなわち<u>誰が</u>、祈るのか、それは、個人か、集団か、あるいは特別に委嘱された、もしくは権能のある人物の祈りなのか？　<u>何が</u>、祈られているのか、どのような形式か、すなわち自由な祈りか、あるいは定式化された祈りか、どのような内容か、すなわち祈りが持つものは、願い、誓約、嘆き、感謝、賛美、呪詛、罪の告白なのか？　<u>どのように</u>、祈られるのか、無言か、有言か、忘我的か、儀礼的なのか（＊儀式／典礼）？　<u>いつ</u>、祈られるのか？　自発的か、決まった時にか？　<u>どこで</u>、祈られるのか？　静寂の小部屋か、聖なる空間（教会、シナゴーグ、モスク、寺院）か？　<u>何において</u>、祈りがなされるのか、どのような表現形態においてか？　言葉でなのか、あるいは動作においてなのか、その両者なのか、あるいは灯されたロウソクと祈祷旗においてか？　<u>なぜ</u>、祈りがなされるのか、不安からか、感謝からか、義務からか、その他の理由からか？　<u>何のために</u>、祈りがなされるか、目的は何か、願いが叶うようにか、あるいは克服するために祈るのか、何かの、誰かの繁栄のためか、滅亡のためか、尊敬を得るためか、あるいは感謝を表すためなのか？　最後の問いは、<u>どこに</u>向かって祈りがなされるか、向こう側にいるのは何か、あるいは誰か、さらに向こう側とは誰であり、そもそも祈りは、向こう側とどのような関係にあるのだろうか？

　この最後の問いは、ユダヤ教的な根（＊ユダヤ教）を持ち、祈りの実践（マコ1章35節他多数）に方向付けされ、さらにイエスの祈りの教え（マタ6章9-13節と並行箇所。マタ7章7-11節と並行箇所）を大切にするキリスト教的伝統において、特別な重要性を持つ。

ここでは、祈りは＊神に対する人間の応答と解されており、しかもそれは、以前に神によって（＊創造、＊啓示、＊救済において）なされた人間への語りかけにより可能となったあの応答なのである。従って＊キリスト教の規範的祈祷の証は、感謝と賛美をしつつ記憶すること（＊記憶）（たとえば詩104章と詩105章。エフェ1章3-14節）を強調している。人々が神にむけて祈りを捧げるという形の応答において、人々は神に向かって語りかけているばかりでなく、神を通し、また自分自身を通して語っているのである（ミカ6章1-8節．ルカ18章9-14節）。祈りが、神とは誰なのかを特定すること、および個的にも集団的にも人間とは何かを特定するアイデンティティの形成を意味する限り、絶え間ない、また批判的な検証を告示するものである（イザ1章10-17節．マタ6章5-8節）。さらに祈りについてのキリスト教的解釈は、どうみても複数形である。たとえば東方教会の伝統（＊オーソドキシー）では、ほとんど＊対話ではなく、神とのつながり、もしくは神との一致を強く目指していると言える（ロマ8章26節以下）。

■ Börner-Klein, D./ Demmer, K./ Gensichen, H.-W./ Haunerland, W. / Korherr, E.J./ Schaller, H./ Untergassmair, F.G./ Wahl, O./ Weismayer, J., Gebet, in:Kasper, W. u.a. (Hg.), Lexikon für Theologie u. Kirche, Bd.4, Freiburg i.B. u.a.³1995,308-320. - Flasche, R., Gebet, in: Handbuch religionswissenschaftlicher Grundbegriffe, Bd. 2, Stuttgart u.a. 1990, 456-468. - Schaeffler, R., Kleine Sprachlehre des Gebets, Einsiedeln 1988.

ラインハルト・ファイター／岡野治子

意味　　Sinn

　この概念の多様な用いられ方は、*sinnen*（何かに視線を向ける・目論む）、*sinnlich*（身体を介した知覚）、*innerer Sinn*（＊霊／魂、心情、表象、思想）、*Sinn des Lebens*（＊価値、目標、理想）などのような類似的な語の形態から明確になる。意味 Sinn を持たないものは、すべての連関から切り離されることになる。すなわちそれは、方向性を持たず、何とも接点を持たず、霊／魂も思想もなく、根拠や目標もない、というものである。意味が人間にとって基盤的であるという事実は、生産的、有機的で、精神性豊かで生活に役立つ要素において示されている。つまりこの要素とは構造の構築や発展過程、成功した＊生／生活にとっては欠くことのできないものである。人間の理解 Verstehen というはたらきは、〔物事の〕諸連関を解明し、可能性を見いだし、将来を設計するものであるが、これも意味の場合と同じように作用する。いかなる人間存在 Dasein も、理解というこの意味構造が無ければイメージすることすらできない。こうした意義という領野において、意味は実存的概念である。すなわち、個々の人間の事実上の生に付随して、その人固有の条件と可能性のレベルにおける自分自身との関わりが存在するのである。ここで、肯定的もしくは否定的な答えがなされるということは、理論的問題というよりも、むしろ生活実践的な問題である。意味の危機というものは、無意味 Unsinn にではなく、むしろ意味の喪失と絶望からくる脅威へとつながるからである。人生の意

味 Lebenssinn は 18 世紀の終わり以来、（ヨーロッパの）人々が指針を求める際のキーワードとなり、19 世紀、20 世紀には、主観的に経験可能な意味を実存的に問うことの総体概念となった。この問いは、中立的で、意味を欠くように見える（自然）科学的な客観世界とは対照的なものである。問題を孕む意味とは、相変わらず自分自身に確信を持てず、根拠と目標への問いをいつも問い続けねばならない近代のしるしなのである。

　これに対して、この概念の<u>論理的な</u>用い方はまったく別のところにアクセントを置いている。言語記号は一方で、対象への関係を持っており、その<u>意義 Bedeutung</u> は対象への関係において成立する。他方で<u>意味 Sinn</u> は、あるものについての内部の表象のために保持されるが、この表象は＊言語の使用によって規制されている。言語記号は連関が持つ意味へと我々を向かわせる。これが起こらなければ、言語記号や命題は無意味である。ここで問題となるのは言語による表現と問われている（真の）＊現実との一致であり、意味の構築は、理論的に解明されねばならない諸学問の課題である。習得しようとしている世界<u>状況</u>が、純粋に客観的には全く把握しえない限り、人間にとってその<u>世界</u>が、つねに特殊な仕方で所与となっていることは、より包括的な意味概念を要求するのである。社会形態が存在することによって意味が生じるように、その<u>社会理論的</u>応用は事物や他の人々との交流を示している。その交流では繋がりの形成と境界の新たな可能性が活発である。ここで、いつも動きを共にし、理解を共にするという視点の地平が開示されるのである。自己関係と世界関係のこの総合的連関を、<u>意味</u>とし

て特徴づけてみれば、意味を後回しにできない〔重要な〕コミュニケーション媒体として特化することは確かに筋が通っている。この媒体は、進化と文化史（＊文化）の産物として、同時にその認識や形成の条件でもある。意味の空無さ Sinnleere は内的に矛盾となる。というのも、人間や世界に関わるあらゆるものにおいて問題となるものは、そもそも意味構造のうちでのみ表現されうるからである。

　この概念を実存的、論理的、社会理論的に使用することで、意味に対し普遍的に依存するという事態が生じる。その場合何らかの外的関係 Außenverhältnis が不可能であるかぎり、どうすれば意味構造のこうした制約が、もう一度克服され、さらにそのようなものとして処理ができるのか、という問いが残される。諸＊宗教においては、呪術、＊儀礼、＊神話などのような特殊なコミュニケーション形態が、意味を全体として、また意味を経験可能な範囲で主題化できるのである。神学の観点からは、所与性（＊創造）、生に関する苦悩（和解；＊神義論／弁神論）、進化的成長と連関性のなかで（＊愛という新しき創造の業を成す神の霊）思考させ、さらに意味全体の形態においては実存的な問いや脅威が消滅するという経験をさせるのは＊神の概念である。意味を創造的な前提やいのち溢れる力において正当に評価するためには、＊超越と内在は必然的な次元なのである。

■ Feldtkeller, A., Warum denn Religion? Eine Begründung, Gütersloh 2006. - Fehige, Chr./Meggle, G./Wessels, U. (Hg.), Der Sinn des Lebens, München [4]2002.　　　　　　　ヘルマン・ドイザー／俗　智樹

宇宙論／コスモロジー　　Kosmologie

　すべての生き物は、自己を発展させるために、それぞれの世界のうちで自分を方向づけなければならない。人間はその精神的能力を用いて意識的にこのことを行う。人間は「自分の」世界のうちに自分を見いだすのである。人間は、自分の＊生／生活を形成するために、世界を探知しようとするし、またそうしなければならない。宗教史を見れば、権力や暴力が人間を苦しませるということがわかる。宗教的実践をしながら、人間はそれらとの関係を結ぼうと試みる。こうした努力は＊神話において叙述されている。すでに古代哲学は世界を形成している諸構造を合理的に問うている。それぞれの固有の世界は、より大きな連関のうちへ組み入れられている。地上には共世界 Mitwelt〔共存世界〕や環世界 Umwelt〔環境〕があり、それらの上では星辰で満たされた天がアーチを形成している。星辰の運動は計算可能な秩序に従う。経験、直観、測定に基づいて世界像が形成される。世界像は地上から出発し、包括的な世界秩序を記述する。この包括的な世界秩序のうちにそれぞれの現世に生きる人間もまたその居場所を持っているのである。＊宗教は人間を神的なるもの Gottheit によって創造された宇宙の中心に位置する被造物として理解するのである。

　ギリシア・ローマの哲学と＊聖書の伝統は世界像にまで濃縮され、この世界像は中世においては学問的形態を獲得する。恒星天が球形に蓋っている七つの結晶態の天球層上に階層的に秩序づけられ、月と惑星が地球の周

りを回っている。その恒星天をさらに「結晶天 Kristall-himmel」と、原動天 primum mobile が蓋い、最後に「光輝天 coelum empyreum」が続く。そこは神の「玉座」であり、廷臣たち、天使たちと祝福された人々の広間である。ここから宇宙における運動が決定される。月の軌道より下にある此岸の世界だけが無常なのである。有機体、人間社会、そして＊教会が形成する世界での階層秩序も同様に、宇宙の秩序を模写しているのである。

　もちろん、太陽が中心に位置づけられ（コペルニクス、ガリレイ、ケプラー）、宇宙が無限へと開かれていることを G・ブルーノ Bruno が提唱した時点で、天体の運動はよりよく説明される。それに伴って、世界秩序の宇宙論的基盤が問題とされることになる。バロック時代になると、新たな世界像をめぐる争いの中で自然科学は＊神学から解放された。宇宙論は物理の専門分野となったのである。この専門分野は 137 億年前の「ビッグバン」に始まり、銀河の充溢へ向けて進化を伴う持続的な宇宙の拡大から出発する。この銀河の内部で、地上における有機的な生命や人間の生命も可能となったのである。将来は未定。研究はさらに進む。宗教的に色付けされた種々様々な考え方は、現代の諸知識としばしば結びついている。

　神学的宇宙論は神への＊信仰を合理化する試みに対して警告し、イエス・キリストへの関係により仲介されるこの世界での＊神の現在の経験を引き合いに出す。＊愛の＊精神は、世界に浸透するであろう。それは＊死をも超えて将来を開示するものである。この意味で＊創造は、我々の地球で、宇宙とその進化のさなかで起こるのであ

り、進化も創造に織り込まれているのである。そうであれば、神は、宇宙に存在するありとあらゆるものの創造者として信じられることが可能となる。単なる因果応報の主宰者や建築家といったイメージは、神に相応しくない。

■ Hübner, J./Stamatescu, I.-O./Weber, D. (Hg.), Theologie und Kosmologie. Geschichte und Erwartungen für das gegenwärtige Gespräch (Religion und Aufklärung 11), Tübingen 2004. - Müller, H.A.(Hg.), Kosmologie. Fragen nach Evolution und Eschatologie der Welt (Religion, Theologie u. Naturwissenschaft 2), Göttingen 2004. - Benz, A., Die Zukunft des Universums. Zufall, Chaos, Gott?, Düsseldorf ²1998.

ユルゲン・ヒュープナー／硲　智樹

エキュメニズム／教会一致運動　　Ökumene

言語的に、教会一致運動という概念はギリシャ語の動詞オイケイ／ン（oikei/n ＝家に住まうこと）に由来する。人の住まう世界全体が、最も広い意味での教会一致運動の基準点である。被造物としての人間の＊生はさまざまな＊文化に分かれ独立しているが、こうした生の緊密な関係性を視野に収めることが、教会一致運動の根本的関心である。全現実へのまなざしは常に遠近法的であり、また、そのまなざしは視界の広狭によって決定されうる。＊アブラハム的宗教における教会一致運動は、＊ユダヤ教、＊キリスト教、＊イスラム教の共通点を把握することを心掛けている。キリスト教の教会一致運動は、唯一で、神聖な、カトリックの使徒的教会が諸宗派に分裂し

た歴史を問うことになる。唯一、神聖、カトリック、使徒という教会の四つの特徴はニカイア（325）とコンスタンチノープル（381）の信仰信条の字句に記載されており、宗派を越えた妥当性を主張するものである。「カトリック」（＝全てを包括する）という概念は、この場合、「教会一致運動」の同義語に相当する。通例、「教会一致運動」という概念の現在のキリスト教的・神学的内容は、＊神の普遍的な＊創造に対する視野の拡大を常に前提としている。

　キリスト教における現在の諸宗派諸共同体は、歴史的に条件付けられた分裂運動によって成立した。4・5世紀にキリスト論に関する論争に直面して古代東方諸教会が生まれ、東西教会のシスマ〔大分裂〕（1054）においては教皇の権力と領土請求権が重要な位置を占めた。16世紀以降の諸改革派は、＊伝統に対する＊『聖書』の優位そして罪びとが人間の功徳によってではなく神の恩寵によって義とされ得る可能性を表明している。古カトリック教会は19世紀末に教皇首位説と教皇不可謬性説に異議を唱えた。全ての宗派共同体は、容易には後戻りしえない歴史のプロセスの中でさまざまな制度的形態を受け入れてきたのである。

　20世紀前半における、いわゆる現代の教会一致運動はプロテスタント教会〔諸改革派〕によって広く支えられ、さらに＊東方正教会によっても漸次支えられるようになった。ローマ・カトリック教会は第二バチカン公会議（1962-65）によってこのプロセスに参加した。そうこうするうちに、かつては対立していた諸々の神学的テーマ領域（とりわけ、聖書理解、義認の教理、秘跡神

学（＊秘跡）、＊聖職／教職の教理）で広範な融和に成功した。個人倫理と社会倫理（＊倫理）の問題における相互理解の努力は、今日ますます喫緊のものとなっている。

　教会統一運動の基礎となる『聖書』のテクストは「ヨハネによる福音書」17章21節である。〔「父よ、あなたがわたしの内におられ、わたしがあなたの内にいるように、すべての人を一つにしてください。彼らもわたしたちの内にいるようにしてください。そうすれば、世は、あなたがわたしをお遣わしになったことを、信じるようになります」〕。この文言に従えば、キリスト教の信仰信条が信ずるに値することと、人間がイエスに信従しつつ＊共同体において共存する仕方との間には関連があるのである。教会統一運動に関する『聖書』の指示には選択の余地はないのである。

■ Nüssel, F/Sattler, D., Einführung in die Ökumene, Darmstadt 2007. - Link-Wieczorek, U. u.a., Nach Gott im Leben fragen. Ökumenische Einführung in das Christentum, Gütersloh u. Freiburg i.B. 2004.

　　　　　　　　　　　　　　ドロテーア・ザットラー／岡野　薫

（諸）価値　　Werte

　哲学の中心的カテゴリーである価値という概念は経済的な価値概念から生まれた。それは20世紀の最初の30年までには、一時期価値哲学 Wertphilosophie として確立され、価値についての研究（<u>価値論 Axiologie</u>）は非常に重要視されることになった。過去10年の間に＊倫理（学）への新たに強まった関心が、自ずと価値や規範

を要請する方向に向かうことになるが、その間に〔価値への〕特別な注目はある種の懐疑を惹起することになった。価値は、共同生活や責任ある生活設計の基盤として重要視される一方、他方で概念的に把握することが難しいというイメージがあるため倫理的信念における葛藤が、〔価値によって〕調停されるというより、むしろ煽られてきた。

　価値を中心主題にすることは、評価が問題化し、まさに切望される根本的同意が実現できない場合に、典型的な危機的現象が現出すると思われる。社会の多元化と個人化（＊多元主義）、さらに異文化（＊文化、＊間文化／異文化間、間宗教／宗教間）との出会いによって、不変の価値という見方が、説得力を持たなくなった。こうした経験を背景として、価値はもはや所与の存在秩序を代表しているのではなく、個人や集団による評価を表現するものとなっている。こうした評価は、強く明確に打ち出された客観性が要請される場合ですら、主観的なもの、遠近法的なもの、偶然的なものという特徴を持っている。したがって価値とは妥当性の問題であって、理性的な立論という尺度によって正当化されなければならない。主観性と客観性という両極は、まるで血管のように、価値の認識や受容をめぐる議論全体をほぼ貫いている。価値哲学を主張する若干の人々の理解によると、価値はそれが行為者によって「感情移入 Einfühlung」を通じて知覚され、確信を持って伝達されさえすれば、信頼できる手がかりとして倫理的問題において有用とされる。所与の価値世界へこのように遡って理解することが妨げられるとすれば、種々異なる価値観を基礎づける作業や調停に

対する圧力が大きくなるだろう。

　価値の客観的-ア・プリオリな妥当性にも議論の余地があるように、事実として *de facto*、個人や集団のアイデンティティ形成に際し、本質的な役割を果たす共有された価値態度を形成しているのが文化の力（＊文化）であることは明白である。価値は倫理的に重要な＊知覚の領域を構造化し、倫理的問題を超え出ていく意味構築 Sinnkonstruktionen（＊意味）の一部分である。

　議論の対象となる難しい事柄は、価値と規範の関係をいかに規定するかである。その際、規範は行為規則として理解され、価値は規範形成に刺激的かつ批判的に作用しうる包括的な解釈枠組みとして理解される。多元主義的な社会においては、豊かな意味を含み持つ価値について理解し合うことよりも、最小限の規則に合意することの方が容易であるように思われる。価値は根本的な態度について明らかにするけれども、特定の規範を説得力ある形で導き出すことについてはその限りではない。したがってあらゆる概念的な問題はあるが、価値のもつ不動の意義は、規範性のコンテクストに対して敏感な解釈学的倫理学という手法を採り入れることで、最もよく把握できる。科学的客観的に記述され、諸事実から成る一見価値中立的な世界と、科学的観点からすれば神秘的といえる価値の領域とを厳密に分離することは、生活実践的な意義のために、常に新たな思索を必要とする一連の事情をますますあいまいにしか規定できないことを実証している。

■　Joas, H., Die Entstehung der Werte, Frankfurt a.M. 1997(⁴2006). - Krijnen, Ch., Wert, in : M. Düwell/Ch. Hübenthal/M. H. Werner (Hg.),

Handbuch Ethik, Stuttgart-Weimar ²2006, 548-553. - Schnädelbach, H., Philosophie in Deutschland 1831-1933, Frankfurt a.M. 1983(⁶1999).

ヴァルター・レッシュ／俗　智樹

神　　Gott

　＊グローバリゼーションのうねりの中で、我らの大地への脅威がますます明らかになっている。こうしたひび割れの入った世界は、神という問いの最も深い根源である。限界があり、疎外されている実存の相対性に耐え、生き延びられるために、絶対なるものが求められている（偶然性の克服）。大きな＊宗教は、常にこうした原基盤に照準を絞り、創造神、神的なブラフマン（＊ヒンドゥ教）、あるいは仏性のうちに真の＊現実の統一性を認めている。この点で、この世界の＊意味と調和が基礎づけられている。＊ユダヤ教、＊キリスト教、そして＊イスラム教は、時間の最後に、最終的な（終末論的）完成がもたらされるとするこの世界の創造主としての神を異なった仕方で理解している。その神は、有限で、限定され、神自身とは異なる現実としての人間を創造し、その「神の似像」としての人間に、＊自由と同時に責任を賦与したのである。

　さらにこれらの宗教の信仰によれば、神は、常に自身の＊創造にふさわしくあり、創造の目的であることを啓示しているのである。ヤハウェ（＊ユダヤ教）は、「わたしはある。わたしはあるという者だ」（出3章14節）という存在であり、ラビ文書によれば、神の民に臨在（シェ

キーナ＝住まうこと）し、諸民族の荒野を民が彷徨うときから、最終的に神の存在をイスラエルの民に＊啓示するまで、先導する神なのである。『新約聖書』は、神が人間になったこと（受肉）を通して、強力に神が独自なあり方で臨在することを告知している。「キリストは、神の身分でありながら、神と等しい者であることに固執しようとは思わず、かえって自分を無にして、僕の身分になり、人間と同じ者になられました。……へりくだって、死に至るまで、それも十字架の死に至るまで従順でした」（フィリ2章5-8節）。神は、在るものとして現れている。神による世界への関わりは、次のような仕方である。自身が＊愛であり、「関係」（三位一体）そのものである神が、ひび割れた世界を、そしてその＊罪と苦しみを自身に引き受けるという仕方である。イスラムにおいては、アラーが、その啓示と＊クルアーンにおいて最終的に世の裁きの時まで、世の完成に至るまで、と記されているようなその「正義の導き」により、人類のはじめからずっと創造の近いところに存在しているのである。ヒンドゥ教の伝統では、絶対神ヴィシュヌーが勝手気ままな自由（リラ lila）の中で、世界を創造し、その世界を最終的には、信愛（バクティ）により救済し、再び自己のうちに受け入れるのである。シヴァ派では、絶対神シヴァが、世界の創造者であり、数多の＊霊魂がシヴァの慈悲により、この仮象の世界の惑わせるような多様性を克服するために、世界の破壊者でもある。新ヒンドゥ教・ネオヒンドゥイズム（例えばヴィヴェーカーナンダ）では、すべての宗教の人格神は、実在性のない（ニルグナ nirguna）、神的なブラフマンとされる。諸宗教に

おける神への信仰は、限界のある仕方で、現世の相対性を克服し、個我（アートマン Atman）がブラフマンであることを実現するのに、有用なのである。しかしこの多くの（ヒンドゥ教の）神々は、変化と転生という法則に身を委ねる存在なのである（多神教）。この神々は、幻想（マヤ）の領域に所属するのである。原始仏教では、修行者が根本的に有限であり、仮に過ぎない現世の束縛から自由になり、空間・時間的に限定された経験やいつまでも残る自己（アナタ anatta）または神という考えに固着することを止めるなら、無常性の彼岸にある悟り・覚醒（ニルヴァナ・涅槃 nirvana）が成るのである。

　こうした神的現実は、最終的に描写できないのだろうか？　すべての有神論的伝統は、神を正義、慈悲、自由、全能であるといった特徴をもって性格づけているが、キリスト教の伝統は、「創造主と被造物の間には、……大きな類似性は認められないが、両者には、それより大きな非類似性を確認できない」と、注意を喚起している（第4回ラテラノ公会議（1215）DH806）。そうしてみると、すべての伝統、特に神秘主義的伝統（*神秘主義）においては、いわゆる *Via Negativa*（否定の道）という神の完全な異質性およびイメージの難しさが強調されている。人類の歴史においては、こうした世界とは別に、神についての独特のイメージを絶対化し、政治的、宗教的目的のために悪用し、神を自分固有の意思の道具（偶像——たとえば宗教的に根拠づけられたテロリズム）にしてしまう種々の試みもある。これに対しては、グローバル化の流れの中で、神の意図する創造の意味と目的について問うことで、宗教間*対話が意味をもってくる。こ

うした対話は、概して、それぞれの平和における差異を相互に尊重しながら、世界の平和を促進するような、意のままにならない神秘である神への信仰のための共通の宗教間取り組みを通じて可能となるのである。

■ Gott: Erfahrung und Geheimnis: Concilium 37 (2001), H.1. - Klinger, E. (Hg.), Gott im Spiegel der Weltreligionen, Regensburg. 1997. - König, F. /Waldenfels, H. (Hg.), Lexikon der Religionen, Phänomene - Geschichte - Ideen, Freiburg-Basel-Wien ^{2}1995, 212-234. - Denzinger, H., Kompendium der Glaubensbekenntnisse und kirchlichen Lehrentscheidungen, hg. v. P. Hünermann, Freiburg u.a. ^{40}2005(=DH).

ノルベルト・クレース／岡野治子

間宗教／宗教間（相互）　　interreligiös

　間宗教／宗教間という概念は、人類の宗教性、または宗教の相違を解消した結果特定できる宗教性もしくは宗教の特徴というわけではない。むしろ実践的・個人的なレベルおよび／もしくは理論的、学術的レベルで、諸宗教の間で起こる出逢いを特徴づけるものである。異なる宗教を持つ人々（もしくはそのような信仰を持たない人々）、――多くはそのことと不可分に関係するが――単数または複数の文化を併せ持つ人々（＊移住）が、＊グローバリゼーションという現象に向き合ういま、宗教間＊対話や＊異文化間対話は、不可避である。ドイツでは、とりわけキリスト教‐イスラム教の対話（＊キリスト教、イスラム教）が重要である。暴力の肥大化、戦争、さらに（2001年の9・11は悲惨さで有名になった）

テロ行為につながるような宗教的原理主義があるという事実のせいで、異なる宗教の＊信仰、それぞれの教えや宗教の異なる文化的形成の在り方について啓蒙し合うことが必要とされている。（宗教的、国家的）管理（＊職務）のレベルでも、またあらゆる信仰共同体の成員のレベルでも、そこで目指されることは、情報及び対話への準備であり、自己をより高く評価するために「神話から決別すること」である（たとえば＊世界エートスというプロジェクトを参考にすべき！）。

　宗教間の相違を無視せず、共通項を認識することは、学術的な営みのテーマであるというだけでなく（＊神学、宗教学、文化科学）、（宗教的）教育的な実践の関心事でもある。学校での＊宗教・＊倫理の授業および子ども、青年、成人との共同作業の場における＊人間形成／教養／教育という他の領域には、まさに＊教会という文脈のなかで宗教間の事柄を学ぶための多くの可能性がある。宗教間対話という学びの構想は、それぞれを分別して、相互になじみのないままに、またなじませないような「世界宗教の授業」の在り方を超えて、今日では学びのあらゆる局面を視野に入れるものである。換言すれば、これは認知論的、言語学的レベル（特に＊文化の局面を包摂した宗教の比較）にとどまらず、＊美学（すなわち他の宗教、信者、その生活世界さらに宗教的現象を認識すること）や感情的、情緒的レベルまでが含まれるということである。授業を教える側も、学ぶ側も、偏ったやり方でなく、他宗教の＊聖なるものに対する感覚を受け入れ、それを言葉で表現することを学ばねばならない。社会的なレベルで、共同体や連帯性の行為は訓練されるもので

あるし、共同の＊祈りや共同の＊瞑想、さらに祭や祝典に顕れる霊的生活（＊スピリチュアリティ／霊性）にできる限り参加することも忘れてはならない。

　過小評価できない困難はあるが、宗教相互間の学びは、一般教養への重要な貢献であり、しかも相互に葛藤の対処法に力をつけるばかりでなく、人間がそもそもなぜ宗教的であるのか、また確実に自分の宗教と宗教性についての省察と学びのプロセスを促進し、向き合うためにも重要なのである。

■ Sajak, C. P., Das Fremde als Gabe begreifen. Auf dem Weg zu einer Didaktik der Religionen aus katholischer Perspektive, Münster 2005. - Schreiner, P./Sieg, U./Elsenbast, V. (Hg.), Handbuch Interreligiöses Lernen, Gütersloh 2005. - Renz, A./Leimgruber, S., Christen und Muslime. Was sie verbindet - was sie unterscheidet, München 2004.

ベアーテ＝イレーネ・ヘーメル／トーマス・シュライエック／岡野治子

間文化／異文化間　　interkulturell

　「間文化／異文化間」という表現はさしあたり、さまざまな＊文化と文化的差異が存在することを前提にしている。そのことから「多文化的」（*multi*kulturell）という表現との相違がはっきりしてくる。「多文化」と表現する場合、一つの社会的＊コンテクストにおける多くの文化的集団の存在が、価値中立的に記述されるということだが、「間文化／異文化間」にあっては、多くの文化的集団が一つの関係（inter ＝ zwischen あいだ）のうちに、

つまり＊対話のうちに相互的に存在する、あるいは、そのように存在すべきだということを言い表しているのである。異文化間（＊宗教間）の対話は、今日、世界規模で、人間の共同生活のあらゆる連関において不可避（＊世界エートス）であって、特に精神科学・人文科学の専門分野においても非常に注目されている（例えば＊神学において）。＊政治〔学〕の局面では、「原住民」と移民（＊移住）との共同生活や隣接生活を記述するために多文化性の語が用いられるのに対し、特に総合教育学的な専門分野は、移民という背景の有無にかかわらず人間間のスムーズな相互作用を促進すべく、異文化間の総合教育学や異文化間教育（＊人間形成／教養／教育）、あるいは異文化間学習といったコンセプトを想定している。こうしたさまざまな名称は、一部は過程（学習）に、一部は成果（能力）に関連している。

　間文化／異文化間をめぐるいくつもの努力が目指しているのは、紛争状況においてこそであるが、相互のコミュニケーションと交流を身につけ、平等な人間間での出会いを可能にすることである。それは＊寛容といったあいまいな概念、さらに無視や不遜、侮蔑（＊人種差別）や憎悪のもとにとどまることではない。お互いから学び合い、また、共に学ぶことは、批判的な問いかけを抑圧したり、理解の限界があることを見過ごすことなく、相互理解へ、互いに理解し合い、価値を認め合うことに、また豊かな＊共生につながるはずである。

　今日、異文化間の学び合いは、文化を動的な価値と考える文化概念でスタートする。それも文化と文化の間だけでなく、また諸文化の内部にも異質性（＝非統一性）

が存在するのであるからなおのことである。幾重もの帰属性や差異、そしてまた第三のものが成立してくることも計算済みなのである。文化に関する議論（*文化科学）では、ハイブリッド化（合成、混合）や超文化性（文化の変転）、あるいはまた差異及び超差異（差異の超克）などについて言及される。重要なことは、差異は認知されても、固定され、様式化されないことである。異文化間の学習は共に学ぶことである。「外国人の統合問題」に対する〔何らかの能力の〕不足という観点からのアプローチは、*多元主義や「他者性の遍在」において差別という非難に甘んじなければならないし、平等な異質者同士の相互承認（A・プレンゲル Prengel）を目指す「多様性の総合教育学」から逸脱せざるを得ないだろう。

■ Gogolin, I./Krüger-Potratz, M., Einführung in die Interkulturelle Pädagogik, Opladen 2006. - Prengel, A., Pädagogik der Vielfalt. Verschiedenheit und Gleichberechtigung in Interkultureller, Feministischer und Integrativer Pädagogik, Wiesbaden ³2006. - Auernheimer, G., Einführung in die Interkulturelle Pädagogik, Darmstadt ⁴2005. - www.theologie-interkulturell.de　　ベアーテ＝イレーネ・ヘーメル
　　　　　　　　／トーマス・シュライエック／硲　智樹

寛容　　Toleranz

　寛容とは、異なる思考をする者、異なる容姿をもつ者、異種の者を許容するという努力の結果獲得された文明開花の文化的成果 Kulturleistung である。持続的に、折り合い良く寄り添い合い、共に生きること（*共生）を実

現するために、忍耐や実りある妥協という技術には、時には契約に基づく規定が必要である。寛容はつねに危険に脅かされている。なぜなら、人間の築いてきた文明という表皮は、あらゆる経験からして、非常に薄いからである。種々の民族（＊民族集団／エスニック・グループ）が平和裏に、持続的に共生できるためには、単に耐えることだけでは十分でない。なぜなら、忍耐の意味するところは、他者との大きな内面的隔たりが保持されたままであるということである。忍耐はまるで重荷のように心の負担となる。「本来、寛容は一時的な心情のはずである。忍耐は、認容にまで至らなければならない。忍耐とは侮辱である」（J・W・ゲーテ）。したがって、人間の折り合いのよい共同生活が本来目指すものは、他者を自由に尊重し、受け入れることであるが、それでも単なる寛容であっても、それは高次の善である。それは、友人関係もしくは違和感に原因があるような葛藤状況において摩擦を最小限にする徳なのである。積極的な寛容は、内面的な自立性から生じるのであって、自閉的に閉じ籠る臆病な自己防衛から生じるのではない。「私はあなたの言うことに反対だ。しかし、それを言うあなたの権利を私は命をかけて擁護するだろう」（ヴォルテール）。

　寛容は他者、とりわけマイノリティの基本的な生存権の認容から、また他者も権利を持ちうる、と謙虚に推量することから生まれてくる。それぞれの寛容の前提となるのは、人間の尊厳、したがってすべての人の尊厳は不可侵であり不変であり続けねばならないという根本格率を伴う普遍的人権を第一義に尊重することである。そのかぎりで、人間の平等はあらゆる寛容の条件である。原

理的には平等な人々の間に不可避的に存在する具体的な相違のせいで、寛容は恒常的な＊対話を必要とする。この対話にあっては、他者の立場に対して自分の立場がはっきりするだけでなく、また自身をも豊かにするようになる。寛容と称せられるものが、単に思考の怠惰、決断力欠如あるいは無関心にすぎないということがよくある。自分とは異なる考え方をするもの、自分とは本質的に異なるもの、あるいは自分とは異なる信仰を持つものと真剣に対話することで、自分の考え方や態度の度量が試される。暴力をもって自分の真理を認めさせようとする者は、その事柄に自信がないのである。確信を持てないことから、暴力が生まれる。議論の力の代わりに、ひとは力の議論に頼るのである。

　寛容の限界が決定しがたいときに、はっきりしてくるのは不寛容との向き合い方である。不寛容な人々は、自身が権力を持つようになるまで寛容を要求し、すぐさまいかなる寛容をも拒絶するようになる。従って寛容な人は、不寛容な人に対して明確に、早めに対抗しないと、寛容は任意に処理されてしまう。意見の＊自由、個々人の人生設計の自由、そして同じ考えを持つ人とつながる自由は、そのあらかじめ決定可能な限界があり、その限界は、最終的には自由を排除すべく自由を利用するだけの人々のところで見いだされるのである。

　人間にとっての最も根本的な誘惑はマニ教的な思考であったし、いまもそうである。物事を単純化する扇動政治家(デマゴーグ)たちが大きな成果を挙げながら、マニ教的思考を利用してきたのである。諾 - 否、善 - 悪、真 - 偽、強 - 弱といった図式は、葛藤の状況のなかで、自然と感情的

になった多数派を創りだす。途方もない破壊的な力が解き放たれ、盲目的に暴走するのである。これに対して、これとは異なる思考を求めて努力し、同時にそこに自ら深く根をおろしている者は、真に寛容に思考し、行為し、感じることができる。「真理」は貫徹できる、と信じる者の主体的自立性から、寛容は育まれるのである。その真理貫徹には、真理もしくは非真理をどう表現するかという手段が鍵となる。＊民主主義においては、寛容は安定感のある妥協を見いだすための前提である——ひとが自分の〔信じる〕「真理」の相対性を認識することができるという条件のもとで。ローマ＝カトリック教徒が今日まで行っているように、真理の主張を具現するよう要請するならば、それは根本的には寛容ではなく、一時的な忍耐という立場に留まる。寛容は単なる道徳的な要求ではない。それは（宗教的な）根本的確信（＊宗教、信仰）そのもののうちに根付いているのである。

■ Fetscher, I., Toleranz. Von der Unentbehrlichkeit einer kleinen Tugend für die Demokratie, Stuttgart 1990. - Milton, J., Zur Verteidigung der Freiheit, hg. v. H. Klenner, Leipzig 1987. - Tillich, P., Gesammelte Werke, Stuttgart 1959-1975. フリードリッヒ・ショルレマー／俗　智樹

記憶　　Gedächtnis

記憶（同義語：Erinnerung, Gedenken, Anamnese）は、＊言語、思考、行為と同じく人間の根本的な働きの一つである。記憶なしには人間はコミュニケーションできないし、言葉を学習することも技能を身に付けることもで

きなければ、持続的な関係を構築することなど望めない。記憶は人間の経験——直接的な経験であれ間接的な経験であれ——と本質的に結び付いていて、個人の＊アイデンティティの中核的要素である。

また集団や、＊民族集団／エスニック・グループや宗教＊共同体は、歴史における肯定的あるいは否定的な状況についての記憶を保持している。この「集団的記憶」は社会的アイデンティティを構成していて、それが内側に向けられるとその集団を結束させ、外側に向けられると（ある集団を他の集団から）分離する。記憶はつねに以前の出来事についてのひとつの解釈であって、伝記的あるいは歴史的事実を客観的に写しとるものでは決してない。ある出来事に関してなされた解釈や意味が重要なのであり、これがコミュニケーション過程の前提となっている（ヴェルツァー Welzer 2002）。

記憶は哲学的概念でもある。プラトンは彼のイデア論の枠組みの中で想起説（アナムネーシス論）を展開した。それによると人間の思想や洞察はかつてイデア界において知られていたが、生まれるときに忘れてしまったものを再び思い起こすことに他ならない。具体的な歴史的出来事の記憶はイデアの記憶と並んでいる（アナムネーシス的に、記憶する理性；メッツ Metz 2006）。

言うまでもなく記憶は宗教及び神学の基礎カテゴリーである（ペッツェル Petzel／レック Reck 2003）。聖書における記憶モデル（＊聖書）は＊ユダヤ教においても＊キリスト教においても、今日まで際立った特徴を持っている。例えば、過ぎ越しの祭などにおいて示されているように、聖書のイスラエルやユダヤ教のアイデンティ

ティは、特殊な仕方で、受難（エジプト捕囚、脅威）への想起や救済の出来事（解放、＊神による救済）にまで遡って結び付いている。キリスト教においては、イエスの人生、受難、死についての記憶が、初期キリスト教の時代から典礼においてはっきり再現される（例えば「わたしを記念してこれを行いなさい」というアピールにおいて）。祭祀上の想起というこの形式は、受難の記憶（memoria passionis）を救済の希望（memoria ressurectionis=復活の想起；＊救済）と結び付けるのである。

しかし、記憶はその根底において両義性によって特徴づけられてもいる。すなわち一人の人間もしくは一つの共同体にとって、かつての侮辱、侵害行為、あるいは不当に苦しめられた状況についての記憶が、今日、他の集団に属する成員を拒絶したり、彼らを憎んだりする誘因となるならば、記憶は危険なものとなりうる。記憶が自己中心的な仕方で閉鎖的になるのではなく、むしろ一貫して他者の受難の記憶を包摂する場合にのみ、記憶は人道にかなうものとして作用することができる。

記憶が公的な場面でいかなる位置づけと価値を持ちうるのかという議論はヨーロッパでは特にアウシュビッツへの想起と結び付いている。国家社会主義〔ナチズム〕におけるユダヤ人（および他の集団）の撲滅の犠牲者と生存者を正当に評価する「記憶の文化 Kultur der Erinnerung」（"anamnetische Kultur"）をめぐる困難な取り組みがなされている。この「記憶の文化」は加害者とその動機を視野に入れ、罪の問題に目を背けることなく、教会の関わりをも明らかにする。それは現在及び将来のため、そこから人道的な力を獲得するためである。

■ Metz, J. B., Memoria passionis. Ein provozierendes Gedächtnis in pluralistischer Gesellschaft, Freiburg u.a. 2006. - Welzer, H., Das kommunikative Gedächtnis. Eine Theorie der Erinnerung, München 2002 (2005). - Petzel, P./Reck, N. (Hg.), Erinnern. Erkundungen zu einer theologischen Basiskategorie, Darmstadt 2003.　ラインホルト・ボシキ／硲　智樹

儀式／典礼　　Ritus

　（1）「儀式／典礼」の意味するものは、厳密に決まったきっかけにより、厳密に決まった目的のために諸儀式を伴って施行される儀礼の構成要素としての定型的行為である。たとえば新生児の洗礼というきっかけに始まって（教会儀礼）、キリスト教のコミュニティへの受け入れ、救済に必要な恩寵の仲介、あるいは原罪の除去（それぞれキリスト教の共同体により実践されている教えによって異なる；＊キリスト教）という目的（および作用を伴って）のために、水を灌ぐ（儀式／典礼）というものである。儀式や儀礼というものは、明確に宗教的な領域にのみ限定されるわけではない。たとえば市民宗教的な枠組みでは、パレード、軍旗授与式、国歌斉唱、軍のグリーティングセレモニーなど。刑法の枠組みであれば、例えば死刑執行儀礼など。

　民間では、通常「儀式」や「儀礼」の代わりに「セレモニー」や「セレモニアル」の表現を用いる。この場合、特にこのテーマに関しては、厳密な区別をする必然が無いとなれば、宗教的領域と民間領域との区別が流動的であるために、ここでは儀式／典礼もしくは儀礼も対象と

なる。儀式も儀礼も共に、動物の行動様式の多様性にも関わるのである。交尾の儀式、つがいの儀式、畏敬、脅し、服従の儀式がその例である。こうした儀式／典礼のいくつかは、人間の行動レパートリーにも入り込んでいる。たとえば、女性の胸という指示は、慰撫・宥和儀礼、身を屈めることは恭順儀礼、手を伸ばし広げることは、防御儀礼、歯を見せ、硬直することは、脅迫儀礼である。

（2）繰り返しは、儀式／典礼を強化する。たとえば、数回の主祷文・主の祈りは、一回唱える主祷文より、もっと効果があり、呪術行為の3回の繰り返し（*omne truinum perfectum*）もそれに相当する。間違いを犯すと、呪術行為は無効になる。たとえば、誤った言葉のせいで、ローマ時代の動物の犠牲祭祀は無効になる。新たに、間違いを犯さずに、行わねばならない（新しい動物を用いて）。言葉は、儀礼の統合的な構成要素であり得る。たとえば古代北方の人身御供における犠牲祭祀の祭文（「いま、汝をオーディンに捧げます」）、さらにキリスト教の＊秘跡がそれである。しかし言葉のない儀礼もある。たとえば、死に係わるケースでの儀礼であるが、そこでは死者（「静かなる人々」）との連帯から多くの＊文化では、沈黙・黙祷が指示される（ドイツにおける死者の追悼式典での「黙祷数分」を参照！）。

（3）しばしば儀礼は、＊神話の場面描写である。たとえば、古代のディオニュソス密儀宗教においては、野生動物を切り裂き、食することが、祭神の神話的運命を繰り返し、その神の不死の本質に与ることになる。カトリックのミサにおいては、＊教会全体の救済のために、「キリストの血の犠牲の無血の代理」が遂行される。

61

(4) どのように儀式／典礼が作用を及ぼすのか？
①惹起的：人形を突き刺すことは、呪術的に同定された人間の死に作用する。②口寄せ的：霊媒が呪術を通して冥界から死者を呼び出す。③パフォーマティヴ：三位一体の洗礼授与の言葉を唱えることで、受洗者に洗礼が授けられる。④象徴的：改革派教会での聖餐式では、キリストの体と血は、象徴的に現前する。さらにこの有効性は、関係当事者たちの信仰に依存するものなのか、あるいは自動的に発揮されるものか？　これらの問いは、常に神学的思弁および論議の対象となってきたのであり、それぞれ宗教的文脈（呪術、伝統的宗教や古代の宗教、「高等宗教」）に沿って、異なった形で決定されている。

(5) 儀式と儀礼は、秘跡および＊イニシエーションにおいて特に重要な役割を果たしている。方向性がますます見えにくくなっている現代社会にあって、儀式／典礼の必要性に迫る＊ポストモダンの「叫び」は、教会外に「儀礼コンサルタント」なる職業を生み出すに至っている。

■ Dettwiler, M. Wenn Ritualberater im Kirchenrevier wildern, in: Reformierte Presse 16 (2006), 1. u. 5. - Hasenfratz, H.-P., Religion - was ist das?, Freiburg i. B. 2002. - Lang, B., Ritual/Ritus, in: H. Cancik/ B. Gladigow/K.-H. Kohl (Hg.), Handbuch religionswissenschaftlicher Grundbegriffe, Bd. 4, Stuttgart-Berlin-Köln 1998, 442-458.

ハンス＝ペーター・ハーゼンフラッツ／岡野　薫

救済　　Erlösung

救済のイメージと同様に救済への欲求の前提は、生き

る力を得ているという現実感に乏しいこと、もしくは命を弱小化させるような現実が過剰にあると知覚していることである。この前提により、何からの救済なのか、それはどのようになされるか、それがどの方向に、何のために、そして〔救済当事者は〕誰なのかが決定されることになる。そしてその誰という問いには二重の意味がある。すなわち救済されるべき者、もしくは救済された者と、救済がいずれにしても人格的に作用する出来事であると解される場合には、救済者が誰なのかということである。これらすべての問いに横断的に関わる基本的区別があるが、それは人間による自己救済(<u>自己による救済</u> *Autosoterik*)〔自力本願〕と他者、つまり人間には統御できない力、特に絶対他者による、すなわち＊神による救済(<u>神の救済論</u> *Theosoterik*)〔他力本願〕という区別である。

　キリスト教の信仰においては、すべてが神の救済論的な兆候のもとにあるとされる。何からの救済かという点は、特に自己過誤(＊罪)と自己喪失(＊死)において表出してくる。どのようにして救済されるかという点は、もっぱら神の主導により可能になるということで、純粋な賜物(恩寵)として現れてくる。どこへ向かうのか、また何のための救済かという意味付けは、従って命を弱小化させるような＊現実を単に除外することで成立するわけではなく、救済する神と共にあることが実現される＊共同体に係わるものである。すなわち神は、単に救済を必要とする人類に対峙して、裁き、救い上げる存在というだけでなく、また単に救済する力というわけでもない。神のなかにこそ、救済・平安そのものが存在するの

である。それゆえに救済者のなかに救済する神自身が存在しているなら、救済者とはその名にふさわしいのである（神の子としてのイエス・キリスト）。キリスト教的信仰に従えば、神の民への解放的な行為として、個々人に平安を与える作用（奇跡）として、すべての人のために命を献げること（十字架）として、さらに＊創造全体の再生として、救済は歴史の中で実行されるものである。救済は歴史のなかで解放力を発揮するのであって、歴史の彼岸においてではなく、同時に身体的、時間的、社会的な諸条件が存在する歴史からの解放でもなく、歴史に向けての解放なのである。それゆえに人間をその創造にふさわしい全体性において、また同様に個性と社会性（復活）を包摂し、人間を単純にその存在の一つだけの局面（＊精神、霊／魂）に矮小化しないもの、それが救済として理解されるものである。それゆえにキリスト教信仰は、＊祭／祝日の物質的、社会的形態と救済の仲介（＊秘跡、教会）を認めているのである。

　このことから救済についてのキリスト教的理解は、救済を人間の自己実現と解したり、人間の個的、身体的形態あるいは人間の物質的、個人的または社会的な固定化が除かれるという仕方でなされる人間と世界の止揚と解するような宗教的あるいは非宗教的理解とは対置されるものである。他方でキリスト教的理解は、すべての救済された現実を、神の聖性と永遠性のうちに、これを聖書的に表現すれば、神の国に関係づけるという救済〔の実現〕を願っているのである。

■ Werbick, J., Soteriologie, Düsseldorf 1991. - Seckler, M., Theosoterik und Autosoterik, in: ders., Die schiefen Wände des Lehrhauses, Freiburg

i. B. 1988, 40-49．　　　　　　レオンハルト・ヘル／岡野治子

教会　　Kirche

　教会とは、信仰者たちの共同体であり、それは福音が告げられ、秘跡が祝われ、キリスト教的な隣人愛が実践されるところである。「教会（church, kerk）」という概念は、ギリシア語 kyriakón すなわち主の家、神の家から派生している。ここで中核になるのは、＊神による召命である。つまり教会は神による創立として現れるものである。ロマンス語系列では、イタリア語の chiesa（フランス語 élgise, スペイン語 iglesia）の諸概念は、ギリシア語の ekklesia に由来している。この語はあるコミュニティの市民たちの集会を表している。神的所与と人間の共同体という二つの観点が教会の理解を決定しているのである。

　教会は、イエスによる神の国の告知という＊聖書の証言に基づいている。もっともその聖書表現と合致しているわけではない。教会は神の民として現れてくる。すなわちイスラエルが（その後もまた）存続しつづけるとして、教会は神の民の歴史に、キリストの体として組み込まれるのである。つまりこの世に復活した者の現実存在として、また聖霊の神殿として、つまり神へと導かれる場として存在する。教会は従って第一義的には、同じ＊信仰を持つ人々の同盟ではなく、霊・精神の創設なのである。従って教会は、信仰信条に謳われるように、一致しており、聖であり、普遍的であり、使徒的なのである。

教会への受け入れは、人の決心によるのではなく、洗礼と主の晩餐（*儀式／典礼）という徴における贈り物としてなされる。このことから信仰において互いを強化し、恩寵（カリスマ）の多様性を全体のために用いるように、また召命された者の生き方が聖徒にふさわしくあるという諸課題が、教会の成員には与えられるのである。

　教会の具体的形態は、『新約聖書』中の諸共同体によって種々様々である。終末的緊張が過ぎ去るにつれて、統一と伝承の構造がますます重要視されるようになった。初期の数世紀に既に、諸聖職、特に司教職、それに伴い司祭職（*聖職／教職）と助祭職が発達した。特別な聖職を持たない（カリスマを持たない）人々が、「在俗信徒」と理解された。続く時代には、教皇制が普遍教会の統一の保証としてますます意義を深めていき、教皇の首位権と不可謬性に関する第一ヴァチカン公会議（1869/70）の教義は、千年以上にわたる教皇と皇帝間の種々の緊張の歴史の頂点となった。教皇制をめぐる諸議論が、キリスト教の大いなる分断の主な理由なのである。11世紀と13世紀に東方教会と西方教会に、16世紀にはローマ・カトリック教会と改革派の教会とに分断された。今日の教会は、キリスト教統一運動（*エキュメニズム／教会一致運動）の枠の中で、和解を目指す分断された諸教会という形態をとっているのである。

　第二ヴァチカン公会議（1962-65）は、古代教会を思い起こすことで、教会を再び秘跡の真実（（真の）*現実）として理解し、それを神の民と定め、「在俗の信徒」を再発見し、聖職を司教職から由来するとし、さまざまな形をとる諸地域の教会を諸教会として価値評価した。こ

のような新しい傾向と従来の普遍的、位階的中央集権的な構想との間にある意見の不一致は、公会議後の（カトリック）教会を特徴づけている。

■ Neuner, P., Die heilige Kirche der sündigen Christen, Regensburg 2002. - Werbick, J., Kirche. Ein ekklesiologischer Entwurf für Studium und Praxis, Freiburg-Basel-Wien 1994. - Huber, W., Kirche, München ²1988. - Küng, H., Die Kirche, Freiburg-Basel-Wien 1967 (München-Zürich ³1992).　　　　　　　　　　　　ペーター・ノイナー／岡野治子

共生　　Konvivenz

　共生（スペイン語で convivencia）という概念は、ラテンアメリカの解放の神学者及び解放の教育者間の議論から派生したもので、基礎コミュニティの生活感情の表現である。それは共同の学び、隣人同士の互助および共同の祝祭を意味している。Th・ズンダーマイヤーはこの概念を拡張し、共生を「エキュメニカルな生き方」（*エキュメニズム／教会一致運動）の基本構造と規定している（ズンダーマイヤー Sundermeier 1995. 43-75 参照）。彼は初代教会に注目する。キリスト者は使徒と共に学び、財産を分かち合い、主の晩餐を祝った（使 2 章 42 節以下）。エキュメニカルな議論において、援助及び途上国支援が重要な役割を果たしているが、同様に学びの共同体としての*教会も、また祝祭への相互参加も重要となっている。共生とは、単なる共存以上のものであって、それは相互に係わりあうことを意味している。並列的にあることではない。また西欧の*神学の

限界を超えようという試みでもある。共生という概念は、実践を重視するものであって、「世界を理論的に解釈するという袋小路」から脱出するためには適している（ズンダーマイヤー 40 参照）。この共生の実践は、＊宗教間＊対話に先行するものである。対話とは、常に「共同体内の対話 dialogue in community」である。

諸宗教相互間の関係において、共生は、＊宣教／布教および対話と並んで、第三の決定的な概念となり得る。共生の概念は、諸宗教がキリスト者にとって、神的な行為の証明ではあっても、「宣教／布教の対象」ではないことを、明確にしている。諸宗教は相互関係の中で存在する（ズンダーマイヤー Religionen...125 以下参照）。その点から、キリスト者の生き方に対しては、より鮮明に宣教的であり、対話的であり、共生的な性格を持たねばならないという要請が引き出されることになる（同132）。

平和が存在しない地域社会における共生の（とりわけ）実践的な例（共同学習・援助・祝祭の意味で）は、ヨルダンのキリスト教学校である。そこではイスラム教徒の子どもたちが待降節を祝い、キリスト教徒の子どもたちがラマダンを共に経験している（ems-Jahrbuch（14）、13）。宗教的騒乱によって引き裂かれている世界にあっては、このような共生の実践努力は、種々の信仰信条が平和的に出会えるという意味での対話と宣教のためのよい基盤になっている。

非人道的な教えや行為の仕方に対しては、無論異議申し立てが必要となる。共生は、開かれた批判を排除するものではない。共生は、相手のアイデンティティを尊重

するような宗教間相互のリアリズムの姿勢を要請するものである。

■ Sundermeier, Th., Konvivenz und Differenz, Erlangen 1995（特に最初の二本の論文 15-42 頁と 43-75 頁）. - Religionen, Religiosität und christlicher Glaube. Eine Studie, hg. im Auftrag der Akf und VELKD, Gütersloh 1991.　　　　　　ラインハルト・フンメル／岡野　薫

共同体　　Gemeinschaft

　共同体と個人は、相互に参照し合うべく指示されている存在である。共同体に帰属することなしには、人間は個としての人格にまで成長できない。同時に共同体は動機、態度、関心を持って共同体の存立と発展に力を注ぐ用意ができている個人を必要とする。近代社会の場合、共同体という性格が見てとれるのは特に家族である。匿名の役割関係だけでなく、むしろ生きる上での本質的部分を持ちながら個人がさまざまな関係へ組み込まれているという側面を共同体は持っている。家族生活において容易に看取できるように、一方で、共同体は * 価値や規範を共有している。他方で、諸関係がもつ感情的要素や全体性へ向かう傾向のため、共同体の親密さを生み出し、衝突、闘争、もめ事に対する抵抗力が弱まりやすい。* 宗教は共同体形成の中心的源泉である。その理由は次の点に求められよう。すなわち宗教は、必然としてその存在の全体において感銘を与えるのであって、特別な役割があるからというだけではない。近代社会の特徴として、一方で国家、経済そして形式的な組織における匿名

の社会的関係と、他方で親密な共同体関係の間で、二極化する傾向がある。社会学においては、大きな影響をもたらしたF・テニエス Tönnies の著作『共同体と社会（*Gemeinschaft und Gesellschaft*）』（1887）以来、両者を類型として対照させるようになっている。それによると人間は契約により、また利益を維持するために社会（Gesellschaft）へ統合されるのに対して、共同体（Gemeinschaft）は密な統合や感情的温かみによって維持される。これと連動して、ドイツ*文化の潮流ではあらゆる社会的なものの価値引き下げが、次のような帰結をもたらすことになった。すなわち、国家社会主義者〔ナチズム〕がイデオロギー上の敵対者を排除し、撲滅するために、「（民族）共同体」という口実を利用することができたということである。国家社会主義が共同体思想に対する根深い不信をもたらしたことにより、ドイツではアメリカの共同体主義〔コミュニタリアニズム〕を受容することにためらいがちであった。共同体主義にとって重要なのは、危機にある、と知覚された近代社会の統合機能にとって家族や小さな共同体が有意義であることを指摘することである。*教会や司牧者たちの自己理解においては、第二ヴァチカン公会議以降、教会共同体（コイノーニア）という思想はあらゆる局面で重要な役割を果たしている。教会の社会的メッセージのうちにしっかり根を下ろしている助成説〔国家は個人・団体に対する助成的機能だけを果たすべきとする説〕という主要理念は、共同体思想が*現実の*知覚における歪みや、教会及び社会においてイデオロギー的に誤用されるのを防ぐことができるのである。助成説原理の意

味において、小さな共同体は個人の全体的幸福にとって欠くことのできないものであり、共同体は、助成説原理がその課題を事実的に満たすかどうかにかかわらず、助成の振興や社会的評価を必要としている。

■ Tönnies, F., Gemeinschaft und Gesellschaft (zuerst 1887), Darmstadt 2005. - Opielka, M., Gemeinschaft in Gesellschaft, Wiesbaden 2004. - Honneth, A. (Hg.), Kommunitarismus. Eine Debatte über die moralischen Grundlagen moderner Gesellschaften, Frankfurt-New York 1993(2002).

カール・ガブリエル／硴　智樹

キリスト教　　Christentum

　ナザレのイエスに従う人々が、「キリスト者」と初めて呼ばれたのは、後 1 世紀終わり、当時のシリアの首都アンティオキアにおいてであった（使 11 章 26 節参照）。この人々は、むしろ自分たちを「この道に従う者たち」と理解していた（使 9 章 2 節 ; 19 章 9 節、23 節 ; 22 章 4 節 ; 24 章 14 節、22 節参照）。すなわちこれが意味することは、この人々はイエスとその福音を自分たちのための「道」と認識し、自分たちはこの「道」において従う「弟子」であると理解していたということである。イエスを「救いの道」と捉えていたからである。

　「キリスト者」というこのなじみの薄い名称は、イエスに従う者たちの初期の告白に由来している。当初、彼らはすべて＊ユダヤ教の出自であり、イエスをユダヤ教において待ち望まれるメシア（ギリシア語でフリストス〔ハリストス〕、ラテン語訳でクリストゥス）と考えてい

たのである。これは、イエスという人格、イエスの生涯や活動を（*預言者、救世主、主などと並んで）有効にまとめようと試みたタイトルの単に一つに過ぎない。しかしユダヤ教においては最も意義深いタイトルなのである。何故ならその意味するところは、イエスが*神と関わっていること、イエスが神に「塗油された者」、神の「使者」、神の「仲介者」だからである。初期キリスト教文書に同じように登場する「人の子」というタイトルは、本来群を抜いて重要な表現であったと思われる。何故ならこれは、ユダヤの黙示文学（ダニ7章13節以下；エチオピア訳エノク書）に表れてくる概念であり、「人の姿を取りながら、地上における神の支配を徹底させるという全能をもっている神的存在」について語っているからである。これに対し、こうした内容（神的権威、人間の姿）はイエスという「メシア（救世主）」／「キリスト」という体験とあまり重なり合うわけではない。なぜなら基本的に、イエスはメシア待望と結びつく三つのユダヤのイメージのどれにも相応しなかったからである。すなわちイエスは、「王家」でもなく、「祭司」でもなく、「預言者」の出自でもなかったからである。最後の出自イメージは、辛うじて説明の範疇としては最適であった。しかしこれはほとんど実現されなかった（ヨハ1章45節他多数）。

　キリスト教はその自己理解によれば、二つの根を持っている。すなわち一つは、イエスの人格と働きに負う限りでは、歴史的な根であり、もう一つは、神自身により、イエス（キリスト者の信仰では、神の子、神の啓示者、そして命をもたらす人、と告白される）を通して「創ら

れた」神的な根である。

　2000年にわたるキリスト教の歴史を振り返ると、そのことから一般に言われている以下の言説に納得できるようになる。

　――キリスト教は、「歴史的な啓示宗教」である。それは神がナザレのイエスの物語において自己を啓示したということである。『新約聖書』は、人によって記述されたものではあるが、キリスト者の信仰に従えば、イエスを通して神の啓示に係わるイエスの全ての遺産を包摂している。

　――キリスト教は、従って「教義的宗教」である。聖書と＊伝統に則りながら、キリスト教的信仰は、（教理と教義、道徳規定と実践的な生活信条を伴った）「宗教」へと展展したのである。

　――キリスト教は原則的に、「普遍的」である。すべての人間のための「救済の道」と解されているが、他の宗教や自己の生を形成し、救済を見出すための他の道もあるということは大切にされている。

　――キリスト教は〔自然と密着した自然宗教ではなく〕「文化宗教」である。キリスト教はその始まりが広く決定づけられたユダヤの文化から派生したものである。キリスト教は人間の文化の一定の高度さを前提としているが、同時に新たな諸種の文化をも解き放つものである。キリスト教はまずオリエントの文化、その後ギリシア・ヘレニズムの文化に、そして最終的には、特に西欧の文化に影響を与えた。近代の宣教努力（＊宣教／布教）は、アメリカ、アフリカ、アジアの国々へ強い影響を及ぼす結果となった。

——キリスト教は「終末論的宗教」である。理論においても、また間違いなく初期においては、キリストの再臨が想定されている。それは決して現世逃避または現世の否定を認めるものではないが、キリスト者のまなざしを死やこの世の無常を超えて、天にある真の＊故郷へと向かわせるものである。

　数世紀を経ると、キリスト教の初期的なものが後退していくのである。『新約聖書』は、初期にあったユダヤ教やヘレニズムとの対決の多様な足跡を示している。キリスト教のユダヤ教からの「離反のプロセス」もそこからはっきりと辿ることができる。一方で当時のユダヤ人はユダヤ教からの離反者を制圧しようとしていた（ユダヤ教の「18の願いの祈祷」で今日なおも祈りが続けられ、ユダヤ教からのすべての離反者を呪詛するいわゆる「異端者祝福」を参照）。他方、キリスト者は、自分が離反したユダヤ教を基礎に、「新たなアイデンティティ」を規定していったのである。キリスト教史のこの時期において、（「諸民族の使徒」パウロにはじまり）キリスト者が実に多くのものを学んだヘレニズム文化からの影響が強まり、まさにそこから借用したものの助けを借りて、イエスの「預言者的宗教」が「教義的宗教」へと展開していったのである。後にローマ文化が、「法的」な観点まで補填することとなり、それと関連しながら、キリスト教は——キリスト者迫害の長い時期を経て——たちまちのうちに「ローマの国教」にまで発展するのである。キリスト者に宗教の自由を保障した313年のコンスタンティン大帝の「ミラノの勅令」から、381年キリスト教を国教としたテオドシウス帝までは、長い道のりで

はない。無論当時、「カタコンベからのキリスト教の解放」、言い換えれば「迫害時代の終焉」において、「天上の天使が泣いた」という意義深い表現が生まれたのである。それはすなわちその直後から大衆がキリスト教の宗教共同体に雪崩のように流れ込んだからであり、それはキリスト教の平板化と歪曲につながったからである。もっともキリスト教は初めから一枚岩であったわけではなかった。「新約聖書の正典」は、本当に＊教会の基盤であるのか否か、また今日存在する多くの諸宗派教会にとっても基礎であるのか、という問いが立てられているが、『新約聖書』は、このような問いがなされるという種々様々な神学的アプローチや理解を提示しているのである。

　キリスト教は、従って、それも後2世紀のアンテオケのイグナチウス（マグネシア人への手紙 10,1-3）以降、ユダヤ教からの離脱を明確にしつつ、イエスとその遺産に基づくすべての教会、もしくはすべてのキリスト者のための集合概念となっているのである。「イエス・キリストの教会」――それは特にカトリック教会がそのように理解しているが――をめぐる争い、そして多くは宗教改革から誕生した多くの教会の自己理解をめぐる争いは、まさに「キリスト教的に可能であるもの」の多様性を示している。キリスト者の一致を目指す「教会一致運動という努力」（＊エキュメニズム／教会一致運動）はこの点で、その限界がある。

　すべての教会に共通したことが一つある。イエスへの関わりである。しかし個々においてこの関わりが非常に異なっている。わずかの教会だけが、「生き続けている

キリスト」として自己理解をし、キリスト者を「キリストの体の部分」(一コリ12章27節参照)と呼んでいる。しかし多くの教会は、いわゆる*秘跡を認めている。その数と作用の仕方については、一致を見ないとしても、である。神についての言及が少ない今日の世界では、キリスト教は、そのような基本的確信を仲介するのに苦労している。

■ Benz, E., Beschreibung des Christentums, München1975 (Stuttgart 1993). - Küng, H., Christ sein, München 1974 (München-Zürich [12]1993). - Ratzinger, J., Einführung in das Christentum, München 1968 ([8]2006). - Ebeling, G., Das Wesen des christlichen Glaubens, Tübingen 1959 (Freiburg-Basel-Wien 1993). -Welte, B.,Vom Geist des Christentums, Freiburg i. B. 1955 ([2]1966). - Harnack, A. v., Das Wesen des Christentums, Berlin 1900 (Tübingen 2005). ヨーゼフ・ハインツ／岡野治子

クルアーン／コーラン　Koran

イスラム教徒や主なイスラム学者の確信によれば『クルアーン』は*イスラム教の*預言者ムハンマドがおよそ20年にわたり(610-632)説いたもので、彼の死後まもなく編者の手でまとめられた書である。すでにこの点において『クルアーン』と『聖書』とは根本的に異なる。というのも、『聖書』は幾世紀にわたるさまざまな文書を含み、種々の、しかも往々にして無名の著者による、想像を超える長い*伝統をもった著作だからである。

『クルアーン』は114の主要な章「スーラ」から成り、一部はムハンマドのメッカでの活動期(622年まで)

に書かれ、その他はそれに続くメディナでの活動期に成立した。

配列という点では、初期の、短く、とくに強い言葉が駆使されているスーラは、大部分が後期のスーラの後に置かれている。そのため、『クルアーン』に精通したいと思えば、この書物の最後から始めるのが最良である。

『クルアーン』は「朗読」、「朗詠」、「読誦」を意味する。これはテクストが第一義的に礼拝的告知のためのものであったことを示している。イスラム教徒の＊信仰によると、さらにまた文学の形式の面から見て、テクストの中では、おおよそのところ、ムハンマドではなく（「我」あるいは「我ら」といった形式で）＊神が預言者に向かって語っている。「まことに我ら（アッラー自称）が真理を以てお前（マホメット）にこの聖典（コーランを）下した」（『クルアーン』4, 105〔井筒訳 106〕）、「さ、わしらの僕らに告げてやるがよい、このわしはなんでもよく救す、慈悲ぶかい神だということを」（『クルアーン』15, 49）。それでも場面の再現においては神以外の多くの人々も発言を許される。その人々は、とくに、アブラハム（＊アブラハム的宗教／セム語族宗教）、モーセ、イエス、ムハンマド、そしてその同時代人たちである。最初のスーラ、ファーティハ Fatiha（「開くもの／開扉」）は特有の性格を有している。それはイスラム教徒にとって最も重要な＊祈りである。全体として『クルアーン』は「福音」、「想起すべき警告」と理解できる。『クルアーン』は、人間が本当は自ら知らねばならず、また、初期の預言者たちを通じて知っていなければならなかったことを人間に自覚させようとする。それは、つまり、神

の他に主は存在せず、その神が人間を創造し（＊創造）、人間にあわれみ深く向き合うが、それでもいつか人間に責任を問うということである。

　メディナにおいてムハンマドは預言者として公共の共同体の仕事もまた引き受ける。この時からスーラはしばしば政治情勢、法的な規定、軍事上の措置に言及する。その際に与えられた指示がいつの時代であっても拘束力をもつべきか、あるいは、その指示の歴史的に制約された前提を顧慮しなければならないのかという問題はイスラム教徒の間でも意見が対立している。いずれにしても、『クルアーン』は、さまざまに具体化された慣習を伴い、信徒にとっての生の基本的な方向づけであり、同時に卓越した芸術作品、つまり「こよなく美しいお言葉」（『クルアーン』39, 23〔井筒訳24〕）である。このような体験は、むろん、『クルアーン』のアラビア語の言語形態、礼拝での朗詠、聴衆の理解の度合いと結び付いている。

　しばしば、『クルアーン』は「啓典の民」としてユダヤ教徒（＊ユダヤ教）やキリスト教徒（＊キリスト教）にも目を向ける。彼らに対して『クルアーン』は基本的に新しいことを告げようとするのではなく、彼らの信仰の証言とりわけトーラーや福音書〔の真正性〕を認めようとする。それでも、その際に『クルアーン』はユダヤ教徒やキリスト教徒の歪曲や逸脱を非難する。この点が衝突につながる。それでもユダヤ教徒やキリスト教徒は、相違や対立に視界を奪われることがなければ、『クルアーン』の大きな宗教的かつ文化的意義を認め、その預言者的批判が的を射たものと認めることが可能である。

■ Bobzin, H., Der Koran. Eine Einführung, München ^{5}2004. - Zirker, H.,

Der Koran. Zugänge und Lesarten, Darmstadt 1999.

ハンス・ツィルカー／岡野　薫

グローバリゼーション　　Globalisierung

　グローバリゼーションとは、脱国境化のプロセスを通じて、「世界社会」および国境をまたいで活動する人々（<u>グローバル・プレイヤーズ</u>）が生まれつつあることを表現する言葉である。この脱国境化は、以下の領域で進行している。

　――経済的側面では、市場、商品、サービス業そして生産チェーン組織の脱国境化である。これらの国際的分業体制を管理するのが多国籍企業である。

　――政治的側面では（＊政治）、それは国境を越えて拘束力を持つ意思決定が行われることである。そうした意思決定は国家間や超国家的な組織との協定によってもたらされたり（例えば、アメリカの世界権力、EU、ヨーロッパ会議、UNO、GATT、WTO）、あるいはグローバルに活動するネットワーク（例えば *Attac* など）によっても合法的もしくは非合法的に（例えばグローバルなテロリズムなど）なされたりする。

　――文化的側面では（＊文化）、それは流行（例えば衣服や飲食など）、規範、道徳的価値や美的価値（＊倫理／倫理学、美学）、学問や＊人間形成／教養／教育、そして忘れてならないのはコミュニケーションの諸領域（インターネット；＊新メディア）および＊言語といったものの脱国境化である。その言語の競合からいわゆる

世界言語（英語、スペイン語）が形成される。
　——宗教的側面では、いわゆる世界宗教が世界規模に拡大するだけでなく、世界平和（* 平和）に対して責任を負うことで脱国境化が起こっている。そしてまた、
　——個人の生活史やアイデンティティの脱国境化も起こっている。その場合、例えば外国への移住や入植、国際結婚などが、あるいは、（外国人との）養子縁組が次第に個人の生活史やアイデンティティの決定要因となっている。

　グローバリゼーションの影響、およびチャンスとリスクは、ますます流動的になり、とりわけ国際的分業体制の互恵関係 *do ut des* 〔神（々）と人間の間でなされる犠牲祭祀の原理〕にほとんど組み込まれていない国々が貧困化することになった。またそのことでそれらの国々では、* 移住／移動を含めて、ローカルな地域での単純労働の提供者にあっては失業の増加という現象さえ引き起こされている〔経済〕。さらにそれは意思決定権力が超国家的組織へ移動していることに始まり、国民的かつローカルな領域における統制及び意思決定の射程範囲が制限されることにまで及ぶ〔政治〕。それは国際的な若者（ポップ）文化の誕生から、ローカルな故郷（フォークロア）を象徴的に新たに演出する試みにまで及ぶ〔文化〕。それは、世界宗教のグローバルな宗教対話（* 間宗教／宗教間の * 対話）及び * 世界エートスの希求から、例えばキリスト教の復活や再受肉を「共に信じる」という個人による新たな宗教構成にまで及ぶ〔宗教〕。それはグローバル・エリートにおける世界市民的経歴の増加から、社会的に近い領域の意味転換にまで及ぶ〔個人の

アイデンティティ〕。すなわちその社会的に近い領域の中では、例えば、ローカルな住民が次第に混じり合ったり、異質性の経験が一般化したりすることで、まったく新型の「視野の狭さ」や種々の差異が生じているのである。

　政府が自分自身のナショナルな政治システムに注意を集中させるのに対して、グローバルな局面やグローバルな諸関連においては非政府組織（NGO）が登場する。非政府組織は世界規模の＊正義、人権及び連帯、グローバルな「文民社会 Zivilgesellschaft」のために尽力する。政党とは違い、「一つの世界（Eine-Welt）」集団や「一つの世界」運動は、形式的な政治システムの外部で行動するのではあるが、公共的空間においては政治的要請が付随している。それらは問題となっている当該領域に関して世論に影響を与えようとするけれども、議会に代表者を送り込んだり、統治に参加することを目指してはいない。彼らは、グローバリゼーションをもたらしたものが何であるか、貧しい人々がいかなる希望や目標を我々に明示してくれるのかを問うことで、しばしば意識的に──抗議的、弁護的、協力的に──犠牲者の視点を取り入れるのである。

■ Altas der Globalisierung. Die neuen Daten und Fakten zur Lage der Welt, Berlin 2006. - Mies, M., Krieg ohne Grenzen. Die neue Kolonialisierung der Welt, Köln 2004. - Die Globalisierung und ihre Opfer : Concilium 37 (2001), H. 5. - Hengsbach, F., Die andern im Blick. Christliche Gesellschaftsethik in den Zeiten der Globalisierung, Darmstadt 2001.

　　　　　　　　　　　　ミヒャエル・N・エーベルツ／硲　智樹

啓示　　Offenbarung

　＊神がすべての＊神学の決定的内容となっているのに対し、啓示とその体験は、形式的な面で、神学の基礎概念そのものである。何故なら後者は＊信仰の根底であり、それらを省察する神学の根底でもあるからである。つまり啓示とその体験がなければ、神学も成立しないのである（哲学的神学の可能性については、ここでは議論の俎上には乗せない）。神が自身を啓示するとき、神は誰かに啓示する。啓示とは、啓示を受ける者が誰もいなければ、意味をなさない。さらに裏を返せば、神が自己を開示する場合にのみ、人間は神体験や信仰体験をできるということである。啓示と（信仰）体験は、一つのメダルの表裏である。啓示が信仰の体験を可能にする、すなわちこの出逢いの出来事では、神がイニシアティブを握るのであるから（神学的術語では、恩寵という）、無論のこと啓示が表ということになる。逆に人間の方から、神の啓示を強要することは決してできない。同時にこのことは、啓示の真正さの尺度となる。啓示が体験され、そのように主張される場合、啓示の受け手は「外部から」働きかけられたということである。この「外部」は、人間の深奥（心、＊霊／魂、心情）でもあり得る。そこで啓示を受けた者は、心を動かされ、挑戦を感じる。信仰に至る人間が、このような体験を経ていること、すなわちその体験が自身の思い込み（投影）の産物であってはならないことが決定的である。従って真正の啓示は、多くの場合、予期しないものとして、あるいは（たとえば

神がいまやどのように行動するかという点で）自分の期待を裏切るような形で経験される。そこでしばしばはっきりすることは、神は常に人間が想像するのとは全く異なっているということである。特徴的であるのは、一神教的宗教、特にいわゆるアブラハム的宗教（＊ユダヤ教、キリスト教、イスラム教）では、神が第一義的に言葉による啓示を行い、視覚（幻視）においてではないということである。従ってこの宗教は預言者的性格（＊預言者）を持っていると言ってよい。そのことから、神の言葉が書物（律法／トーラー、＊聖書、クルアーン／コーラン）となり、中核的な意味を持っている事実が説明できる。確かにキリスト者にとっては、聖書は、神の言葉と同じものではないが、その真正で、継承されているあらゆる信仰の証は、根源を規範的に立証するものである。無論最終的には、キリスト教が啓典宗教である、とは言えない。というのは一つに、信仰は聞くこと（ロマ 10 章 17 節）から始まるからである。すなわち信仰とは福音の生きた言葉によって、呼び起され、訂正され、強化されるものである。二つ目の決定的なことは、イエス・キリストがキリスト者にとっては、神の言葉そのものだからである。「神は、……多くの形で、また多くのしかたで先祖に語られたが、この終りの時代には、御子によってわたしたちに語られました」（ヘブ 1 章 1 節以下）。キリスト教の視点では、神の啓示的な語りと行為は、ナザレのイエスのなかに、身体的な啓示の頂点とその明瞭な中核が見られるのである。イエスのなかで神の現在が開示されたことが、信仰を呼び起こすのである。イエスのなかに、人は、神とは自分にとって誰か、神の前に自

分たちが何者なのかを経験するのである。

■ Werbick, J., Den Glauben verantworten, Freiburg-Basel-Wien 2000 (^{3}2005), 227-423 ("Streitfall Offenbarung"). - Schaeffler, R., Erfahrung als Dialog mit der Wirklichkeit, Freiburg i. B. u. München 1995, 414-481;650-770.　　　　　ベルント゠ヨッヘン・ヒルベラート／岡野　薫

言語　　Sprache

　数千も存在する言語を問題にしよう。その言語は、多様さと差異を示している。言語は意思疎通を可能にし、場合によりそれを制限したりもするが、それはさらに我々が、種々異なる＊文化のうちに生活していることを示すものでもある。しかし我々は、ほとんど他者を知ることもなく、学ぶこともないせいで、自分たちの言語が決定的であると考えがちである。その結果、言語や文化は閉鎖的なものとなり、異質な存在を、自分たちに近寄ってほしくないよそ者や不法者と、しばしばみなしてきた。言語は、意思疎通を促すだけでなく、時折それを妨げることもある。言語の歴史は、多くは長いものであるが、その流れにおいて、例えば野蛮人 Barbar という世界像の類や吟味されない判断や偏見が伝承されてきた。

　しかしながら、我々は言語のおかげで自分たちの世界を言葉で表現し、世界に耳を傾けている。従って言語は世界を言語化し、傾聴することに役立っているが、その仕方はさまざまである。なぜなら言語というのは＊現実に関する種々様々な＊知覚の表現であり、それは人間の行動のさまざまなあり方を捉えているからである。従っ

て言語とは、単なる意思疎通やコミュニケーションの手段であるに留まらず、「多様で、非常に異なる世界像や宇宙ヴィジョンの証」(レンカースドルフ Lenkersdorf 2000、15頁)なのである。例えば我々〔著者〕にとって身近なヨーロッパ文化ほどには、アフリカの文化やインドの文化他が、なじみあるとは感じられない。アフリカやインド他の言語は、我々には耳慣れないために、しばしばその話者を信頼しないことがある。というのも、我々は別の仕方で味わい、匂いを嗅ぎ、見て、感じ、語るからである。我々は異なる(自分たちの)言語を携えて、見知らぬ国へ行ったり、文字がある文化、あるいは文字のない文化を訪れる。征服者は、しばしば土着の言語を禁止したが、文化的＊記憶のおかげで話者たちは包括的な文法や広範囲の語彙を備えた自分たちの言語を数千年にわたり維持することができた。

　知識の欠如ゆえに、我々は他者の言語を他者の視点からではなく、多くの場合、自分たちの視点で理解する。このことでよく重大な葛藤が生じるのであるが、そのために我々は、他者が自分たちと異なっているだけでなく、自分たちに敵対すると考えるようになるのである。しかしながら我々の課題は、他者の視点で世界を見、理解することであり、我々自身の世界や言語には限界があることを受け入れることなのである。言語と文化の違いは、他者について、他者とともに学ぶよう、我々を謙虚にするはずのものである(＊間文化／異文化間、間宗教／宗教間)。そのためには私たちは他者に耳を傾けることを学ばねばならない。なぜなら言語とは語られる言葉であり、また聞き取られる言葉だからである。した

がって、とある言語すなわち *tojolabal*〔マヤの言語〕においては、言語を表す二つの言葉がある。つまり語られる言語である *k'umal* と聞き取られる言語である *ab'al* である。我々はこれらを区別しないが、複文化 plurikulturell の世界において我々はそれを学ぶのである。〔複文化とは、個人の体験、生活の必要に応じて、言語や文化コードを使い分ける態度を指す。これに対し多元文化 multikulturell の表現は、多様な文化を有する集団や社会を指す。〕それゆえ、汝の敵に耳を傾けよ。そうすればその人はもはや汝の敵ではない。

■ Schneider, W., Wörter machen Leute, München [9]2000 ([12]2006). - Lenkersdorf, C., Leben ohne Objekte, Frankfurt a.M., 2000. - Gipper, H., Wilhelm von Humboldts Bedeutung für Theorie und Praxis moderner Sprachforschung, Münster [2]1994.

カルロス・レンカースドルフ／硲　智樹

（真の）現実　　Wirklichkeit

「何が現実的であるのか？」という問いに対する唯一の具体的な答えは（W・V・O・クワイン Quine の注釈を少し変えて言えば）、「すべて」である。現実的ではない事物は存在しない。現実は、存在するすべてのもの、すなわち物質的対象、精神的出来事、文化的生産物、さらには数や＊価値（それが存在する限りにおいて）のような抽象的対象すべてを包括している。（真の）現実という概念は、こうした絶対的な完全性への要求を世界という概念と共有している。すなわち、その外部には何も

存在しないということが両者に当てはまるのである。現実的 wirklich であるということと実在する existieren ということは、この考え方によれば、同じことを意味しているのである。それゆえ、「仮想現実 virtuelle Realität」という広く知れ渡った言い方は、厳密に受け取るならば、矛盾している。つまり、単に仮想（虚構の、見せかけの）でしかないものは、<u>現実的</u>（実在的）ではまったくないのである。

　確かにこの言葉の用法には他の用法がないわけではない。従って哲学者によっては、本来の言葉の意味とのつながりにおいて、空間と＊時間のうちに実在し、したがって因果的に作用しうるものだけを現実的と特徴づける者もいる。これによれば、数のような抽象的な対象は現実の一部ではないとされる。この術語的な相違と並んで、内容に関しても、現実を実在するものの総体と規定することに対する異論が存在する。それぞれの＊言語、それぞれの＊文化もしくは「世界像」にはそれぞれ固有の現実が対応しているので、多くの世界や現実は存在しえないのではないか。これに答えることができるとしたら次のようになるだろう。さまざまな現実は、もしそれらが存在するなら、最終的には一つの包括的な世界もしくは現実の一部であらねばならないだろう。だが、まさにこのことはF・ニーチェ、W・ジェイムズ、N・グッドマンのような哲学者たちによって否定されている。それによると、さまざまな世界の記述は矛盾なしには一つの包括的な記述としてはまとめられないのである。同様に、すでにI・カントは、一つの世界全体という理念は私たちを必然的に矛盾へと巻き込んでしまう、と論じていた。

したがって、有意味な仕方で語ることのできるいかなる世界も、（人間＊精神の、言語の、文化の）構築物として示されるだろう。しかし第一に、人間同士や相互文化的な（＊間文化／異文化間）コミュニケーション、そしてまた第二に、人間の思考や言語活動の不十分な因果的力が、この理解の仕方に対して反対している。すなわち、現実的であるものは、私たちが現実的とみなすものには通常依存していない。思考、言語、そして文化はそれ自体が現実の（歴史的に生じてきた）部分なのである。それゆえ、それら〔思考、言語、文化〕が現実を生み出し（「構成し」）たのではない。確かに、さまざまな言語や文化は世界における事物に対する異なる視点を与える。だが、それらが事物を現実的にするわけではなく、むしろただ（それぞれ異なる仕方で）私たちがそれらを認知できるようにするにすぎない。

　＊神学の視点から見れば、世界は神の＊創造である。神はユダヤ‐キリスト教的伝統においては、一方で実在するものとして、その限りでまた現実的なものとして見なされるのに対し、他方で神は世界の一部分としてはみなされず、むしろその創造者 Schöpfer として、世界からは区別されている。それゆえ、＊神とその被造物を同程度に包括する現実あるいは世界の包括的概念があるのかどうかということが、伝統的に議論の的になっている。

■ Willaschek, M., Der mentale Zugang zur Welt. Realismus, Skeptizismus, Intentionalität, Frankfurt a. M. 2003. - Goodman, N., Weisen der Welterzeugung, Frankfurt a. M. 1984 (^{6}2004). - Quine, W. V. O., Was es gibt, in : ders., Von einem logischen Standpunkt, Frankfurt a. M. -Berlin-Wien 1979, 9-26. 　　　　マルクス・ヴィラシェック／硲　智樹

原理主義　　Fundamentalismus

　この概念は20世紀初頭のアメリカにおける保守的な福音主義キリスト教グループの集まりに由来する。これらのグループはキリスト教の＊信仰を脅かす近代化や相対化に対して、「原理」すなわち中核となる信仰内容を絶対的に妥当するものとして対立させる。世界規模で急速に広まった、宗教の新たな好戦的形態を特徴づけるために、20世紀の80年代以降、この概念が再度取り上げられることになった。そうして次には、この概念の使用はまさにインフレ状態となり、しばしばラディカリズム、過激主義、狂信主義、伝統主義、さらには、絶対的価値と宗教的確信のあらゆる形態をも含みうるほどにまで拡大された。宗教が、次第に進展する近代化によって無味乾燥になり下がったと主張する世俗化テーゼの枠組において、宗教的原理主義は、啓蒙と近代に向けられた非合理的な反乱として、つまり反近代主義とみなされる。ここで説得力を持つのは、宗教的な動機に基づく近代の特定の（特にリベラルな）根本原理を問題視するような近代の運動が問題となっていることである（近代の反近代主義）。その場合、とりわけ宗教の公的かつ政治的な真理の主張および位置づけの主張（「宗教は私的な事柄である」に抗して）や、宗教的信仰の認識の主張（「宗教は主観的な感情である」に抗して）が問題となっている。これらの目標を貫徹するために前近代的な伝統までもが引っ張り出されるのである。

神学的には、何よりも宗教的経験（*啓示）が持つ弁証法的構造から出発することが最善である。一方で、*神あるいは神的なものがこの世界においてまたこの世界を介して（あらゆる種類の聖なるしるし・*象徴）現れるのだが、さらに世俗的なしるしがすべて一様に神であるわけではないという確信がこれである。神は世俗的なしるしを介してのみ現れ、またそれを介してのみ人間にとって経験可能であることから、信仰とは世俗的なしるしを神との近さの現象形態として解釈する能力であると言える。それによって宗教的信仰は二重の仕方で過ちを犯す可能性がある。すなわち信仰のせいで、固有の伝統が持つ宗教的しるしの世界を、神の*真理及び神の*現実と同一視したり、神と世界との間の区別を忘れてしまう（聖像崇拝あるいは偶像崇拝）場合である。これこそが宗教的原理主義の根本的な誤りである。反対に、宗教的信仰が神と世界との差異を強調し（神の*超越のみを強調する）、神と世界との統一を無視するならば、信仰は神をこの世界のいかなる場所からも追い出してしまうことになる（聖像の破壊）。これこそが宗教的リベラリズムの根本的な誤りである。ここから明らかになるのは、宗教的原理主義と宗教的リベラリズムは相互に制約し合っているため、他方なしにはもう一方も効果的な闘いができないということであり、また宗教的原理主義という概念は実に広義の内容を示しているということである。というのも宗教的原理主義には、この世界のうちに神が具体的に現在しているという（不器用な）真面目な受容という意味から、宗教的信仰の倒錯形態である偶像崇拝までが含まれているからである。

■ Küenzlen, G., Religiöser Fundamentalismus – Aufstand gegen die Moderne? In : H.-J. Höhn (Hg.), Krise der Immanenz. Religion an den Grenzen der Moderne, Frankfurt a.M. 1996, 50-71. - Wiedenhofer, S., Wann der Glaube „fundamentalistisch" wird, in : Informationen für Religionslehrerinnen u. Religionslehrer, Bistum Limburg (1994)1, 16-21.

ジークフリード・ヴィーデンホーファー／俗　智樹

故郷　　Heimat

　（1）<u>家および館</u>：「故郷」とは、歴史的にもイデオロギー的にも多くの荷が重ねられ、多義的で曖昧な概念となっており、このドイツ語にある豊かさと重みは、〔他の言語に〕翻訳するのは難しい。故国 Heimatland、民族 Volk、祖国 Vaterland、国民 Nation などは何を意味するのだろうか。故郷は、まず語義においては<u>出自</u>を意味する。すなわち故郷は家や館、所有地や出自を指している。中世においては heimoti は先祖代々の館、大農場、領地を意味する。さらにグリムのドイツ語辞典（1877）においては、それは「両親の家および所有物」を意味する。したがって、故郷は、出自や「遺産」であり、滞在権利 Aufenthaltsrecht や逗留権利 Bleiberecht をも意味していた。いわゆる「故郷権 Heimatrecht」(「市民権」）はそのことと結び付いていたのである。故郷権には貧困や悲惨な状態から人々を保護することも含まれていた。なぜなら、故郷の共同体あるいは市民共同体は窮乏、老齢、病気にあっても人々の生計を保障しなければならなかったからである。そして、故郷権は同時に、救貧という負担

91

がかかってくることもあり、接触を回避したくなるようなよそ者に対しては境界や防壁となった。しかしまた身内の者たちに対しても、その者達が同業組合の権利と義務の規定に違反した場合、同様の事が起きていた。彼らは故郷権を失うこともありえたのである。故郷を暫しの間離れる場合には、「市民権証明書」が交付された。よそ者は故郷権を金銭で手に入れることができた（もし彼らが、歓迎すべき人間であるならば！）が、反対に他の土地への移住者（*移住）は故郷権を返還しなければならなかった。ドイツでは、営業の自由、結婚の自由、居住の自由を導入したことで、また共同体に代わって貧民救済を目的にした「住居補助金に関する法律」によって数百年続いた〔故郷をめぐる〕実際の営みが終わることになった。故郷は、その狭量さ、つまり小さくて、地域的で、宗教的な*生活世界から解放されたのである。「出自」は同様に「故郷」と等しいものではなくなった。

（2）<u>郷愁</u>：「故郷」はそれ以外にも抽象的な仕方で存在している。生まれや出自によって決定される実際の故郷の他に、*信仰、*教会、宗派、そして宗教的集団がスピリチュアルな（*スピリチュアリティ）「精神的故郷」ともなり得たのである。同じことが世俗的な信仰体系やイデオロギーにも当てはまる。すなわち故郷喪失や追放の時代である20世紀にあっては、故郷とは、自分にとって居心地のよい所、つまり、私の友人、私の家族がいて、「私にとっていかなる不安も存在しない所」で「満たされた生活」のある所なのである。もちろん、故郷は単なる場所、所有地、歴史的な組み込み以上のものである。とりわけ観念論（理想主義）やロマン主義の国であるド

イツの場合には、故郷は魂の住む場、夢、そして憧憬でもある。ラテン語の_ノスタルジア nostalgia_ に当たる郷愁はずっと古くから、故郷への帰還によってのみ癒される病気とみなされていた。故郷への憧憬は 19 世紀においては「大衆の病」となる。人々は「故郷喪失者」となって、都市、工場、海外で生活費を稼ぐために先祖伝来の故郷を離れるのである。故郷は、故郷の歌、故郷の詩、故郷の小説、郷土博物館において憧憬の対象となる。「同郷協会」は外国で形成される。その人たちは失われた故郷への思い出（*記憶）を理想化し、ノスタルジックに大切にしつつ、保持するのである。「故郷保護ドイツ連合」（1904）の結成は、文化遺産保護、自然保護、野鳥保護など、この時代の似たような運動を思い起こさせる。脅かされていると思い込んでいたものや、失ったと信じられたものが、漸く育成や保護に値するものとみなされるようになるのである。

　（3）_親密さと未知性_：歴史においても現在においても明らかになったように、故郷保護は育成や思い出ではありうるが、脅威や挑戦でもありうる。この事実の証左になっているのは、第三帝国における民族的‐人種的な故郷保護（再び、「ノスタルジー」における！）や現代における時代遅れの修正運動（Erneuerungsbewegung）、同様にアメリカにおいて「イスラムの脅威」に対抗して設立された「故郷保護省」がそれである。故郷は、現実的な意味で解体されるにつれて、憧れや夢、武器やイデオロギー的構築物となったのであり、また現在もそうである。かつて故郷は民族的に（*民族集団／エスニック・グループ）「純粋」で、均質的で、理想的な仕方で美し

く、平和であったという誤った根本的想定が、すべての
ヴィジョンに共通している。故郷、はっきり言えば故郷
への憧憬は、1970年代まではドイツにおいては「感心
しない言葉Unwort」であったのだが、その後ようやく
故郷とは何であり、また何でありえたかについて少しず
つ改めて規定され始めている。というのも、故郷は出
自、現実、喪失として、それぞれの頭と心のうちに生
きているからである。それはヴィジョンでありユートピ
アであることから、それは不可欠かつ必然的に人間存在
の一部なのである。哲学者のエルンスト・ブロッホによ
れば、故郷とは「すべてのひとを子ども時代に連れ戻す
ように思われる何かではあるが、誰もそこにいたことが
なかった場所」である。そして同時に、ヴァルデンフェ
ルツによればそれはさらに「誰もそこにいることはない
であろう場所である。なぜなら、自分にとって未知なる
ものがまったくないような故郷的世界はもはや生活世界
ではなくて、むしろ霊廟であるからである。」

■ Waldenfels, B., In den Netzen der Lebenswelt, Frankfurt a.M. 1994(2005).
- Walser, M., Heimatkunde. Aufsätze und Reden (1968), Frankfurt a.M. 1996.
- Krockow, Ch. Graf v., Heimat. Erfahrungen mit einem deutschen Thema, Stuttgart 1989. - Bausinger, H., Heimat heute, Stuttgart 1984.

クリステル・ケーレ゠ヘーチンガー／硲　智樹

コンテクスト／文脈　　Kontext

　コンテクスト／文脈とは、テクスト理解にとって重要
な連関性に関わるものである。先ずは、<u>テクスト内部</u>

intratextuell という視点から見れば、テクストの文学的表現という事柄が問題となるが、同時にテクストが社会に根付いていること(「生活の座」)が肝要であって、これにはそのテクストの形式を決定するような力も含まれる。過去十年のエキュメニカルな議論(＊エキュメニズム／教会一致運動)の中で前面に押し出されてきたある関心が特徴づけられるが、それはテクストが現在解読されるときの状況である。

　コンテクストという言葉は1970年代のころから次第に使われ始め、教会エキュメニカル委員会(ÖRK)のもとにある神学的教育基金(TEF)の仕事に刺激され、脚光を浴び、当時のいわゆる第三世界神学の主導原理にまでなった。この第三世界神学とは特に第三世界の神学者たちのエキュメニカルな連合(EATWOT)において議論されていたものである。今日では一般にコンテクスチュアル＊神学と言われるものである。

　西欧の(諸)神学にある普遍性の主張から離れ、神学的省察の場を実践的場に移し、理論より実践を優先させたい(解放の神学)という要請を伴った欲求が独り歩きを始めた。実践に特化することは、出発点としてのみならず、特にエキュメニカルな宣教神学(＊宣教／布教)の重要基準としても告発の対象にされたのである。キリスト教的なるものがローカルな地域で形成されることと、福音の無制限な真理の主張との間に生まれる緊張については、すでにそれ以前、古い形の適応神学議論 Akkommodationsdebatte、比較的新しいインカルチュレーション Inkulturation〔土着化〕神学の議論(カトリック)、あるいは土着化 Indigenisierung 神学(プ

ロテスタント）（* 土着の神学）の議論において省察済みなのである。こういった種類のアプローチは、福音がすべての * 言語と * 文化に翻訳可能か、さらにキリスト教の * 信仰が人間の自尊心の持つそれぞれの意味と合致するか、というところから出発している。同時にこれらのアプローチが前提とするのは、福音のテクストが特定の状況を踏まえて解釈されることだけでなく、言語的に表現を見出し、自分なりに解釈し、潜在的に自分たちの * 真理の光に照らせるようなそれぞれの状況をも踏まえていることである。こうした視点において相も変わらず困難なのは、救済の歴史が、所与の状況を踏まえたうえで、伝承されたテクスト解釈を通して初めて連動性を持つという考え方である。コンテクスト化議論においては、反対に関心が言語的仲介「…から - …へ」という問いには、関心があまり向かないのである。むしろ問題になるのは、所与の状況にあってキリスト教的にみて、何が起こるはずであり、何が必然なのかという問いへの神学的省察なのである。状況というものもまた、テクスト的なのである。「時代のしるし」は何を語るのか？ コンテクストを意味あるものにするのは何か、という問いには、先鋭的で、社会政治的な諸々の変革から答えを見出せる。救済は、行為者の参与のもと、現場で、状況における解釈のプロセスを通して、明確になる。こうみてくると、一義的に重要なのは、新しい意味の開示ではなく、テクストとコンテクストの相互作用において、新たな実践を省察することである。

　依然として、コンテクストというスローガンと結びついて異論が出ているのは、次の四つのエキュメニカルな

問いである。キリスト教的信仰のもつ、真の＊現実との接点はどこにあるのだろうか？　神学と＊教会、理論と実践の関係は、どのようにして決定できるのか？　宗教的、神学的有効性の主張の射程距離はどのようになっているのか？　そして最後の問いは、異文化間のみならず、エキュメニズムの内部でも、異文化間〔接触〕の進展の流れにおいて、キリスト教的なるものが崩壊していくような諸種の対話の中でも、救済という概念には、論議の余地が残っている。

■ Ahrens, Th., Der Text in den Kontextualitäten, in: ders. (Hg.), Gegebenheiten. Missionswissenschaftliche Studien, Frankfurt a.M. 2005, 81-110. - Küster, V., Die vielen Gesichter Jesu Christi, Neukirchen-Vluyn 1999. - Collet, G., Theologien der Dritten Welt. EATWOT als Herausforderung westlicher Theologie u. Kirche, Immensee 1990. - Hauschildt, F. (Hg.), Text und Kontext in Theologie und Kirche, Hannover 1989. - Stackhouse, M.L. (Hg.), Apologia, Contextualization, Globalization, and Mission in Theological Education, Grand Rapids (Michigan) 1988.

テオドール・アーレンツ／硲　智樹

差別　　Diskriminierung

Diskriminieren（ラテン語で *discriminare*）の意味は、区別する、分離する、切り離す、である。社会科学的また政治的議論において差別は、平等や等しい処遇という原則からみて、確かに集団特有の差異に基づいているような不利な処遇を意味する。例えば〔集団的な差異となるものは〕、性別（＊性差）、社会的な出自（＊故郷）、国

籍、民族的出自（＊民族）、肌の色（＊人種差別）、＊言語、＊宗教そして世界観、政治的信念（＊政治）、年齢、健康、性的な傾向性や性的＊アイデンティティなどである。差別は、住居、＊人間形成／教養、職業システム、健康システム、社会サービス、警察、司法、メディアにおける表現や政治参加（＊民主主義）などの日常生活のさまざまな領域で見出される。差別の特徴や場所についてのカタログはもうこれで終わりということはない。なぜなら、平等を実現しようと努力するさなか、引き続き政治的に問題とされるべき差別的な行為に対して新たな感受性が生まれてくるからである。

　差別は、無思慮にせよ侮辱的な発言にはじまり、恣意的で不平等な処遇や無視、さらには明らかな暴力にまで及ぶ数多くの微妙であからさまな現象形態で現れてくる。社会科学的研究にとっても、実践にとっても、個人や集団の信念や行為のみを見るだけでは不十分である。アングロサクソン系の国々で生まれた<u>制度的差別</u>という概念は、差別が、形式的な権利や組織化された構造、プログラム、<u>中央的社会</u>制度における規則や手順のなかに組み込まれていることを解明する手がかりになる。<u>直接的な制度的差別</u>が組織における規則に適った意図的な行為（法的また管理運営上の規則やインフォーマルな手順）を意味するのに対して、<u>間接的な制度的差別</u>は、特定の集団の成員が極端に否定的に関わっている制度的な安全措置の全範囲に及ぶ。これらのさまざまな差別はしばしば同等な規則を適用することから生じており、規則が同等である結果、それを満たす機会が不平等になっているのである（例えばより高度な資格を付与する教育課程に

アクセスする基準としての言語能力など)。ヨーロッパ連合の新たな反差別基準や 2006 年に可決したドイツ連邦の「一般的同等処遇法（Allgemeine Gleichbehandlungsgesetz）」により、ドイツでも構造的および制度的差別という概念が政治的かつ法的な意義を獲得した。

　民族的な差別（例えば住居や教育課程へのアクセスの場合など）と空間的な隔離や周縁化は実践においては多くの場合切り離しえない。だが、しばしば差別によって引き起こされているにもかかわらず、周縁化は種々の論理づけのうちに正当化されうる。つまりこの論理づけにあっては、民族に由来する特徴は二次的なものとなり、他の社会的また経済的なカテゴリーが決定的なものとなるからである。共通の民族的・文化的特徴（＊文化）を有する特殊な集団が特定の隔離された都市的な領域に集合することを示す「ゲットー化」という表現は、不正確であり、日常的な言い回しでは、大抵軽蔑的な意味合いを含んでいるのである。

■ Baumann, Z., Verworfenes Leben. Die Ausgegrenzten der Moderne, Hamburg 2005. - Bielefeldt, H./Follmar-Otto, P., Diskriminierungsschutz in der politischen Diskussion, Berlin 2005 (www.institute-fuer-menschenrechte.de) - Gomolla, M/Radtke, F.-O., Institutionelle Diskriminierung. Die Herstellung ethnischer Differenz in der Schule, Opladen 2002. - Jäger, M./Kaufmann H. (Hg.), Leben unter Vorbehalt. Institutioneller Rassismus in Deutschland, Duisburg 2002. - Räthzel, N.(Hg.), Theorien über Rassismus, Hamburg 2000. - Bielefeld, U.(Hg.), Das Eigene und das Fremde. Neuer Rassismus in der alten Welt ?, Hamburg 1991(1998).

　　　　　　　　　　　　　　　メヒティルド・ゴモラ／硲　智樹

死　Tod

すべての人間は死なねばならない。宗教的な *信仰がなくても、それを教えるのは人間の経験である。しかしどのようにして死が *生におさまるのか。*聖書はこれについて非常にさまざまな記述をしている。第一に死は、*罪の結果として（創 2 章 17 節；ロマ 5 章 12 節；6 章 23 節参照）、すなわち人間にとって神の行為によって克服されるべき敵としてみなされる（死者の復活の物語が、これを説明している。王上 17 章 17-24 節；王下 4 章 32-37 節；マコ 5 章 21-43 節；ルカ 7 章 11-17 節；ヨハ 11 章 1-44 節；使 9 章 36-42 節；20 章 7-12 節）。第二に、死は正常なこととして、当然のように生に属するものとしても考えられている（創 25 章 8 節；創 49 章；ヨブ 5 章 26 節）。しかし、第三に、『新約聖書』における死の語りは、生の対照にあるのではなく、まさしく生の本来的な完遂として表されている。キリスト教的に生きるとは、キリストと共に死ぬことである（ロマ 6 章 3-8 節）。いのちは、〔今まで手にしていたものを〕手放すときに獲得される。いのちに固執する者はいのちを失う（マコ 8 章 35 節；ヨハ 12 章 24 節以下参照）。

一見矛盾するようなこれらの表現は、以下のことを踏まえることで整合性のある連関に導かれる。それは、意味に満ちたものとして個人的な生（*意味）を全うすることは *愛の運動であり、この運動はまさに自己を克服すること、身を捨てて他者に寄り添うこと、持っているものを手放すことを意味するのである。愛は人間の最高

の活動であり、わが身に起こることをそのまま受け入れる用意があることも愛に含まれる。その限りで、愛と死は相互に親和的である、と言えるだろう。（愛と死が似ているという）その限りで、死もやはり生を全うすることの一部と言えるだろう。それは、受け止められるという信頼のうちに自分を捨てることなのである。この場合、死という基本的動きは、最も密度の高い生の基本的動きと言えるだろう。

　以上のことから、死と罪の関係が理解できるであろう。ただし、生物学的な有限性という現実、すなわち死そのものを罪の結果としてではなく、死の経験が生とは相容れない出来事として解釈できるであろう。罪は、つまり愛の拒絶から生ずる。なぜなら人間は拒絶という態度によって性格づけられるからである。またその性格を有する限り、人間は死を破滅と感じざるを得ない。無制限に自己主張をしたい人間は、自ら身を振りほどく。しかしこの反対のことも当てはまる。なぜなら人間は愛に満ちた自己献身としての人間存在に到るまで成熟するために、またそうである限り、人間にとっては、死が、その恐るべき「棘」を失うのである（一コリ 15 章 55 節以下）。

　このことは、愛に満ちた人間に幸福な死が保障されていることを意味するわけではない。愛という基本姿勢でさえ、死へのプロセスに伴うすべての苦痛や損害を排除できるわけではない。しかし愛によって、すべてを無にする破滅としての死ではなく、いのちへの通過点として死を経験することができるようになるのである。

　それゆえ福音書も次のようにイエスの死を語ってい

る。マルコとマタイの福音書が伝えているのは十字架に架けられた者の最後の言葉である叫びである。「わが神、わが神、なぜわたしをお見捨てになったのですか？」（マコ 15 章 34 節）。ルカの福音書では、イエスは最後に次のように叫ぶ。「父よ、私の霊を御手にゆだねます」（ルカ 23 章 46 節）。聖書のはたらきを全体として身に受ける者は、苦痛に満ちた死の二重の体験に気づくのである。つまり恐ろしいものの体験とこの恐ろしいものの彼方にある充足の体験である。

　死をそのように理解するための前提は、いのちであり愛である神によってなされる復活を信仰することである。キリスト教理解による復活とは、単に死後の未来を意味するのでもなく、よい行いに対する何らかの褒美を意味するのでもなく、いのち・生による収穫なのである。愛のいかなる働きもすべて愛の目標に至る。人間は、再び愛を与える者たちの共同体に存在する自分自身に出会うのである。

■ Vorgrimler, H., „...und das ewige Leben. Amen! " Christliche Hoffnung über den Tod hinaus, Münster 2007. - Walter, F., Alles ist nur Übergang. Lyrik und Prosa über Sterben und Tod, Tübingen 1997 (^{2}2006). - Nocke, F.-J., Liebe, Tod und Auferstehung. Die Mitte des christlichen Glaubens, München ^{4}2005.　　フランツ＝ヨゼフ・ノッケ／硲　智樹

時間　　Zeit

　時間という表現は単に解説されるにすぎず、定義は不可能である（アウグスティヌス、ランベルトを参照）。

なぜなら、最も単純な定義(「時間は出来事の継起である」)ですら、すでに時間的な帰結の理解を前提しているからである。時間の概念は一方では、継起の構造として、空間の概念と密接な関係にあり、他方では、時間の変化に従属させられているものとそれに影響されないままのものとの間の差異の統一として、存在の概念と密接な関係にある。すでに古代において(アリストテレス、セクストス・エンペイリコス)時間という現象を(矛盾なしに)一貫して考えることの難しさ(いわゆるアポリア)が気づかれていたが、この難しさはしばしば、時間はまったくの幻想であるという懐疑的テーゼにまで至ることとなった。それによると過去はもはや存在せず、未来はいまだなお存在せず、現在は点のようであって、無限に短い今であるから、時間はほとんど無を意味することになる。これに対してアウグスティヌスは三つの時間の広がり(過去、現在、未来)を現在のうちにとりまとめた。すなわち、過去は記憶(*memoria*;＊記憶)のうちに、現在は実見 *contuitus* のうちにあり、そして未来は予期 *expectatio* のうちにあるとされる。それによって彼は時間を、記憶し、実見し、予期することのできる主体 *anima* と結び付ける。I・カントは、時間を「内官」として把握したとき、時間の主観性／主体性を一貫して最後まで考え抜いている。カントにとって時間とは私たちの直観の純粋な主観的形式である。「純粋」とはこの場合、私たちはあらゆる経験に先立って時間を持っているということを意味している。というのも、時間は継起するものや同時にあるものを知覚するための基盤であるからである。時間は空間に対して優位を持つ。なぜなら、

意識における空間的調和の表象も時間的に起こるからである。20世紀にはE・フッサールが内的な時間意識を緻密に分析した。主体は存在の所与性に対する前提であって、時間意識は主体のあらゆる感覚、知覚、思考、意欲、そして行為を基礎づけるので、存在はそれ自体時間のうちに根拠を持つ。

　それによって、決定的な転換が時間についての思考のうちで遂行される。プラトンにとって時間はなおも「イデア的永遠性を写す動く模像」である。アウグスティヌスは時間的なものも無時間的なものも永遠の*神のうちにあるそれらに共通の根源から導き出す。ボエティウスは神の永遠 *aeternitas* を世界の持続 *sempiternitas* から区別する。つねにあることは、ここでもそこでも同じものであることを意味するわけではない。神はあらゆるところに現在し、*現実のいかなる過去、現在、未来の状態においても同時に居合わせているのに対して、世界は出来事の連続のなかで無限に多くの瞬間を貫き流れている。だがいかなる事態も歴史的な生成に投げ込む歴史主義が進むなか、19世紀の終わりには（例えばH・L・ベルグソンを参照）時間は永遠の尺度となる。かつての超時間的なものはいまや、中期間の、したがって時間的に不安定な固定化となるか、もしくは、「全時間的」ではあるが、その現前の時間点からは独立しないでおのれを提示するものとなる。これを背景として世界は、その全体において人間および――一部の人々の見解によれば――神（「生成する神」）もまたダイナミックな機能存在として現れるプロセス（進化）として現象するのである。

■ Whitrow, G. J., Die Erfindung der Zeit, Hamburg 1999. - Zimmerli, W.Ch./Sandbothe, M. (Hg.), Klassiker der modernen Zeitphilosophie, Darmstadt 1993. - Frank, M., Zeitbewußtsein, Pfullingen 1990. - Wendorff, R., Zeit und Kultur. Geschichte des Zeitbewußtseins in Europa, Opladen ³1985.　　　　　　　　　　　ラルフ・ベッカー／硲　智樹

自由　　　Freiheit

　自由は、近代ヨーロッパの主要テーマである。＊神学、哲学、＊政治学、法学そして社会学はそれぞれの視点から自由の肯定的な側面を強調してきたが、同時に、例えば個人主義的な狭隘化、絶対化、機能化や軽視などという自由の両義性を通じて近代の両義性をも見据えてきた。
　＊キリスト教にとって、自由は中心的な基本概念のひとつとなっている。特にプロテスタント神学においては、宗教改革以来この傾向が強められ、深められてきた。神の自由と＊愛についての人間の経験が、自由に関するキリスト教的解釈の出発点となっている。キリスト教的な自由は、＊神の歴史的な解放行為のうちに根拠づけられており、この行為を聖書の民イスラエルは解放として理解したのであり、またこれがイエスの生を特徴づけたのである。神の自由は恣意的ではなく、むしろ神の人間への愛に対応している（一ヨハ4章7節以下）。イエス・キリストは無条件に、つまり＊宗教や＊文化に関係なく、人間と向き合う。この対峙があるからこそ、神は世界を自己と和解させたのである、すなわちイエス・キリスト

の十字架上の死と復活を通じてである。使徒パウロによれば、それによってイエス・キリストは信仰者（*信仰）を自由へと解放したのである（ガラ5章1節）。世界がまだ救済されていないとしても、信仰者はまだ救済されていない世界の中で自分を解放された者として経験する（*救済）。換言すれば、信仰者は義人かつ同時に罪人として自らを体験するのである。

すでにヘブライ語聖書〔旧約聖書〕において、人間の尊厳は神の似像性のうちに根拠を持ち、人間の自由を目指すことが証されている。だが、咎・負い目（Schuld）と*罪（Sünde）に巻き込まれ、意識的また無意識的な強迫に付き纏われているために、人間は自分を自分自身から解放することができない。そのため、キリスト教の見方によれば、真の自由は神の恩寵の賜物ということになる。

人間の神に対する関係、人間の自己に対する関係、人間の他の被造物に対する関係という三つの関係が、コミュニケーション的自由としてのキリスト教的自由を特徴づけている。神への自由が根幹的な関係である。まさに人間が自分を罪ある者とみなせるがゆえに、自由への解放にふさわしく生きることができる。自由と愛、自由と責任は切り離すことができない。上述の三つの関係性のために、キリスト教の自由は、純粋に内面的な自由へと矮小化されたり、抽象的な自由と解釈されたりする場合には、誤解されることになる。神への関係から生じる内的自由は、愛に満ちた奉仕としての神への関係、自己自身への関係、共にある被造物への関係において「自己を無化し」〔自身を空しくする〕、現実化する。

イエス・キリストにおいて贈与された自由は、律法による誤った救いの道から、そして咎・負い目と罪から解放するのである。そのようなものとしてその自由は命へと解放するものである。それゆえ、「〜からの自由」はつねに「〜への自由」であり、神に対する、自己自身に対する、また共にある被造物に対する自由と責任における命への自由なのである。そのため、キリスト教の自由には個人的な次元と並んで、つねに共同体的な（団体的）次元が付加される。それは自由と解放の場としての教会であり、もう一つはキリスト教の自由が組み込まれる場としての社会である。その場合、自由、＊正義、そして＊平和への対応が強調されねばならないが、その典型的な例は宗教的自由をめぐる闘いである。

■ Huber, W., Gerechtigkeit und Recht. Grundlinien christlicher Rechtsethik, Gütersloh ³2006. - Dahling-Sander, Ch., Zur Freiheit befreit. Das theologische Verständnis von Freiheit und Befreiung nach Martin Luther, Huldrych Zwingli, James H. Cone und Gustavo Gutiérrez, Frankfurt a. M. 2003. - Knuth, H. Ch. (Hg.), Von der Freiheit. Besinnung auf einen Grundbegriff des Christentums, Hannover 2001. - Fornet-Betancourt, R. (Hg.), Befreiungstheologie. Kritischer Rückblick u. Perspektiven für die Zukunft, Bd. 1-3, Mainz 1997. - Ulrich, H. G. (Hg.), Freiheit im Leben mit Gott. Texte zur Tradition evangelischer Ethik, Gütersloh 1993.

クリストフ・ダーリング＝ザンダー／硲　智樹

宗教　　　Religion

　我々は、「今日宗教的なるものの一種の節目に直面し

ている」(W・ヴァイデンフェルト Weidenfeld)のか？換言すれば宗教の没落（世俗化）が止まることを知らずに進行しているのか、あるいは今まで通り、現代社会にも宗教的方向づけには思いのほか安定した基本要請がある、と証明できるのか？　こうした（現代に競合するような）時代の診断は、まず「宗教」と「宗教的なるもの」をどのように解するかにかかっている。「宗教」を定義するのは容易ではない。従ってそれには「宗教的なるもの」と同様に、多様な解釈が可能となる。<u>実体的</u>に、すなわち非宗教的なるもの（たとえば学術）から区別しうる特殊な内容を強調するか、あるいは<u>機能的</u>に、すなわち特定の個人的もしくは社会的関係の問題に関する影響力やはたらきに着目するか、により解釈が多様になる。

　宗教の機能について問うとすれば、従来宗教社会学においては、本質的には、六つの問題と結びついており、それを解決することが、共生のための基本となっているようである。(1)「宗教」が見出される場、すなわちそれが、画一的な諸原理を離れて、「ありとあらゆるものの恐るべき混迷」(E・トレルチュ Troeltsch)を整理し、あらゆる生の解釈の地平が根拠づけられるところだという（宇宙化、＊宇宙論）。(2)「宗教」は、＊価値、＊象徴そして宗教的な行為形態を通して、＊儀式／典礼や社会的秩序、そして絆を創り、共生を確固たるものにする（融和統合）。(3)「宗教」は、ある包括的な解釈の枠組みのなかで、個々人に根本となる自己像と世界における場を付与する（アイデンティティ）。(4)「宗教」は、原則的に受容しがたいと思われるものに対して受容の姿勢を創りだすものである。すなわち知識における無力の

経験、死すべき運命、幸福と苦しみの不均一な分配に対峙すること（偶然性の克服）。(5)「宗教」は、異常な状況と実践的に関わる場合の倫理的方向づけ（＊倫理）を提供する（非日常における行為の手引き）。(6)「宗教」は、此岸的つながり（たとえば職業や家族）の外側に身を置くことを可能にし、社会状況に対する異議申し立てや抵抗する力を活性化する（此岸から距離を置く）。

　たとえば＊キリスト教のような既成宗教が上述の六つの機能を合わせ持っているとするなら、現代（＊ポストモダン）を見据えたうえで、宗教はもはや存在しない、と言わざるを得ない（F-X・カウフマン Kaufmann）。宗教の機能的定義に対し、留保をつけるとすれば、その長所は、スポーツ、衣料、マーケッティング、ポップカルチャー、精神療法といった実存の諸領域のどこに伝統的な宗教が継承されているのか、そしてそのかつての功績はどこへ拡散してしまったのかを認識するのに役立つ感受性が、提供されているという点にある。しかし同時に明瞭になるのは、歴史上の諸宗教の働きからなされる「宗教」の機能的定義は、少なくとも含意的には、実体的な宗教理解から引き出されているということである。実体的に見る場合、宗教はそのような（規範的に固定化した）儀礼の挙行および（しばしば教義のなかで文章化している）信条（「救済の真理」、＊信仰、真理）として定義できる。その信条は、個人および集団の生を聖なる（＊聖なるもの）関係点および／あるいは超越的な関係点に方向づけられている。すなわち「聖」と「俗」、「救済」と「非救済」もしくは「内在」と「＊超越」という基本的な区別が出発点にあるということである。宗教学

における現在の議論では（＊宗教学）、カール・ヤスパース以来問題にされてきたテーマが追及されている。すなわち、内在と超越の基本的区別が、いわゆる「軸時代」の＊文化（前2000年前から）で初めて登場したというわけではないのか、さらに太古的でありながら今日なおも影響力をもつ「聖」と「俗」の区別は、消滅しないまでも、堆積しているのではないか、と。「宗教性」とは、宗教に関する考え方、イメージ、また経験の仕方、行動様式に従って叙述可能で主観的に生きられた実践であると解釈し得る。これらが規範的に固定された信条や典礼と一致するか否か、また一致すればどの範囲までなのか、さらに上述の区別が認められるか否か、それはどの程度までか、の問いは二次的である。

　歴史的に伝承され、現在もなお実践されている諸宗教は、種々異なる宗教モデルに即したものであり、以下の尺度でそれぞれの差異が確認できる。

　（A）それらの宗教は、＊救済において自力または他力をイメージしているか、

　（B）それらの宗教には、参与・連帯の余地があるのか、

　（C）それらの宗教は、誰を対象としているか（少数かあるいはすべての人か）、

　（D）それらの宗教は、内部に方向付けされている、いわば成員論理か、あるいは外部に方向付けされている、いわば感化論理なのか、

　（E）それらの宗教は、感化論理をどのように理解しているか。

　（A）＊ユダヤ教、キリスト教諸＊教会、自由教会、種々のセクト教団そしてイスラム教のような顕教とし

ての宗教は、秘義的な宗教（＊秘義／秘教／密教）に見られるような「自力による救済」という考えを非難し、救世主もしくは預言者を専らの救済仲介者と告知しながら、「他力救済」の信仰信条を掲げている。救済の道具（Heilsgüter）および救済の真理の解釈を支配することに、原則として信徒全体が、あるいはカトリック教会のように一握りのエリートだけが参与しているか否かに対応して、諸宗教は組織されている可能性がある（B）。そのような「施設宗教」は、こうした一極集中から排除された人々（「平信徒」）が、独自に、それぞれの社会的立場（たとえば農民、小市民、教養階級）や、環境および生活形態（たとえば家族）に応じて、種々異なる宗教的イメージや実践を展開していることを考慮せねばならない。こうした「ポピュラーな宗教性」（民俗宗教性）は、やがて救済の道具や救済真理の解釈を支配する高位聖職者たちによって、撲滅され、黙認され、否定されもするが、また吸収され、道具化され得るのである。さらなる挑発は、一極集中を確保するために、「平信徒」（＊聖職／教職）の過度な活動を妨げることにある。それも平信徒による物質的および精神的支援の拒否や、脱会という事態に至るような無関心さを促進しないようにである。＊宣教／在教のダイナミズムにとって決定的なことは（C）、ある宗教が超越的存在を告知する場合、「聖なる残滓」という少数派に関連づけるのか、あるいは原則すべての人間に関連づけるのか、という問いである。それはグローバリゼーションといううねりのなかで、他の宗教との軋轢をもたらすものである。これと関連するのは（D）、ある宗教が一義的にその成員へのサーヴィス

と影響力に徹するのか、あるいは同時にその非宗教的周辺にも影響力を持たせることを意図しているのか、という問いである。最後のケースでは、この影響力がどのように理解され、そしてどのように影響力が発揮されるのか、という問いである。すなわち現世的な実存領域（国家、経済、法律、家族、マスメディアなど）における分業的な * 自律を原則認めるか、あるいは宗教的他律を主張、つまり「原理主義的」（* 原理主義）もしくは「統合的に」生全体を宗教的な「スーパーコード」〔マスターコードというボードゲーム〕の管理下に置くよう強制すべく、原理的に主張するのか、という問いである。

多くの現代社会にとって典型的なのは、「人が継続的、普遍的に持ちうる超越経験のための、また意味ある人生の模索のための納得のいくような、また普遍的に義務付けるような社会的モデルが「欠如」していることである」（Th・ルックマン；* 意味）。現代の日常生活（* 生活世界）の社会的構造は、宗教的コミュニケーションという視点からは、全く扱いにくいものである。つまり世俗化しているのであるが、しかしそれは個人ではない。これを証するものは、「* 霊性」という表現の動向であり、近年とみに「宗教的体験」の局面と呼ばれるものに付加されている重要な意味である。

■ Klöcker, M./Tworuschka, U. (Hg.), Handbuch der Religionen. Kirchen und Glaubensgemeinschaften in Deutschland, München 2006ff. - Sellmann, M., Mode. Die Verzauberung des Körpers. Über die Verbindung von Mode und Religion, Mönchengladbach 2002. - Kaufmann, F.-X., Religion und Modernität. Sozialwissenschaftliche Perspektiven, Tübingen 1989.

ミヒァエル・N・エーベルツ／岡野治子

宗教学　　Religionswissenschaft

　宗教学が、独立のアカデミック分野として定着し得たのは、20世紀初頭である。その目的は、歴史と現在における宗教的考え方の全体像をその広がりと多様性において、また可能な限り偏見を排し、究明し、叙述し、比較することにある。個々の研究者が、世界のすべての宗教に対し、均質に専門知識を有するというわけにはいかないために、個々の宗教または個々のテーマ別の領域へ専門化することが避けられなかったのである。それは結果的に、今日の宗教学では比較という視点からの大きな問題提起がほとんどなされ得ないという事実を招くに到った。

　それに加えて今日の異文化間の＊文脈においては、無前提で、価値中立である観察者の視点から何かが結果するという可能性は、根本的に問い直されている。宗教学者もまた自身の時間的、文化的に限定されている内的視点を完全には払拭できないものである。また文化的中立としての「アルキメデスの点」〔アルキメデスの寓話に基づき、地球を梃子で持ち上げる際の支点〕にまで自身を高めることもできるわけではない。従って常に自身が身に帯びている前理解を提示することは、その学術性のためには有効ではあり得る。それは特に、今日の宗教学が歴史的および体系的に考察の対象としている大いなる世界宗教（＊ユダヤ教、キリスト教、イスラム教、仏教、ヒンドゥ教、道教、儒教）の教えである。宗教学はさら

に小規模の宗教や、部分的には既に消滅した宗教、また新興の宗教も研究の対象としている。最近では、自然主義的、経済至上主義的、あるいは宗教批判的に宗教を説明しようとする試みもある。それは容易には決定しがたい対象領域（＊宗教、聖なるもの、文化など）をめぐる議論であり、それこそが宗教学成立以来の悩みである。

宗教学の歴史において、常に歴史的 対 体系的、機能主義 対 実体主義、現象学 対 文化（社会）科学という考察上の対立がなされてきた。方法論的な単一化という目的を持つ文化科学的な潮流（＊文化科学）は、宗教を文化の一部と見なし、これが現在のところ明確に宗教学の方法論的議論を支配していると言える。この潮流とは異なり、宗教現象学は、聖なるものという異論の余地ある概念に固執する。宗教現象学にとっては、議論の余地なく文化要因である宗教とは、宗教的人間の体験的レベルと意識構造も共に考慮されて初めて真に理解可能となるのである。

文化をまたいで確認され得る一致点、類似点、そして相似は、宗教的基礎体験（シャーマニズム、＊神秘主義、預言など）が必ずしも文化の境界に束縛されるものではないことを表している。最近では諸文化の活気ある出合いを通しての挑戦がなされるなか、実践に即した対話的（＊対話）な宗教学への支持が高まっている。それは信者たちを調査の対象に限定するのではなく、信者たちが自発的に語る事柄を傾聴するというものである。宗教学の根本問題は、今日まですべての研究者が等しく認められるような明確な宗教の定義が見つかっていないところにある。超越を語らない宗教学にとっては、G・メンシ

ングによる「宗教は、聖なるものとの出会いである」という宗教定義が役に立つだろう。聖なるものとは、「究極的真の現実」、従って＊神を表す記号である。そのような宗教学は、現在も再び広く関心をひきつけている宗教的問いに誠実に対応し、宗教の神学へのアプローチとなっている。無論そうした方向をとる宗教学は、この実存的根本問題に対する一義的な応答を断念している。

■ Figl, J. (Hg.), Handbuch Religionswissenschaft, Innsbruck 2003. - Hock, K., Einführung in die Religionswissenschaft, Darmstadt 2002 (^{2}2006). - Michaels, A. (Hg.), Klassiker der Religionswissenschaft. Von Friedrich Schleiermacher bis Mircea Eliade, München 1997 (^{2}2001).

ヴォルフガング・ガントケ／岡野治子

宗教教育　　Religionsunterricht

＊宗教は、世界体験および世界理解の独自の在り方を表現している。宗教は、実り豊かな生がいかなる超越的な意味の地平（＊超越、意味）を持つかという問いを開示し、生の営みおよび文化的な生活形態、さらに独自の＊言語形態と知の形態を根拠づけるものである。宗教的教育（＊人間形成／教養／教育）は、従って文化を開示する学校の一般教養の一部と言える。学校の宗教教育は、公立学校の教養課題のなかにその根拠をもつものである。

ドイツ連邦共和国の公立校における宗教教育は、少数の例外はあるものの、憲法で保障された「正規の教科」である。それは国家による学校教育管理下に置かれ、「宗

教共同体の原則に合致して」(基本法7条3)実施されるものである。宗教教育は、一方で*宗教の教育的価値を認めている。他方で世界観の中立性という義務付けから生じる自主的制限が課されるなかで、意味の獲得や宗教という問いへの応答を放棄しているのである。宗教教育への自由参加という原則は、積極的発展権と消極的抵抗権としての宗教の自由(*自由)という基本的権利によって保障されている。

　宗教教育における宗教は、共通に分与された宗教的実践としてではなく、学校によって仲介される形、すなわち「学校(内)の宗教」(B・ポルツェルト Porzelt)として扱われている。学校での宗教教育は、学校の授業にとっての根本的な限界に関わっている。すなわちそれは直接的な生活環境(生の世界)を離れ、その限りで単に仲介された体験関係だけを崩さずに保持することである。同様に宗教共同体と合致することで、宗派的もしくは特定宗派と協働して(*エキュメニズム／教会一致運動)、宗教教育が生徒たちに提示するのは、中立的な観察者による外部だけのまなざしではなく、体験された宗教という内部のまなざしをもって宗教を理解し、ある特定の宗教の真正な証と出逢い、意見交換することで、自らの宗教的信条を明らかにし、発展させ、その特徴を明確にする可能性を開くことである。宗教教育が、自分の生の歴史のなかの信仰の諸前提に、関わりを持とうとするそれぞれの自発性を獲得するのに役立つ限り、それは生徒たちのアイデンティティの確立に貢献しうるものである。

　「唯一の世界」の地平と*移住によって促進された社

会的共存関係の文化的、宗教的多元化（＊多元主義）は、「異文化間の学び」と「宗教間の学び」を焦眉の急務にしたのである（＊共生）。学校空間における＊異文化間・＊宗教間の学びが成功するのは、宗教的教養が「相違におけるこうした＊対話」（H・コーラー゠シュピーゲル Kohler-Spiegel）のためにも質の高いものになるときだけである。

　そのように学校の宗教教育は、個人的および社会的な生の形成のための鍵となる格付けを仲介する。すなわち宗教教育は、文化的一貫性を促進し、生徒たちのアイデンティティ確立を支援し、社会的期待の地平を相対化し、ますます多元化の進む文化と社会における意思の疎通を助ける。そのことから宗教教育は、同時に民主的な（＊デモクラシー／民主主義）自由の権利（信仰と告白の自由）を知覚するための前提ともなっている。

■ Kohler-Spiegel, H., Identität und Begegnung mit dem Fremden. Ziele, Reichweite und Grenzen interreligiösen Lernens im schulischen Religionsunterricht, in: Religionsunterricht an höheren Schulen 49 (2006), H. 4, 215-222. - Porzelt, B., Die Religion (in) der Schule. Eine religionnspädagogische und theologische Herausforderung, in: Religionspädagogische Beiträge 54 (2005), 17-29. - Bitter, G. u.a. (Hg.), Neues Handbuch religionspädagogischer Grundbegriffe, München 2002 (^{2}2006).

ヴェルナー・ジーモン／岡野治子

儒教　　Konfuzianismus

「儒教」という概念は、中国語では K'ung Fu-tzu（孔

夫子、前 551-497 頃）と呼ばれる大学者孔子に起源をもち、最も重要かつ極めて複雑な一連の中国的伝統を示す。多くの東アジアの国々（とくに韓国、日本、シンガポール）で影響の大きい儒教は、宗教学者（＊宗教学）によっては世界宗教として数える向きもあるが、また儒教の反形而上学的基本姿勢を根拠としてこれを宗教ではなく、むしろ、倫理的な方向性を強くもつ人生哲学あるいは政治的教えと解釈する向きもある。宗教に関するキリスト教的理解を基礎に置くとすれば、創造神（＊創造）も＊啓示もない宗教としての儒教は、確実に宗教の枠組みから外れるが、現実世界への志向にもかかわらず＊超越との関係を失っていないために、より広い宗教理解に基づけばそれは十分に宗教として理解することができる。こうして儒教は人間の秩序があらかじめ定められた「宇宙の秩序」（Tao Dao ＝道、T'ien ＝天;＊コスモロジー）に立ち戻ることを重視する。そのために儒教は、個人の＊自律を重視する世俗化された近代精神における「人間中心のヒューマニズム」（＊人間学）とは異なり、超越に対して開かれた「宇宙的ヒューマニズム」と言うことができる。傾向から見て理性的な宗教である儒教は、多くの啓蒙主義者たちによって手本とすべき、文化を包括するような「自然な宗教」として評価されたが、それでも、あらゆるものを計算し尽くそうとする「西洋の合理主義」（マックス・ヴェーバー）に比べて、生の全領域における脱呪術化の過程は儒教では徹底されなかった。

　史実における孔子は下級の貴族（大夫）の出身で、質素な生活をおくり、非常に短期間公職（＊聖職／教職）についていた。彼は単に教育者であり道を教える者と自

らを考えていたが、とりわけ魔術や民衆信仰、シャーマン的祖先信仰に強く結びつく潮流において救済者に祭り上げられた。これは同様に聖化された老子（＊道教）と十分に比較しうる。この中国におけるもう一つの重要な伝統は、自然に調和した簡素な生のうちに救済があるとしているが、こうした第二の伝統と哲学的な儒教との違いは、後者〔儒教〕が本性において善であり善へと義務づけられた人間の学習意欲を文化・教育楽観主義的に前提とする点である。人間の道徳的行為は宇宙の調和を維持する手段として理解される。儒教の目的は地上において天の道徳的意思にならうことなのである。皇帝には天から正しい道徳（天命）が与えられる。孔子は指導的地位に相応しい理想の人物を、「小人」と区別するのだが、それを「君子」とし、生まれつきのものと考えている。それゆえ、儒教の中心には理想的な人間すなわち宇宙の調和、「中庸」を志向する人間がいる。理想的な共同体はそのような人間なしには機能しない。従って儒教に関してエリート的かつ（世襲ではなく功績によってその地位につく貴族）貴族的性格を指摘することができる。天を敬うことは政治権力の正当化に有益であった。もし支配者が儒教的君子の理想に合わない場合、それはしばしば起こったのだが、そうした場合には天地の道徳の一致に根拠づけられた国家の正当性が、根こそぎ破壊されてしまうのである〔天命が改まり、王朝の代わること。革命〕。民と国家とは高い倫理を持った指導者を必要とした。史実における孔子は、後に国家宗教としての儒教において、手本となる始祖として崇拝されることとなる。孔子は神々や霊の存在を否定せず、天と祖先崇拝を支持

し、恐らくは人間とはかけ離れた最高の神性を信じていたであろう。だが孔子は、あの世へ関心を向けることがこの世における家族、共同体、国家への義務から、さらにこの世における生活環境の改善から人々の気を逸らしてしまうというプラグマティックな見解を主張したのであった。

　倫理的儒教は、具体的なヒューマニズムを志向する普遍的な人間愛の宗教である、と解釈できる。この人間愛の中心には人間性という徳（仁）がある。その核となるのは、さまざまな文化において問題なく普遍化できる、いわゆる「黄金律」であり、それは次のような一文である。「己の欲せざる所、人に施すこと勿れ」（巻第八衛霊公第十五、二十四）。ここでは人間関係の調和的な形成、また、自分の心に対する従順と他者および礼儀作法や儀式（礼）（＊儀式／典礼）に対する敬意との間のバランスが問題になっている。この〈礼〉もまた所与の宇宙的調和によって定められている。理想的な秩序は過去、すなわち、天地が未だ調和的関係にあった「黄金時代」に見いだされる、と孔子は考えている。調和的で社会的な共同生活の基礎となるのは、それゆえ、明確な上下関係を伴う確固とした人間関係の秩序で、それは例えば、臣に対する君主、子に対する父、女に対する男、年少者に対する年長者、小人に対する君子の上位にみられる。孔子にとって倫理を伴う内的態度は重要であった。この態度を欠いて表層化した儒教は、絶えず復古的かつ階層的な支配権力制度へと硬直化する危険にさらされた。それでもやはり、本来の倫理的ヒューマニズムの高邁な理想を継承する刷新運動が常に存在した。それどころか宋学〔新

儒学〕においては思弁的で形而上学的な新展開があり、その結果、倫理学、国家論、哲学、宗教からなるこの複合的な体系は、明確に規定することが不可能となった。官公吏に対する拘束力を有する国家宗教的行動規範体系として、儒教は共産化以前の中国において重要な権力構成要素であった。

　国教の地位に昇格した儒教は、一方で権力に批判的な道教そして世俗に批判的な＊仏教と常に対立があったが、他方で中国に根付いたこの三つの宗教は相互に影響を与え合った。それゆえに中国では、宗教に関する複数のアイデンティティは今日まで残っている。激しい対立を克服して調和的にバランスを取ろうという関心が、中国の諸宗教を結び付け、それによって、いくつかの宗教戦争があったにせよ、それぞれの宗教の創唱者たる孔子、老子、仏陀に対する大いなる崇敬が中国では同時に可能だったのである。＊神が周縁的な役割を果たす儒教のような宗教は、キリスト教徒にとってどちらかといえば奇異に映るかもしれない。それでも、人間個人の意思に対する天の意思の紛うことなき優位こそが、現在の中国に支配的な共産主義のような現世的世界観から儒教を宗教として区別するものである。共産主義の観念体系の衰退、止まることを知らない近代化が呼び覚ました自らの伝統に対する意識を眼前にして、今日、儒教は文化のアイデンティティの源泉としてある種のルネッサンスを中国で迎えている。

■ Paul, G., Konfuzius, Freiburg i.B. 2001. - Zotz, V., Konfuzius, Reinbek 2000. - Wilhelm, R., Konfuzius/Kungfutse. Gespräche. Lun Yü, Düsseldorf 1989 (Wiesbaden 2005).　　ヴォルフガング・ガントケ／岡野　薫

象徴　　Symbol

　象徴については、普遍妥当性のある学問的な定義はない。過去において自然科学や言語学では象徴と記号（Zeichen）が滅多に区別されなかったせいで、今日まで矛盾するさまざまな考えが〔象徴の定義についての〕合意を困難にしている。さしあたり語源学的な解釈が手助けとなりうるだろう。*symballein*（ギリシア語）は、一か所に投げ集める、組み合わせるという意味である。古代ギリシアにおいて *symbolon* とは、新たに組み合わせることで二人の契約パートナーの後継者がお互いパートナーであることを証明する割れた指輪を意味した。それは二つの異なる要素が一つの単一体に組み合わさることを示している。物体的なものと精神的なもの、形態と理念、現象と隠れたもの、意識と無意識が象徴のうちで融合する。

　赤いバラの花束が、それぞれの動機、送り手、受け取り手に応じて「意味」を変えるように、象徴は根本的に多義的であるのに対し、記号は一義的でなければならない。例えば、一義的でない道路標識であれば、道路の交通は混乱するであろう。アルファベットも一義的な記号体系である。これに対して象徴の持つ多義性はそれぞれの＊コンテクストによりさまざまに変化する。洗礼の水は＊死も＊生も指し示す。迷宮は「同時に、宇宙、世界、人間、個々人の生命、脳の曲がりくねり、意識、巡礼の旅、旅行、そして生きる道である。」（H・ケルン Kern）

象徴の形成は言語の発展に先行している。固有の心的能力のおかげで誰もが象徴を支配することができる——少なくとも夢の世界の中では。象徴によってはじめて、それぞれの事実の皮相性を超え出て、それぞれの具体的なもののなかに、同時に普遍的なものを知覚することができる。それゆえ、象徴は＊宗教の本来の＊言語であり、＊聖書及びキリスト教＊信仰（＊キリスト教）の本来の言語なのである。

象徴的表現は、人間の営みのあらゆる局面、すなわち芸術的創造、音楽、遊び、文化全体の多様性において見出される。すでに太古の人類は象徴の駆使者 homo symbolicus であった。彼らは純粋な機能性を超えて、「究極的な＊現実が持つ表現不可能な構造」を表す意味を、食事、セクシュアリティ、労働などを中心とする生の根本的な営みと結び付けたのである（M・エリアーデ）。象徴は、最深の真の現実と人間存在を結び付け、同時にその人間存在の＊意味を開示することによって、人間に当事者としての驚きを与える。象徴のなかに自己表現を見、指針を見出す人間は、「信頼がおける」と証明された世界に自分が組み込まれていると感じる。とはいえ、象徴の持つメッセージは、決して人間が十分に意識していると感じるような〔既成の〕意味だけに限定されるわけではない。

象徴と＊神話はその本質において関連している。バハオーフェンに至っては、神話を「象徴の解釈 Exegesse」として理解していた。＊神学においてはこの両概念は慎重に用いられている。なぜなら聖書の信仰世界を神話に対置すべく、長い間努力がなされてきたからである。こ

れに対しティリッヒは次のように指摘している。「神話は、信仰のどんな場面にも現在している。なぜなら、信仰の言語は象徴だからである。」

■ Jung, C. G./Franz, M.-L. v., Der Mensch und seine Symbole, Düsseldorf 1999. - Biedermann, H., Knaurs Lexikon der Symbole, München 1998. - Eliade, M., Ewige Bilder und Sinnbilder. Über magisch-religiöse Symbolik, Frankfurt a. M. 1986.

フーベルトゥス・ハルプファス／硲　智樹

自律　　Autonomie

I・カントによれば、自律（Autonomie）すなわち自己立法は道徳の原理となりうる唯一のものである。というのも、他者による立法である他律（Heteronomie）は、それがどんなものであれ、理性的な人間による意志の自己規定、すなわち個人の自由を疑わしいものにするだけでなく、むしろ帳消しにしてしまうであろうし、それゆえ道徳的行為すなわち自由による因果性を不可能にしてしまうであろう〔自由のなかでのみ、行為の原因・結果が見通せるのであるから、行為の道徳性が成立する〕。この意味で自律は近代的な自由の意識と自己理解の基礎的なしるしである。こうした意味での自律とのアナロジーから、生物学、経済学、技術、＊美学など、さまざまな実在領域がもつ固有の法則性という自律について語れる。

キリスト教の＊信仰（＊キリスト教）が基本的に超越的（＊超越）かつ絶対的な主であり、また世界の創造者

でもある神への信仰であるかぎり、信仰は自律という思想と矛盾するし、そのため他律、正確には神による規定である神律（Theonomie）から出発しなければならないように思われる。それにもかかわらず、『旧約聖書』は総じてその民族を隷従状態から救い出した解放の神としてのヤハウェ（＊ユダヤ教）への信仰を証しており、『新約聖書』の核心にあるのは、イエスによる解放のメッセージと最終的な自由へとつながる十字架のもとでの救済行為（＊救済）である。これに対応して、今日までキリスト教的思考の歴史には、自律思想に対する両義的な関係が一貫して保持されている。すでにアウグスティヌスは人間の自由を強調するか、それとも神の恩寵を唯一有効とするかの間で玉虫色に応答している。全く似た形で、ルターは「キリスト者の自由」について語りながら、同時に意のままにならない神の恩寵にキリスト者が依存していることにはこだわっている。トリエント公会議以後のカトリック＊神学も神の行為と人間の自由との関係、すなわち神律と自律との関係を本当の意味で解決することはできなかった。自律と神律とは矛盾する必要はなく、むしろそれどころか自律が正しく理解されるなら、それが神律として意味が深められるかぎりで、他者による他律的な規定を排除するのだという思想（A・アウアー Auer、J・フックス Fuchs、F・ベックレ Böckle、D・ミート Mieth など）によって、第二ヴァチカン公会議以後に展開された「自律的道徳」は、近代的な自由の思想に基づいたキリスト教的神信仰を仲介しようとするものであった。これをさらに先へと進める教義神学者 Th・プレッパー（Pröpper）の観点は、今後長く人々の注目を

集めるであろう。彼は近代的な自律思想を無条件に受け入れ、人間には異論の余地のない所与の自由があることから出発する。これはキリスト教信仰を具体的でかつ唯一ふさわしい実現（の場）として、すなわち包括的な意味での自由の経験領域として描くためなのである。したがって、プレッパーによれば、自律は決して〔信仰と〕対立するものではなく、むしろまさに〔信仰の〕出発点であって、他の人々や神と出会う可能性の根拠なのであり、それゆえ政治的・社会的な解放のためのあらゆる種類の実践的行動の基盤であり動力源なのである。いわんやこうした自律の理解から、人間の自己規定に新たに論争を持ち込む生命科学と神学との間での＊対話も最も容易に可能となるであろう。

■ Herrmann, Ch. S. u. a. (Hg.), Bewusstsein. Philosophie, Neurowissenschaften, Ethik, München 2005. - Pröpper, Th., Evangelium und freie Vernunft. Konturen einer theologischen Hermeneutik, Freiburg-Basel-Wien 2001. - Gerhardt, V., Selbstbestimmung : das Prinzip der Individualität, Stuttgart 1999. アルベルト・フランツ／硲　智樹

神学　　Theologie

神学は、ナザレのイエス（＊キリスト教）に顕示されているように＊神の絶対的把握不能性と制御不能性の自己証明に関する方法論的省察と解されてよい。しかもその神の自己証明とは、信仰の中で受容され、＊教会において伝承され、さらにその省察を通して教会と社会にとって、常に説得力を保ち、言語的にもまた伝承的にも

力を保持し続けてきたものである。

　(1) グローバリゼーションと世界教会：神学には、それ自体の歴史がある。その状況はますます複雑になり、その諸前提も問題も多岐にわたることになった。すなわち神学内部であれ、また世俗的学術や、教会と社会の文脈においてもである。さまざまに異なる生活観、生活スタイルそして * 文化（文明の衝突）のグローバルな同時性（* グローバリゼーション）を通して、教会と社会にとって画期的な変化が起きたのである。従来までは潜在的な現実であったものが、急性の * 世界教会になった。教会の行為の形が、* 言語、説得力、規範的様式、さらに文化の多様性とともに多元化してきた。教会という統一性が * 聖職の実践においてだけでなく、典礼や教えにおいても問題化し、インカルチュレーション〔異文化の土着化〕の必然性と限界を表すような摩擦、あるいは別の言い方をすれば、歴史的一貫性において表現されてきた伝承（* 伝統）、つまり福音のアイデンティティと多種の異文化間にある相違との間での摩擦にまで発展している。

　(2) 文化的に規定される神学：文化的に規定されている * 生活世界において伝承、特に福音解釈を差異化する試みは、地域教会の神学の課題である。これは、教会中央の教導職であっても、地域の教会から取り上げてしまえる課題ではない。教会の統一性のうちにあっても、神学の多様性と偏狭な矛盾は新しいものではない（教会が定めた正典における聖書神学の多様性、さらに神学領域における種々様々なアプローチをみせる諸修道会および諸学派の神学の多様性）。神学は、生活世界に根づき、智慧に満ちた、もしくは哲学的な諸前提を必要とする。ヨーロッパの神学には、ギリシア哲学の枠にある従来の

多元性が残っている（形而上学）。多くの神学にとって批判への耐性のある、また理解を可能にする知恵に満ちた最小限の前提が何であるか、その答えは、議論の途上である。すべての人に理解可能で、すべての文化に翻訳可能なそうした種々の出発点を伴って、福音の唯一の＊真理探究は、まだ必ずしも問題の射程に入っていないのである。

（3）神学の間文化的性質：ここで、文化的に異なる形で規定される神学の多くが、唯一の教会において、唯一の真理を求めつつ、どのようにお互いに関係し合うのかという問いが浮上する。その問いに対する省察は、間文化的な姿勢をとってきた神学の課題である。従って、自身と他の文化性を捨象するようなメタ文化的な立場は排除される。それと関連して、神学の事案が、可能な限り正確な、もしくはデジタルな一義性に還元されるようなやり方も排除される。そのような形式的な一義性とグローバルな有効性は、翻訳の努力もまた解釈の努力をも必要としない。しかしながら神学とは、それ独自の事柄から始まって、アナログで常に多義的な日常言語へと回帰するものである。その言語はまた神学の基礎であり、翻訳の必要があるものである。間文化の関係を視野に収める神学は、同じ理由から、対話的（＊対話）、かつ相互的（＊相互性）に思索を進めねばならない。そうした神学は、福音の異なる体験、つまり文化的に異質なキリスト者とその共同体が、どのような問題を我々〔欧米のキリスト者〕に突きつけているかを、考える必要がある。他方で、神学に係わる作業に際して常に頭に入れておかなければならないこと、それは、福音に関する我々の体

験が、文化的に異なるキリスト者および共同体に対して、何を伝えたいのかということである。神学はかつてそうであったように、全体への奉仕においてまた他者について、より意識的であるように心しなくてはならない。神学は、自分たちの問題を異文化の神学者のまなざしで取り組み、自分たちの仕事が彼らのためにも貢献となっている、と彼らに理解してもらうよう配慮してほしいものである。

　(4) ヨーロッパの神学：文化的に異質と規定される諸神学とヨーロッパの神学との相互的な関係は、両者の事実上また歴史的な前提と思われるもののせいで、完全には左右対称ではない。何故なら原典へのアプローチに関して、歴史的直接性が存在しないからである。福音をめぐる2千年にわたる経験は、その評価が肯定的であるにせよ、否定的であるにせよ、後代の人々によって無視されずに保持されてきた（国家と教会の分離、キリスト教の機能化と機能障害、＊宣教と植民地化、近未来救済の期待が裏切られること）。教会伝統の担い手として、ヨーロッパの神学は、それが批判に値するにせよ、まさに異文化内の神学的試みにとっては、出発点であり、助けでもあったのである。それは、種々の点で、苦いやり方であるにせよ、異文化との接触においてももっとも経験豊かな神学なのである。逆にヨーロッパ神学は、他の神学の挑戦を受ける立場でもある（単なるアカデミックな営みから、生活世界と社会的な営みへと。専門職の神学から民衆の神学へと。自閉的で文化的な狭隘から拡大的な地平へと）。文化的に異質であると規定される諸神学の間で意思疎通を図る意味は、一義的には、意見の一

致を目指すような異文化間の学びもしくは批判ではない。むしろ教会共同体の内部にある異質性を、教会として相互的に認め合うことである。教会論的には、自分たちの信仰についての証や弁明を相互に提供し、また相互に受容するという個々の地域教会の義務がある。さらにこの証とは、諸文化と諸国家の間に存在する権力や支配への傾斜を排除することなのである。こうした証のために、神学も貢献するのである。教会の教導職は、文化に関しては、メタの立場をとらない。批判的異議申し立てに対しては、教会全体によって、拘束力を持つと認められた伝承によって、正当化が図られる。しかしこの伝承自体も、文化的に規定されるものである。こうしたことは、統一に貢献するという点で、特に翻訳の一助となっていることが明らかとなるはずである。

■ Wiedenhofer, S., Theologie interkulturell und interkulturelle Kompetenz, in: Th. Schreijäck (Hg.), Werkstatt Zukunft. Bildung und Theologie im Horizont eschatologisch bestimmter Wirklichkeit, Freiburg i.B. 2004. - Siller, H.P., Interkulturell Theologie treiben. Eine Reflexion, in: Jahrbuch Deutsch als Fremdsprache, Bd. 26, Mainz 2000. - Schreiter, R. J., Constructing Local Theoligies, New York 1985.

ヘルマン゠ピウス・ジラー／岡野治子

神義論／弁神論　　Theodizee

（1697年「ロマ3章5節」に関連してライプニッツが刻印した）神義論という概念の意味は、文字通り訳せば、自然によるものと人災による害悪と苦しみに対峙し

た際になされる「神の義認」〔神を正当化する〕である。神義論の問題は、既に古い。三つの事柄が同時に存在する場合、それが登場するのである。すなわち（1）世界の苦を看過できなくなる場合。（2）唯一の神を、世界の根源であり創造者として、同時に全能で善であると受け入れる場合。（3）神に対しても問いを投げ、抗議するという＊自由の価値を人間に認定する場合。そうであれば、全能で善である創造主への＊信仰と神の＊創造に内在するあまりに大きく、途方もない苦との間に矛盾が生じる。

　こうした矛盾を合理的な説明を通して（過誤に対する罰としての苦、試練・懲罰・浄化の手段としての苦、善に対するコントラスト、および全体秩序の一部としての苦）解決しようとするのが、理論的神義論の試みである。こうした諸種の神義論は、具体的な苦の体験に対峙せず、現実に存在する不正義を正当化するせいで、極めて信じるに値しないものである。というのはそれらの論は、その不正義を神と一致させようとし、＊現実の全体、つまり世界と神を一緒にして、一種の〈鳥瞰図的〉な視点で見渡すことを要請しているからである。確かに我々は、常に〈井蛙の見〉〔井の中の蛙大海を知らず〕にとらわれているのではあるが。

　上述の問いと異なっているのは、実存的神義論の問いである。その問いは距離をおいた外部視点からではなく、大いなる苦の原体験（ヨブの場合、詩編において、多くの＊宗教の＊祈りのなかに、またアウシュヴィッツにおいて）から生まれてくる。それは、神の前で、そして神に対してなされる問いであり、疑い、嘆き、非難、

抗議、さらに叫びの中で表われてくるものである。「なぜか？」それは解決されない苦しみ全体が神に向けられるからである。それは神を正当化するのではなく、神を相手取って非難するものである。すなわち神自身への関係が危険にさらされ、〔神との〕交渉ということになる。また神義論の問いは、神に罪なしとはせず、神の創造の苦に際して物言いをつけるものである。神義論の問いに固執する人は、神に盾突く諸悪の矛盾——そして諸悪に対する神の矛盾——を取り除くのではなく、我慢しようとする。すなわちその我慢は、神への訴えにおいて、また苦しむ人と共に苦しむ＊連帯性の中で、さらにどこであれ苦が減少するための実践においてなされる。

　聖書的な信仰は、災厄、苦しみ、＊悪を神と同列に並べてはいない。何故ならイエスの生、受難、復活において、すべての人間のために決定された＊愛として立ち現れた神は、苦に対抗して存在するからである。つまり神は、苦を望んではいないのである。しかしながら神は、創造を相対的な自律性と進化する自動性に委ねたために、自身の望まない道をも甘受せざるを得ないのである。神は、物事を特定の方向に向けて強制するのではなく、この世のすべてが、（根源としての）神と（自由を与えられた）被造物との間でビッグバン以来なされている——多かれ少なかれうまくいっている——絶え間ない対話へと招き、求め、誘っているのである。物事や諸存在が、相互にまたその点で神のためにも開かれている限り、神はその善意をもって活性化するのであり、物事や諸存在が閉鎖的である限り、害悪、罪、悪が生じるのである。しかし神は「愛を共にする者としての他者を望ん

でいる」のである（ドゥンス・スコトゥス）。それゆえに神は、ドラマとは一切関わらず、世界の流れに心を動かされ、苦しんでいる人々と苦しめる人々のなかにあって、苦しんでいるのである。原初から神も、アガペーがより多くの場を占めるように、その創造をもって産みの苦しみを味わっている。そして我々被造物が平安な道を歩むべく、どのように自己形成するのか、と心を砕いている。神に対し心を開いた人間を通して、また自然および社会的出来事の状況を通して、神は積極的、創造的に働く。そして善行と癒しに誘い、そのための動機づけを賦与し、提案をなし、力を与え、新たな可能性を開く。信仰は、神の可能性が終わりを迎えたなどという状態がそもそもありえないという希望をもたらす。信仰は、神がこの美しく苦難に満ちた世界のために、その全く異なる局面――没落や変化があるにしても――において、よき配慮を与え、最終的にはすべてを克服できるという信頼を持つことである。信仰は、神が愛であり、またそうであることを神が完全に証明する、という信頼のしるしである。この世の多くの事が神への信仰と一致しないうえに、それらが最後の決定権を持つような時には、神を否定することにもなる。しかし善を断固として遂行する者は、意識するか否かはともかく、それが証される、と最終的には神に賭けをしているのである。神に賭けるということは、すべての世界観がそうであるように、生の実験なのである。そうであれば、神は、苦に対する抗議と生き生きとした希望の言葉である。

■ Kessler, H./Verweyen-Hackmann, E./Weber, B., Ein guter Gott, der leiden lässt? Materialien für den Religionsunterricht der Sekundarstufe II.

Mit Schülerausgabe der Ganzschrift von H. Kessler "Gott und das Leid seiner Schöpfung", Kevelaer 2004. - Ders., Gott und das Leid seiner Schöpfung. Nachdenkliches zur Theodizeefrage, Würzburg 2000 (Neuaufl.: Das Leid in der Welt - ein Schrei nach Gott, Kevelaer 2007). - Kreiner, A., Gott im Leid, Freiburg-Basel-Wien 1997 (2005).　　ハンス・ケスラー／岡野治子

シンクレティズム／諸宗習合　　Synkretismus

　シンクレティズムとは、日常的語用にあっては、種々の宗教的教説や祭祀の習合を意味する。こうした語用は、「純粋な」教説や「純粋な」祭祀という虚構を想定することになる。そうした日用的用語は、＊異文化間の学び、インカルチュレーション〔文化の土着化〕、民衆宗教、さらには厳密な意味でのシンクレティズムという概念との区別をつきにくくする。シンクレティズムという概念のより正確な理解は、民族中心的（＊民族集団／エスニック・グループ）宗教と歴史中心的＊宗教との区別を前提にする（Th・ズンダーマイヤー Sundermeyer および S・ヴィーデンホーファー Wiedenhofer）。民族中心的宗教は、ほぼその民族の＊文化と一致する。文化的展開それ自体は、既に宗教的営みである。歴史中心的宗教は、確かに民族中心的宗教から出発してはいるが、その発展の流れにおいて自己の文化とはますます距離を置いているのである。それは出自を上回り、超えて行くのである（＊預言者、歴史的創唱、宣教／布教、教会主義、普遍主義、終末論）。

　宗教のこうした二つの在り方は、他の宗教との出会い

においては異なる仕方で関係を結ぶ。民族中心的宗教が、優越する異宗教の抑圧化に入るときは、公的な宗教と並行する文化として生き延びるか（R・シュライター Schreiter）、あるいは有力な宗教からその一部を補填し、機能的に継承する道を選ぼうとするが、それは自文化の解釈枠に留められる（メラネシアのカルゴ祭祀 Cargo-cult や クレオールの祭祀 creole cult）。厳密な意味でのシンクレティズムは、このようにして生まれる。これに対し歴史中心的宗教は、出会いがあると、自分たちの解釈の枠で、民族中心的宗教のなかから保持する価値がある要素なのか、もしくは容認できる要素（* 寛容）なのかを判断し、それを採り入れ、民衆宗教として残そうと努める。民族中心的宗教の視点からすれば、シンクレティズムとは、異質の要素をうまく取り入れつつ、自己の * 伝統内に * 意味の構築をすることで文化的アイデンティティの危機を受け止める試みである。歴史中心的宗教の視点からは、シンクレティズムの動きは、単に民衆宗教への過渡期的形態であり、自分たちに当然与えられる余地のある暫定措置に過ぎない。無論歴史中心的宗教にとって、異なる宗教との出会いは、異文化間の学びの基礎である。これは、自己の宗教的解釈の枠組みにとっては常に一つの挑戦だからである。二つの歴史中心的宗教の出会いは、中間形態成立の余地が残されているようには見えない（たとえば * キリスト教と * イスラム教）。

　諸宗教が同時に自由裁量でき、グローバルに提供するものから、（ポストモダンの）個人がアイデンティティを造りだす（コラージュ Collage、ブリコラージュ Bri-collage〔器用仕事〕）ということは、見かけほど恣意的

なことではない。宗教のマーケットは、確かに心理的、美的、健康上の目的を充足させるものである。不問に付されているのは、民族中心的宗教と似たような形で、自己の文化的枠組みの諸条件との高度な同定性である。その限りでは、西洋文化の枠組みにおいて、個人的なアイデンティティを造りだす〔コラージュ的に〕という試みは、シンクレティック・諸宗統合的であると称することができる。＊神学は、独自の論理から以下の事柄に関心を向けなければならない。諸宗教の出逢いの中で、真理をめぐる争いを暴力から対話へと移行させ、つまり権力の格差が解消され、アイデンティティの脅威を和らげ、教会の教えや典礼において、個々の民衆教会的な展開のための余地を残し、最終的には諸地域教会のそのような個々の努力が全体のカトリカ Chatholica〔すべてを包括する普遍的教会〕によって担われるように、配慮されること、こうした事柄が神学の関心事でなくてはならない。

■ Piepke, J.G. u.a., Einheitsglaube oder Einheit im Glauben, St. Augustin 2001. -Siller, H.P., Suchbewegungen - Synkretismus -Kulturelle Identität und Kirchliches Bekenntnis, Darmstadt 1991. - Schreiter, R. J., Constructing Local Theologies, New York 1985.

ヘルマン＝ピウス・ジラー／岡野　薫

信仰／信心　　Glaube

日常言語として「信ずる・信仰する」は、他者の権威に基づいて獲得された知であるが、事実に即して十分検証されたのでもなく、また十分検証可能でもない知であ

る。良く知っているといえるほど、自分でも十分納得できない事柄を、真実であるとすることである。そうであれば信仰とは、知の欠如という形態であろうし、いずれにしても自分の＊生活世界において、すべてを自分で検証できるわけではないので、多くのことを誠実さと信仰を担保に引き受けねばならないとすれば、信じることは応急措置ではあろう。こうした語用とは別に、もう一つ別の日常世界での体験もある。すなわちただ信じるしかないという体験もあるし、また完璧に知ろうなどと一度でも試みてはならない、という体験もある。忠誠という約束については、「ただ」信じるほかないのである。それを決意した自分自身を、また私に対してなされた約束であれば、その人を信じるほかない。この場合の信ずるとは、この約束が誠実であり、真実になること、つまり約束が守られ、常に新たに真実になることに賭けることを意味する（＊真理）。従って信ずるとは、交わした約束が、相互に有益な方法で真実になるためには、約束を与える者とそれを受ける者とが共に、その約束に自分自身を「投資すること」、つまり自分たちのいのち（＊生／生活／いのち）を投入することを前提とする。その者達が、真面目であるなら、彼らは共にその約束をもってお互いを確認することになる。私がその約束を信じて、私はその約束を受け、それにふさわしくありたいという自分を確認することになる。

　一つの約束を信じること、これは多分宗教上の信仰の原型であろう。私にいのちを吹き込んでくれた存在が、私のいのち・生活が良くあるように、また良くなるように保障してくれることで、その約束が生きるのに良いも

のであると信じることである。またいのちを与える存在が、私の生活の質を真によきものにしてくれることを信頼して、このいのちに、また私が信頼する存在に「はい、アーメン〔まことに、そうなりますように！〕」と言えることでもある。この「はい、アーメン」が口に出されたとき、あるいはそれがなされようとするとき、これは、期待したくない事柄に対するいいえの言葉、生に敵対的な事柄との闘いをも同時に引き受け、誘発するものでもある。そうしたことは、信じようとした約束に反することであり、信じる価値が無いと思わせることである。そうあるべきではない、しかし＊神と神の約束に対する信頼性は、あるがままに、そうあるはずなのである。

　アーメンは、聖書においては、信仰の基本的表現である。すなわち心の底からヤハウェ（＊ユダヤ教）に同意し、自身をヤハウェとヤハウェの約束に結びつけ（イザ7章9節）、それだからこそ神の善き意思を見極めることなのである。その神の善き意思は、天に行われるごとく、今、ここ、地上で、私の生活において行われるはずなのである。神と神の約束を信じるということは、神の善き意思が同時に私を通して行われ、世界を神の支配に委ね、変容させるという私の心の深い願いにすることなのである。

　しかし人間は、種々異なる約束を信じているのではないか？　自分が信じたいものを信じられるほど、人はみな＊自由なのだろうか？　生に係わる約束という高度に拘束力あるつながりというものは、恣意性を拒否する。自分の生に係わる決定的約束への信頼が、私を義務付けるとき、私はあらゆる可能な事柄を信じるわけにはいか

ない。どの約束が信じるにふさわしいか、どれがふさわしくないかを、人間の理性が検証しなければならない。理性こそ、信仰を誤った約束への誘惑、つまり迷信に陥らぬよう、守ってくれるはずなのである。信仰と理性は、一対なのである。すなわち理性の伴なわない信仰は、自身を迷信から区別できない。また信仰のない理性は、信頼できる事柄と取り留めのない事柄とを区別するという挑戦や義務付けを要求する約束を理解しないのである。

■ Fürst, W./ Werbick, W. (Hg.). Katholische Glaubensfibel, Freiburg-Rheinbach, 2004. -Tillich, P., Wesen u. Wandel des Glaubens, Berlin 1966. -Buber, M., Zwei Glaubensweisen, in: ders., Werke, Bd.1. München-Heidelberg, 1962, 651-782.

ユルゲン・ヴェアビック／岡野治子

新宗教運動　Neue religiöse Bewegungen

新宗教運動は現代精神（*ポストモダン）の文脈のなかにある。現代性とは、とりわけ個人化すなわち伝統的な脈絡から切り離されるということ、またこれと結び付いて、自分の生についての決定過程の増大を意味する。自分の人生の選択に対する重圧は、こうした運命から生じる。一つの*伝統ないし複数の伝統に身を置くことは、比較のさまざまな基準を与えてくれるのだが、この身の置き場を喪失することによって新たな指針となる基準を求めねばならなくなった。ある伝統の中に身を置く際に前提とされる直線的な歴史的時間はもはや経験に影響を与えることはなく、経験にはむしろ、世界動向の、ある

種の点描化が決定的となる。従来の歴史的な基準による自己形成は時代遅れになった。もし比較の基準が消失しているのであれば、全てのことは自己形成の観点から今、ここで絶えず個人的に新たに体験されねばならない。経験および伝統に組み込まれない体験が「美しい生のプロジェクト Projekt des schönen Lebens」（G・シュルツェ Schulze）を決定する。その経験の中で、自らの基準を作り上げる個人（*アイデンティティ）としての主体が成立する。同じような基準の変位が社会的結びつきにも当てはまる。血縁的関係あるいは階級や宗教による関連が社会関係の旗印となるのではなく、それらが経験共同体として構想されるのである。

　現代におけるこの運動の一つの典型的な傾向として、伝統的かつ教会制度から教会ないし非教会的世界／活動分野へと、宗教的なるものの共同体的側面が変移していることである。この世界／活動分野というのは「わずかな拘束力や義務的性格という特徴」を持つことで成り立つのではない。それは「原則として選択的で、排除しつつ構造化される」ものである。また世界／活動分野とは「排他的な参加」をねらったものではないが、それでも「象徴的に記号化され、共同体化された経験と自己様式化の空間」（R・ヒッツラー Hitzler）を形成している。*セクト、*教会は新宗教の共同体化のより強い拘束力を持った形態である。こうした組織は、自発的に成立した（場合によっては単に週末に開催されるワークショップのような）自己体験志向の宗教世界に比べると、どちらかといえば例外的現象である。このような活動分野における意味探求（*意味）の形態、さらにまた、大抵はいっそう

拘束力を発揮する新しい団体、すなわち伝統的モデルを踏襲しない団体における意味探求の形態は、C・レヴィ＝ストロースの神話理論（＊神話）を自由に用いることで、神話的ブリコラージュ（〈器用仕事〉）Bastelei と呼ぶことができる。またこの意味探求の形は技師とのらくら職人の行動と関連づけうる。〈器用人〉Bastler は、技師と同様にさまざまな物を独創的な方法でデザインし、作り上げることができる。そのために、彼は極めて多様で、たまたま使用可能な素材や工具を用いる。器用人は自分の手元にある物品を吟味し、この寄せ集めの物すべてに対し、自分がそこから何を作り得るのか問いかける。それに対して技師には自分のプランのために特定の素材と自分に不可欠な道具としての工具が必要である。技師はこれら無しで自らのプランの目的に到達できない。いつか使うことができると考えて収集した物を使って何かを作ろうという意思がのらくら職人と器用人との共通点である。だがのらくら職人は素材の収集家と鑑賞者の役割にとどまる。彼は常に自分のプロジェクトの実現を計画するのみである。その際、彼は決して何かを作ること無しに、飽くことなく収集し、自分の手元の物品を眺める。新宗教運動の〈器用人〉は、拘束力のある＊共同体ないし拘束力のない活動分野における自己実験を通じて自らの個人化した意味探求を続け、技師は自らの個人的で秘義的な（＊秘義／秘教／密教）宇宙成立の公式に従事し、のらくら職人はいつか自分の導き手として役立ってくれるものを、常に物見高く、永遠に探し続けるのである。

■ Baer, H. u.a.(Hg.), Lexikon neuer religiöser Gruppen, Szenen und

Weltanschauungen, Freiburg i B. 2005. - Hempelmann, R. u.a.(Hg.), Panorama der neuen Religiosität. Sinnsuche und Heilsversprechen zu Beginn des 21. Jahrhunderts, Gütersloh ²2005. - Hitzler, R., Communio(post traditionalis). Religiosität in Szenen -Religiöse Szenen, in: Materialdienst 68(2005), 139-143.　　　　　　　　　リーヌス・ハウザー／岡野　薫

人種差別／人種差別主義　　Rassismus

　人種差別／人種差別主義という概念がはじめて登場したのは前世紀〔20世紀〕の30年代である。1934年、M・ヒルシュフェルトは、当時支配的であった「人種理論」の批判としてこの概念を採用した。人間がさまざまな「人種」に区分されていると考えるイデオロギー(＝世界観)としての 人種差別／人種差別主義は、アメリカの植民地化にまで遡る。16世紀に、まずはカトリック＊教会の内部で、「他者」に対して、具体的には、アステカ人やインカ人といったアメリカの植民地化された民族に対していかなる態度を取るべきかという議論が始まった(＊宣教)。ヒネス・デ・セプルベダ Ginés de Sepúlveda とバルトロメ・デ・ラス・カサス Bartolomé de las Casas との間で行われた有名なヴァリャドリッドの論争においては、二つの立場が記録されている。デ・ラス・カサスの立場は、アメリカの先住民は、神の摂理に基づいて文明化以前の状態にとらわれているが、信仰の回心があれば文明化されうる、と主張した(＊土着の神学)。したがって彼は文化的な差異から出発する。アメリカの先住民は文明化されていない人々であり、スペインからのコンキ

スタドールたち Conquistador〔アメリカ大陸の征服者を意味するスペイン語〕は文明化された人々なのである。これに対し彼の挑戦者デ・セプルベダは、「インディオ」を、ヨーロッパ人とは異なる起源の動物と考えた。彼はアメリカの先住民を劣等なものとみなした。それをもってデ・セプルベダは、生物学的な差異を根拠づけたのである。

　後代になり、不平等な「人種」という観念が、近代の学問においてさらなる展開をみた。18 世紀、19 世紀には人間を「人種」に区分することは普遍妥当的な * 真理とみなされるようになった。ほとんど誰もが人間の不平等性を確信していたほどである。そのような確信の中で例えば I・カントは次のように書いている。「人類は白色人種において偉大な完全性に達している。黄色のインディアンはわずかな能力しか持たない。黒人はさらに程度が低い。」この時代には、<u>侮蔑</u>、<u>構成</u>、<u>帰化／市民権賦与</u> Naturalisierung という人種差別／人種差別主義の中核的要素が固定化する。人種差別／人種差別主義は、人間が持つ特定の身体的特徴（肌の色、目の形）から、知性や文化的発展を帰納的に推論できるという考えに基づいている。

　国家社会主義（ナチズム）による人種観の狂気の結果はじめて、世界共同体は人種差別のあらゆる形態を弾劾するようになった。1978 年にはユネスコが、あらゆる文化は、同じように複合的であり、人間の多様性にとって重要であると宣言した。こうした弾劾にもかかわらず人種差別／人種差別主義はなおも存在している。確かに今日では、生物学的な不等性という考えは人種差別的な

143

言説においてもはや支配的ではない。現在の人種差別イデオロギーにあっては、文化的差異の指摘が支配的である。中心にあるのは、一つの国での異文化の共存は、必然的に緊張をもたらすという論拠である。

公式な弾劾にもかかわらず人種差別／人種差別主義がなおも存在しているために、イデオロギー批判的な人種差別の研究は、人種差別主義を「全体的な社会的現象」とみなす。排他感情（<u>よそ者に対する敵意</u> *Xenophobie*）に関する研究とは異なり、人種差別／人種差別主義は個人的態度ではなく、あらゆる社会的局面で展開される言説として理解される。

■ Guthmann, Th., Globalität, Rassismus, Hybridität, Stuttgart 2003. - Hall, S., Rassismus und kulturelle Identität. Ausgewählte Schriften, Bd. 2, Hamburg 1994 (^{3}2002). - Miles, R., Rassismus, Hamburg 1991 (1999). - Balibar, E., Gibt es einen „Neo-Rassismus" ? In : ders./I. M. Wallerstein (Hg.), Rasse, Klasse, Nation. Ambivalente Identitäten, Hamburg-Berlin 1990 (^{2}1998), 23-38. 　　　　　トーマス・グートマン／硲　智樹

神道　　Shinto(ismus)

神道は、日本古来の民族宗教であり、アニミズム的な色彩を帯びた信仰イメージとその祭祀および生活様式の総合体をその内容としている。神道は、<u>かむながらの道</u>（神的なるものの道；*神）と称され、*仏教の受容以前から日本人の生活の原理とされ、今日まで一貫してそれが継承されている。神道は、歴史の展開につれて、*仏教、*道教、*儒教、さらに*キリスト教とも常に関

わりながら、その影響を受けてきた。神道は今日もなお地域によって異なる様相を呈し、緩やかな構造をもつ民俗信仰のなかでも生き続けていると同時に、時代によっては国家宗教や合法的な教派（＊分派）の形態で営まれてきた。

　神道に特徴的な自然崇拝、霊魂崇拝、祖先崇拝は、日本最古の歴史書『古事記』（712）と『日本書紀』（720）に、まとまった形で収められている神話的な語り（＊神話）とイメージのなかに、その根拠をおいている。カミ、すなわち上記の歴史書に記述される天と地の神々は、神社に祭られている。肯定的な意味でも、また否定的な意味でも、何らかの異形、あるいは畏怖させる存在、換言すれば人間、動物、樹木、植物、海、山といった存在が、カミになり得る。これらのカミは、キリスト教的な意味（＊聖なるもの）での絶対的で、超越的な性格を持ち合わせていない。

　神道は、存在の根源回帰には関心がなく、神話では所与の地からその内的な生の力によって原初のカミガミが〈成り出でる〉様を、素朴に描写するだけである。成り出でる神々の一対に太祖神（イザナギとイザナミ）があり、この対の祖神が世界のあらゆるもの、すなわち大八州の日本国土と山川草木やその他の自然現象の諸神を生み出す（＊創造）。最後に火の神を生むが、その際に女神イザナミは火傷を負い、死ぬことになる。この神話の近代的解釈によれば、この世界、つまり日本国は、「カミの肉と血」であり、祖神の子どもなのである。従って日本国は、観念的にはこのカミと同列にある、とイメージされている。神道の神観念においては、神々と世界そ

して人間の間の境界線は、どうみても流動的である。たとえば太陽神とされるカミ、アマテラスの孫、ニニギノミコトがその命により、人間の世界ナカツクニに降臨し、天皇家の祖神となるのである。

　神々の特徴とタイプは次のようになっている。

（1）生成力や豊饒・生殖力、そして創造力の化身としてのカミ：これらは神話において、ムスビのカミとして登場する。すなわち皇居やまた多くの有力な氏族の祖先神として諸社で崇拝されている。産出、生成の力として具象化された存在と言える。

（2）自然現象の化身としてのカミ：自然と人間は、同じ霊的な力によって生かされているという日本人の原体験が、古来、文学書や思想的書の中に表現されてきた。

（3）カミとして尊崇される人：すべての死者の＊魂は、一定の期間を経るとカミに昇華し、祖先祭祀の枠内で崇拝の対象となる。特にカリスマのある権力者（天皇、英雄、政治家、学者）は、神格化されている。生存中に臣下または同僚の不正により辛酸を舐めた人の魂もまた、カミとして祀られることで、慰められ、和らげられるとされている。

　世界は＊悪に満ちてはいるが、神道はこの世界の「そうであること」をそのまま肯定し、世界の本質を創造的で、すべてを促進する力と考えている。人間は、神話においては、「青人草」と表現されている。人間の成り立ちについて、人は、草のように大地から生え出たのか、あるいは、原初の祖神によって日本の国と一緒に産みだされたのか、はっきりしていない。『古事記』『日本書紀』が、カミと個々の氏族との親族関係を強調していること

は、重要である。人間とカミとの間に血縁的関係があるという信仰は、815年に成立した『新撰姓氏録』(30巻)においても新たに確認されるところである。天皇をはじめ、種々の共同体の主だった人物は「親」、民衆または共同体の成員は「子ども」と位置付けられるのである。このような素地を視野に入れると、なぜ日本では、天皇、神職あるいは他の機関の職務が、世襲であるのかその理由の説明がつくのである。それが擬似的血縁関係であるとしてもである。

　キリスト教においては、非救済・不幸(＊罪)の状態が、神からの背反として体験され、個々の人間の基本的な回心、換言すれば信仰が神との関係修復の前提となっているのに対し、神道においては、救済の状態が初めから集団レベルで存在し、それを正しく保持することが目的とされている。孝を最高位に置く中国の倫理観(＊倫理)と異なり、日本では、孝と並んで天皇を元首とする国家に対する個々人の忠が、最高の義務となっている。普遍宗教としてのキリスト教の構造においては、個々人が宗教の主体であり、非救済もしくは救済の状態にあるのも個人単位なのである。これに対し、民族宗教的な神道にあっては、個々人は自分を包括する共同体の成員として自己理解している。属する共同体を通して個々人は生を得、共同体の生と安寧の分与に与っている。このように家族的という含意が日本民族の自己理解に内在しているせいで、神道では、超越的人格神に対峙して構想されるような個人倫理が発達しなかった。その代り「人と人との間柄」という共同体倫理が発達した。それは自己と他者の間の相互関係を優先させつつ、善と真理という

理想を実現させることを目指すものである。その際、仏教的、儒教的出自の「和」のエートスが、重要な役割を担っている。＊政治、経済および生命倫理の＊グローバリゼーションに向き合う今日、神道は伝統的な集団性（＊伝統）と自律性の間でジレンマに陥っている。

■ Okano, H.K., Christliche Theologie im japanischen Kontext, Frankfurt a.M. 2002. - Miyasaka, M., Shinto und Christentum, Wirtschaftsethik als Quelle der Industriestaatlichkeit, Paderborn 1994. - Kitagawa, J., Religion in Japanese History, New York 1966. 　ハルコ・オカノ／岡野治子

神秘主義　　Mystik

　<u>神秘主義</u> *Mystik* の語は、ギリシア語 *myein*（＝目と唇を閉じる）に由来している。神秘主義とは、信仰者（＊信仰）が、自分の存在の深淵を形成する絶対的な真の＊現実に、実存的、体験的に迫るための手がかりを表す。この充溢した真の現実は、有限な個々のものに向けられる感覚に基づく通常の認識とは距離がある。従って神秘主義の道とは、まず自己の人格の内面への道といえる。その人格のうちで、この絶対的現実の現在、および神と自己と世界との合一とが体験されるのである。こうした体験は、人をして自己自身と他者との新たな内的関係に引き入れるものである。この関係が、また認識と実践において生の全体的生起を決定づけるのである。

　このような体験をもち、多くの場合その体験を文字化した人々（体験神秘主義）や、この体験の可能性を合理的な論拠を挙げて省察した人々（哲学的もしくは神学的

神秘主義）は、どの宗教にあっても<u>神秘主義者</u>と呼ばれる。この体験への道案内は、（特に司牧的な文脈において）、<u>秘儀伝授 Mystagogie</u> と名付けられている。

　神秘主義的な世界観においては、真の現実に関するあらゆる個々の視点の有限性が誠実に注目されている。何故ならそれらの世界観には、唯一の統一的存在であり、頼りになる存在についての確信が息づいているからである。その存在こそ、有限な空間＊時間状態において常に主体に結びついている個々の視点を超え、限界を解放し、相互に開放し合うからである。この世界観は、歴史、特に唯一神的宗教（＊ユダヤ教、キリスト教、イスラム教）の歴史においては、歴史的に時には硬直することもある教義学に対する批判的な反運動として、自己の伝統の中心というより、むしろ周縁に位置しており、そのために宗教間の対話（＊間宗教／宗教間）には重要な役割を担っている。このような共通性に対峙して、世界宗教の種々の神秘主義は、確かに相互に著しく異なっている。すなわちこの事実は、それぞれの信仰伝統によって決定づけられるすべての事柄の背後に存在する、かの絶対的現実に関する諸見解と関わりがある。

　<u>インドおよびアジアの神秘主義</u>は、非二元性（＊ヒンドゥ教）またはあらゆる多様性の背後にある真の現実という全き単一性（＊道教、仏教）から出発する。神秘主義的体験は非人格的で宇宙的な真の現実という原理から出発して、<u>存在の統一性</u>を認識することで解放を得るという伝統の中でなされる。この認識により、自我（多様性と苦は、この自我の幻想として証明される）は、単一性の中に解体するか（仏教）、あるいはその単一性と一

致する（ヒンドゥ教）。（人格神を前提とする）有神論的伝統においては、この存在統一性は、神に対する愛の自己献身（インドのバクティ）として経験される。<u>一神教の神秘主義</u>の中核には、唯一神に対する<u>関係の統一</u>が存在する。それは、神・人間・世界の間の境界を克服するものである。<u>キリスト教的神秘主義</u>は、イエス・キリストに位置づけられている。イエスにおいて、無限の＊愛のうちに神自らと人間が結び付くのであり、この愛が世界の＊意味として啓示されるのである。神との一致は、キリストにおける神と世界の一致であり、それはその果実（イエスに倣って他の被造物との無私の＊連帯）で知ることができる。

■ Mieth, D., Meister Eckhart. Mystik und Lebenskunst, Düsseldorf 2003. - Delgado, M./ Kustermann, A.P. (Hg.), Gottes-Krise und Gott-Trunkenheit. Was die Mystik der Weltreligionen der Gegenwart zu sagen hat, Würzburg 2000. - Schmid, G., Die Mystik der Weltreligionen. Eine Einführung, Zürich ²1990 (Stuttgart ⁴2000).

クリスティーネ・ビューヒナー／岡野治子

新メディア　　Neue Medien

　新メディアという総合概念は、コンピュータ・テクノロジーを駆使して、デジタルなフォーマットで制作、蓄積、流布、変形されているメディアの総体を指す。テキストや画像、楽曲、著作、そしてもちろん映画や音楽、演劇といったものがそれである。特にインターネットのおかげで、デジタルなメディアを、迅速に、多くの場合

簡単に使いこなすことができるようになっている。場所に束縛されないという性質の携帯電話、電子郵便（電子メール）、インターネットにより構築されるハイパーテキスト・システムとしての World Wide Web が新メディアの普及にとってますます重要になっている。新メディアが持つ意義は経済活動にとってもきわめて重要で、日々の職業生活にもますます影響力を与えている。人々の自由時間の使い方は、日増しに新たなメディアに依存するようになり（音楽や映画のダウンロード）、国民の幅広い層の日常的コミュニケーションを特徴づけている（電子メール、携帯電話によるニュースや画像の伝達）。ついには、教授‐学習の領域にまでこの新メディアは浸透している（授業におけるコンピュータとプロジェクターの使用、授業で学習用ソフトウェアを使用すること、そして学習の導入や基盤としてウェブを用いること）。

　＊神学もしくは宗教教育のコンテクストでは、この新メディアが実際に台頭していること、また子ども、若者、大人たちの日常生活での比重が増すことで、これらの重要度が増している。結局、（実践）神学的反省は人々の＊生活世界における徹底的な変化に対し無関心ではいられないのである。それに加え、産業社会から情報社会やコミュニケーション社会への移行、そしてこの移行の根底にある「デジタル革命」への移行は、宗教的なコミュニケーションや宗教的な＊人間形成／教養／教育のプロセスに影響を与えている。ユダヤ・キリスト教の＊伝統はつねにメディアを用いてきた。とりわけ『旧約聖書』および『新約聖書』の啓示テクスト（＊聖書、啓示）という書の形態においてであるが、絵画・彫刻など

の図像や音楽も重要である。それゆえ、絶えずメディアに対し批判的に取り組むこともこの伝統の構成要素である。こうしたメディアは、場合により肯定的な立場（聖像を重視するなど）をとり、場合により否定的な立場（「聖画像破壊運動」などのようなラディカルな形態にまで及ぶ）をとる。今日こうした新メディアが、潜在的であれ、顕在的であれ、宗教的内容を伝達し、ますます強く人々のコミュニケーションや人格陶冶の在り方を規定するとすれば、神学の側からの取り組みも必要となる。そうすれば、〔新メディアを〕批判的に評価するにあたり創造的な可能性と同じく、破壊的な可能性が潜在していることも視野に入ってくるだろう。そのような可能性は「壊された生」においてのみでなく、また「*救済の立場」からも示される（Th・W・アドルノ）。すなわち、*神へ通ずる第一義的なメディア〔媒体〕と「道」は人間なのである。メディアの自己言及性や単なる自己演出といった危険（参照、M・マクルーハン『メディアはマッサージである』）が回避されるのは、つねにメディアを、それの利用者である人間（ユーザー）へと回帰させ、妥当性を探る場合である。そうなれば、新メディアを使ってあらゆる世代の人々が互いに教養を身につけ、伝達し合うことができるだろう。もちろんそれらはつねに補足的なものにとどまる。それゆえ、「顔と顔を突き合わせた」コミュニケーションや伝達の局面と、ヴァーチャルな学習環境を利用する局面が交代しながら、また相互に促進し合う「混成的な学習編成 *Blended-Learning-Arrangement*」がつねに優先されねばならない。

■ Niegemann, H. M., Kompendium Multimediales Lernen, Berlin 2007.

- Schulmeister, R., Lernplattformen für das virtuelle Lernen. Evaluation und Didaktik, München ²2005. - Jakobi, R. (Hg.), Medien Markt Moral. Vom ganz wirklichen, fiktiven und virtuellen Leben, Freiburg i. B. 2001. - Vogel, M., Medien der Vernunft. Eine Theorie des Geistes und der Rationalität auf Grundlage einer Theorie der Medien, Frankfurt a. M. 2001.

ベルント・トロホレプツィー／俗　智樹

真理　　Wahrheit

　真理の認識は、現在に至るまで哲学と＊神学においては諦めがたい要請であった。それゆえにこそ、その概念史も長く多様である。

　ソクラテス以前の、主体と客体が未区分の神話的思考（＊神話）においては、経験上の多様性にすぎない誤った世界に対峙され、真理は啓示された（＊啓示）精神的統一性として想定されている。プラトンはそうした考え方を、当時の近代である懐疑主義に対して、論拠を挙げて擁護している。こうした存在論的な真理に対して、アリストテレスとともに術語どうしを結合することで命題における真理という考え方が登場する。キリスト教が支配的であった中世においては、神に由来し、人間に生来備わっている不変の真理というプラトン主義に基づく真理理解がアウグスティヌスによって提唱され、これは後に合理主義によって再度取り上げられることになった。アリストテレス哲学によって刻印された中世盛期は、思考と対象との一致というアラビア起源と思われる真理の定義にさまざまな試みを通して変化をつけたのであ

る。トマス・アクィナスは、哲学的真理と神学的真理を和解させる試みにおいて、この命題を＊神の権威に被造物も参与するという方向へと変容させた。〔神の〕＊創造を通して原則的に神を認識できるという中世の世界像が、トマスにおいて収斂していくのである。この楽観主義は、対象概念をめぐる中世後期の論争においてはすでに消滅する。魅惑的な教養知（＊人間形成／教養／教育）を謳ったルネサンスの人文主義になると、真理の認識可能性は根底から揺るがされることになる。人文主義は古い秩序を剥ぎ取り、真理を実用的なものや有用なものに結び付けたのである。真理をめぐる新たな努力は、近代においてデカルトとともに始まる。彼は三十年戦争の経験からあらゆる世界観を超えたところに確実な知を見いだそうとする。真理に関する彼の考えは、人間を欺くことのない神の真実性 Wahrhaftigkeit に根拠をおいている。この合理主義的な立場に対して、経験主義は実証的に経験可能な外的世界のうちに真理を求める。カントは、これら二つの立場の弱点を克服する試みにおいて、真理を人間の悟性〔知性〕へと連れ戻す。悟性は、常に認識する働きにおいて主観から独立した世界をともに構成しているのである。主観と認識とのつながりについてのこの洞察は、近代の科学知の哲学 Gnoseologie（＝認識論 Erkenntnislehre）の特徴となっている。この認識論は、部分的にドイツ観念論、とりわけヘーゲルのもとで再び形而上学となり、真理は思考する主観の歴史の終局において客観的精神の総体性となる。そのような思考のユートピア的内実は、マルクスによって唯物論的‐人道主義的に解釈され、後には現実の＊政治へと転化する試みが

なされた。キェルケゴール、アドルノあるいはポパーのような批判者たちは、そうした体系哲学が持つ全体主義的な性格を指摘し、個人に照準を合わせている。それと同時に20世紀には、極度に相異なる真理のコンセプトが登場する歴史が始まる。自然科学の正確さに魅了され、実証主義はあらゆる哲学的問題を解決するための理想言語のヴィジョンを追い求めることになる。後期のヴィトゲンシュタインとともに、日常言語の探求がこのユートピアに取って代わる。そこから生じてきた分析的な言語哲学においては、真理概念の解明は命題の用い方の解明と重なる。解釈学の創始者であるガダマーにとっては、真理は無時間の確実さではなく、歴史における連続的な習得である。さらに美学的な真理（＊美学）も存在する。ハイデッガーは、西洋の形而上学全体に対する批判のなかで、啓蒙時代に人間に付与された工作の人 *homo faber* という役割から、存在の生起しているかもしれない自己開示・非隠匿性 Unverborgenheit を受動的に聞き取るという役割へと人間を回帰させている。それに刺激されて、構造主義とポスト構造主義はさらに進んで、主体及びそれとともに意味と世界を対象とする古い解釈学を破壊し、和解不能な差異との付き合いという意識を呼び覚ます。真理は極端なまでに多元化され、恰好の言語遊びとしてせいぜい宗教的な世界観の内部で許容されるにすぎない。

■ Gloy, K., Wahrheitstheorien, Tübingen 2004. - Janich, P., Was ist Wahrheit ? Eine philosophische Einführung, München 1996 (^{3}2005). - Franz, M., Wahrheit in der Kunst. Neue Überlegungen zu einem alten Thema, Berlin u. Weimar ^{2}1986.　　　　　　　　　ベルンハルト・ブラウン／硲　智樹

神話　　Mythos

　ギリシアの哲学者プロタゴラスは、青年たちと集って対話しているとき「徳は教えることができる」ことを説明するよう、ソクラテスから求められた。そのときプロタゴラスは次のように尋ねた。「さて、私はあなた方にそれを神話として説明すべきか、それともいつものロゴス〔言葉・理性〕で説明すべきだろうか。」この時代にはすでにこれらの言葉が二種類に区別されていたのである。プロタゴラスは神話という語りをする言葉を選んだ。「なぜなら、私にはその方が人を惹きつけるように思われるから。」

　神話が証明のない語りであり、これに対してロゴスとは論証と根拠づけであるとされるとき、通常の現代人はこれを啓蒙と進歩へ導く発展段階の一つと理解する。しかしこれは神話を正当に評価するものではない。神話という言葉は、初期の＊文化においては、とりわけ自然民族（Naturvolk）においては生活空間（＊生活世界、土着の神学 Indigene Theologie）全体をカバーするものである。それゆえ例えばアメリカ大陸のオセージ族の場合、神話とは、最小のものや最大のもののうちにも、またモカシン〔かかとのないシカ革の靴〕を履くことや宿営の輪のなかでも機能している生活原理なのである。「このように神的力が遍在している世界観の枠組みにおいては、どんな握手やどんな思想にも神々しいまでの尊厳がある」（W・ミュラー）。語られた物語は、人々が生きた〔生々

しい〕＊生を意味するのである。

　では、古代の民族を規定し、今日の意識からはかけ離れた神話的‐象徴的な態度・振る舞い（＊象徴、ハビトゥス）の本質は何か。イギリスの民族学者Ｅ・Ｂ・タイラーは次のように考えた。絶えることなく連鎖する夢幻が自然人を形作っており、そこでおそらく彼は神話的なものを構成する基本要素、つまり視覚的なもの、形象的なもの、観察できるものに出会うのである。もともと神話の伝統は、視覚すなわち「可視化された言葉」の領域に生きている。だが、孤立しているロゴスが勝者として世界中を凱旋行進してからは、神話とロゴスは像と概念のような形で関わり合うことになった。神話的な世界観は、体験に基づき、語り、習俗により規定される生活形態以外の枠組みを認めない。自然民族の文化は、我々の文明であるアスファルト、事務所、工場〔といった世界〕へは応用・投影ができないのである。そんなことをすればその文化は、必然的にすぐさま死を迎えねばならないだろう。自然民族なるものは、神話的に存在するか、あるいはまったく存在しないかのいずれかなのである。

　我々の時代では人々がこの世界で生きるための指針を獲得する教育手段は、ロゴスの伝統のうちにあり、今日この伝統の展開はデジタルな知へとエスカレートしている。合理的思考が強まるのに応じて、神話という感覚的な形態で世界を知覚する（＊知覚）ことのできる力が弱まっていった。

　そうこうするうちに総じて＊諸宗教はロゴスに対する不信を抱くようになった。しかし続けて妥当とされているのは、夢、芸術、文学、そしていかなるものであれ、

より創造的なファンタジーの力や造形力の言語として理解された神話の次元だけが、創造的な生への新しい糸口を創るのであって、演繹的思考、定義づけ、復習は、そうした創造的な生への糸口とは無縁である。我々の神話理解に基づくとして、ロゴスからその補完的地平を奪取せずにおけば、生に関する意識のフレームがよりいっそう開かれたものになることであろう。〔ロゴスが神話の補完をするという役割を大切にする限り、宗教の生の営みはより豊かになる！〕

■ Armstrong, K., Eine kurze Geschichte des Mythos, Berlin 2005. - Campbell, J., Die Masken Gottes, Bd. 1-4, Basel 1991/92. - Eliade, M., Kosmos und Geschichte. Der Mythos der ewigen Wiederkehr, Frankfurt a. M. 1984 (^{2}2000). 　　　　フーベルトゥス・ハルプファス／硲　智樹

スピリチュアリティ／霊性　　Spiritualität

今日の西欧的な＊コンテクストにおいて、スピリチュアリティは、＊宗教、宗教性、信仰心という表現よりも好んで用いられている。というのはスピリチュアリティは、特定の信仰や特定の宗教的機関およびその教え（＊教会）にほとんど束縛されないように思われるうえ、より開放的であり、またより個人的であるからである。スピリチュアリティは、人の生の精神的・宗教的な局面（spiritus=（聖なる）精神・霊）を指しており、まずは一般的に言えば、超越的な現実の体験（＊超越）によって規定されるが、それも此岸と物質的なものに限らず、生の深層に方向付けされている生活形態のためにある概

念である。こうした基本的な規定を超えて、さらにスピリチュアリティの理解は広がりを見せる。スピリチュアリティは、すなわち人間のすべての生の表出において、全き人間を包摂する（全体性）。つまり霊性を重んじる人間は、キリスト教的な表現を借りると、自分らしさと人間としての精神意志を度外視する一方で、＊神の霊に満たされ、それと完全に同調した生を送るのである。『新約聖書』では使徒パウロが内在との関連で語っている。「生きているのは、もはやわたしではありません。キリストがわたしの内に生きておられるのです」（ガラ2章20節）。すべての考え、体験および行為は、神、神的存在、または＊聖なるものへの秩序付けによって規定されるために、スピリチュアリティは、本質的特徴〔資質の一面〕または＊ハビトゥスとして現れてくるのである。

　こうしたハビトゥスを習得できるのは、特に＊瞑想の形式においてである。すべての宗教は、霊性の道を説くが、特に神秘的（＊神秘主義）な宗教および修道会の伝統は、スピリチュアリティの歴史に大きく関わっている。こうした道は、多くの場合霊性上の師の指導及び同伴を受けて、「自身の中心」に至るが、そこからそれぞれ種々さまざまな霊的生活形態が形成されるのである。それは、＊連帯というしるしにおいて＊正義と＊平和のための活動的な社会参加（actio 活動）の形でも、また孤独の中で禁欲と＊祈りにおいてなされる形（contemplatio 観想）でもある。二つの形において、霊的な人はとりわけ強い意思を持ち、「霊を見分ける力」（1コリ12章10節）を持った人間として現れてくる。つまり自分たちの「感動／霊に満たされること」が明確になるような

立ち位置を確保することである。

　自身の中心から生きることは、個々の人間の枠を超えて作用する霊的力であり、霊的意義である。結果として、これは他人が同じように感動し、霊に満たされるだけでなく、「自身の中心」と「他者の中心」とが仲介されるのである（混じり合うという意味ではない）。＊宗教間対話にとって計り知れない価値を有するこうした霊的力と意義は、精神の奔放さ、「精神の自由な飛翔」そしてその恩寵に満ちた配慮を前提とする。

　スピリチュアリティは、批判的反省や狭義の道徳的意味での凝り固まった、感覚を敵視するような信仰深さと理解されてはならない。むしろ正しく理解されたスピリチュアリティとは、注意深いことおよび常にそこにあることという価値を表しており、さらに実存的な体験から、この世の尺度ではなく、霊の尺度が有効である、と結論されるような注意深さ、「慧眼」、沈着さ、平安を表しているのである。

■ Baier, K. (Hg.), Handbuch Spiritualität. Zugänge, Traditionen, interreligiöse Prozesse, Darmstadt 2006. - Waaijman, K., Handbuch der Spiritualität, Bd. 1-3, Mainz 2004-2007. - Schreijäck, Th./Hämel, B.-I., Religiöses Lernen, Kommunizieren und Handeln im Kulturwandel, in: Th. Schreijäck (Hg.), Religionsdialog im Kulturwandel, Münster u.a. 2003, 299-319.

　　ベアテ＝イレーネ・ヘーメル／トーマス・シュライエック
　　　　　　　　　　　　　　　　　　　　　　／岡野治子

生／生活／いのち　　Leben

　生／生命／生活 Leben は、次の二つの概念的に異なる文脈で区別される。すなわち（a）（自然）科学的な問題設定と（b）生活世界的な問題設定である。自然科学は、例えば誰によってどこで行われようとも実験は再現可能でなければならないという意味で客観的である。これに対し、いわゆる＊生活世界においては参与者の視点が重要となる。すなわちいかに人々が経験するかということもまた学問の構成要素なのである（心理学における行動研究を参照）。不安は、客観的に見て、特定のニューロンの働きである。すなわち参与者の視点から主観的に根拠づけられる飛行機への不安がそれである。（a）自然諸科学が問うのは（1）生命の本質と定義、あるいは（2）生命の原因である。（1）に対する答えは、生命体に属している事物やプロセスの経験可能な性質を実証的に提示する。（2）に対する答えとしては世界のうちに生命体が存在することの理由が挙げられる。研究対象としての生命体は一様ではない。

　（ⅰ）質量的な事物は生きたもの lebendig として特徴づけられる（臓器、組織、有機的素材⇔生命のない素材）。（ⅱ）個体的な事物は生きている leben（有機体⇔死体）。（ⅲ）個体間での生命の循環（種に内在的な生殖⇔因果的連鎖）、（ⅳ）生命の自然史（進化⇔無生物の自然史）。しかし重大な問題がある。すなわち、死体（脳死者）は死んでいるが、生きた素材をそのうちに持つことがありうる（提供可能な臓器）。生きた有機体が、生命の循環

に参与するというわけではない（雌の働き蟻の生殖不能性を参照）。このような諸問題を踏まえると、生命の概念は、定義不能である。自然諸科学の場合、生命を定義する三つの戦略がある。

（A）<u>機械論</u> *Mechanismus*：生命であることは、方法的、存在論的、構想的にも物理学と化学の一般法則へと還元される（還元主義）。どんな生命現象でも物理学の法則に基づいて説明される。しかしこれには問題がある。そのような還元を完全に行えるのか、またそこに意味があるかについて多くの生物学者たちによって疑問視されている。（B）<u>生気論</u> *Vitalismus*：生命体は、無生物に命を吹き込む生気 *vis vitalis* という統一的原理によって非生命体から区別される。しかしやはり以下のような問題がある。生気という力の存在を（<u>現在のところ</u>）方法的に証明することは不可能であり、存在論的には疑わしい。生命は何か特別なものである。なぜなら、〔逆説的だが〕生命は生命を欠いた物質のなかで、その唯一の原理の働きを明らかにするからである。（C）<u>創発進化主義</u> *Emergentismus*：カテゴリーとしてみれば、生命体の領域は非生命体の領域から区別されるせいで、法則の異なる種類という点で、自然科学には二つのタイプがあるはず、とされる。存在論的には、生命体の特質は非生命体に帰趨されえないのは明らかであるが、生命体の諸法則には、やはり非生命体および自然科学の諸法則と概念的にも方法的にも矛盾があってはならない。生命現象を物理学的・化学的立場から考察すると、生命現象は驚嘆すべき仕方で浮上してくるのである。すなわち、生命現象は創発進化する emergieren が、物理学的・化学的に

は説明できない。生殖において、生命体どうしの間では、例えば特定の性質が遺伝する。物理学には「遺伝」というものはない。他方、(生命主義の法則とは対照的に)生物学の諸法則は物理学とは矛盾しない。それらは、実証的に証明されうるものであり、再現可能な実験があり、観察可能な現象に根拠をおいている。生気論の方は、それが信じられるか否かにかかっている。今日、(C)は生物学において広く受け入れられているが、(B)は非学問的とみなされ、(A)は単なる仮説であり、方法論的にも無根拠とされている。(C)の意味での生命の創発進化的性質は、例えば、生殖、生長、栄養摂取、死、周囲環境の境界、周囲環境とのエネルギー交換、周囲環境への反応(運動、知覚、適応)、種の発展(進化)などである。生命科学における個々の現象の諸原理を我々は観察し、実験を通じて探求することもでき、それは至る所で研究者によって検証が可能であり、またそれは、個別的で特定の側面においては、物理的・化学的法則性に基づいている。エネルギー交換に関しては、例えば、素材が化学的あるいはそれ以外の反応で、分解され、変換されるような消化法が重要である。また血液の構成要素が肺の中で酸素分子を吸収する呼吸も重要である。しかし(C)には以下のような重大な問題がある。先述した諸性質(およびそれ以外にも多くの特性があるが)は、これまでのところ統一的な学問において記述されてはいない。さらに法則の種類が、相互にどのように関わり合うのかが明らかにされていない((B)とは対照的に、(C)および(A)は生命の原理や法則の多元性を提示している。しかし(A)とは対照的に(C)および(B)は生

命体および非生命体原理の一つの類型的相違を提示している)。

（b）生活世界という視点での生／生命／生活の概念は多層的である。（a）における客観的な（観察者から独立している）生命概念とは対照的に、生／生命／生活という概念はここでは生きとし生けるものの主観的な体験に依存している。（ⅰ）段階：すでにアリストテレスは生物と無生物とを区別し、さらに生物領域でも、単なる植物の生命と、知覚し思考する生命とを区別している。生物学者は高次や低次の生命形態については語るが、低次の動物が例えば人間にとっての栄養として機能するために存在しているとは言わない。（ⅱ）成功した生／生活とは、一方で記述的に言えば快い生活であり、他方で規範的観点からすれば道徳的な生活（＊倫理（学）、意味）である。快さは知覚し、思考する多くの生活形態の心地よい体験の質であるが、幼児虐待者の主観的な心地よさ（快楽）は、規範的観点からみればその非道徳的生のしるしにすぎない。（ⅲ）人間の不可侵の生／生命（人間の尊厳）。（ⅳ）永遠の生は生物学や日常の生命概念を超越している（＊死、超越）。（a）と（b）の二つのコンテクストを相互に調和させるのは難しい。脳死者は（a）の意味で死んでいるが、（b）の意味では生きているものとして理解され（暖かく血色のよい肌の色や反応）、生殖によらずにその臓器を通じて他者に生命を与えることができる。他方で、脳死者はもしかしたら彼岸の世界で永遠に生きており、死後もその尊厳に対する敬意を受けているのかもしれない（埋葬、遺書）。

■ Krohs, U. (Hg.), Philosophie der Biologie, Frankfurt a. M. 2005

(^{2}2006). - Schrödinger, E., Was ist Leben ?, München 2004 (^{8}2006). - Ritter, J. u.a. (Hg.), Historisches Wörterbuch der Philosophie, Darmstadt 1971ff (insbes. Bd. 5 (1980) → Leben).

アンドレアス・フィート／硲　智樹

生活世界　　Lebenswelt

　今日、宗教教育学や実践＊神学においてもよく用いられる生活世界という概念は多義的で複雑である。この概念はE・フッサールの現象学に由来し、A・シュッツの現象学的社会学においてさらに展開された。いかなる人も人格的に特殊な生活世界を、すなわち自分にとって自明なものや所与であるために不思議にも思わない世界、経験により日常的に慣れ親しんでいる世界、また本来的な信頼を置いている世界を持っている。生活世界という観点から見れば、身体を持つ主体である人間は単に知性だけでなく、感覚、感情そして欲求をもち、「血と肉」からなる人間として＊現実と関わりあっているのである。また人間というものは、目標達成だけを目指して行為するのではなく、同時に具体的な状況の中で感情的な雰囲気に感応したり、気分の虜になったり、芸術作品という美観に魅了されるものである。反省以前の素朴なアプローチである「自然的態度」において、それぞれの生活世界は、所与であり慣れ親しむフィールドを創りだす。それは自己を良く知りつくした場であり、私のその都度の＊知覚の地平を問題視しないという場でもある。しかし動物がそれぞれの「環境世界」に固定されるほどには、

人間はこの生活世界に生物学的にしっかり固定されているわけではない。むしろ人間は歴史的・文化的（*文化）な生成過程において馴染んでいくのである。人間は生活世界を決して捨て去ることはできないが、生活世界に対して反省的に対峙することはできるのである。

この〔生活世界という〕概念が目的とするのは、述語形容詞が付加される以前の世界との出会いである。つまりそれは、我々が省察を通して〔世界を〕差異化による区別を試みる以前に、言語的・概念的な（*言語）差異化の作業をせずに、ある「形態」として実在が、我々に現れ出るような仕方での世界との出会いなのである。我々が生活世界を意識的に努力するか、もしくは学問的に思弁するときには、いつもそこから既に飛び出してしまっている。それでも我々は決してそこから解放されるわけではない。生活世界は我々の*生／生活の基盤と目標であり続け、あらゆる認識形成の基盤と目標でもあるのである。この概念は、「世界」と「生」という普遍的地平を相互に結び付ける。この概念は、一方では、感覚的直観と認知的な意味の解明（*意味）との連関を前提とし、他方では、（デカルト的に考えられてはいない）身体と魂の統一体という意味での特殊な主体概念を前提としている。

上記の概念規定にふさわしく、生活世界の観点から宗教を考察することは、宗教として分類され、切り離された対象領域へ目をむけるわけではない。むしろ、重要なのは、そのつど具体的に経験された状況との関わり、すなわち素朴に慣れ親しんだ日常的な関わりのなかでなされた特殊な経験の質である。人間には、言語以前の解明

においても、そのつど見たり聞いたりという出会いがある。なぜなら、人間は同時に身体的に、具体的な状況へと組み入れられているからである。言語的また非言語的な現実をそのような形態で見たり聞いたりする過程において、場合によって、次のような特殊な宗教的意味の開示が始まっている。例えば、未知のもの、「まったく異質なもの」に出会ったという印象、また崇高なものに圧倒されるという感情、あるいはシュライエルマッハーが「絶対的依存の感情」と呼んだものである。この意味開示の質は、行動する人間が「宗教的」という言葉で、その体験を証することとは、無関係なのである。このような知覚の質は、教会のなかで形成されたキリスト教の信仰実践の内部でも外部でも経験可能である。こうした知覚の質は、教会の典礼（＊祭／祝日）に参与している間でも体験するものであるが、場合によっては、芸術作品の鑑賞やスポーツ活動の恍惚に酔いしれる感動の状態においても同じ強さをもって体験するのである。

■ Waldenfels, B., In den Netzen der Lebenswelt, Frankfurt a. M. 1994(2005). - Failing, W.-E./Heimbrock, H.-G., Gelebte Religion wahrnehmen. Lebenswelt – Alltagskultur – Religionspraxis, Stuttgart 1998. Schütz, A., - Strukturen der Lebenswelt, Neuwied 1975(Stuttgart [12]2003).　　　　ハンス‐ギュンター・ハイムブロック／俗　智樹

正義　　Gerechtigkeit

　正義は個々人の権利を認める。それは各人が自分のものを当然の権利として持つことができることを意味す

る。ギリシア・西洋の*伝統は正義を実質的に考えることを重視する。それゆえアリストテレスは次のように説明する。「正義とは、それを通じて各人が自分のものを獲得する徳であり、法律が述べているような徳である。これに対し、不正義とはある人が他人の財を獲得することであり、法律に従ってではなく獲得することである。」この基準から、交換（経済）、所有（社会）そして手続き（国家）という三つの妥当領域が区別できるようになる。すなわち、交換的正義（*iustitia commutativa*）、分配的正義（*iustitia distributiva*）、手続き的正義（*iustitia legalis*）である。

　身分秩序の権力領域においては、各人の自分のものは個人ではなく身分との関連で理解される。身分を基礎とする法・権利の場合、「各人に自分のものを」という平等は不平等を——身分の違いによって——基礎づけることがありうる。アリストテレスは奴隷制を正当化していた。強制収容所の入り口には「ユダヤ人にはユダヤ人のものを」というシニカルな碑文が見いだされる。近代では人間の権利は身分ではなく人格という観点から考えられるようになる。契約法の観点のもとで権力関係の新たな秩序——民主主義国家（*民主主義）——が生じる。I・カントによれば、人間が秩序の目的となるための可能性の条件は「公共的正義」である。その公共的正義に照らして各々の秩序が判定されねばならない——自然法秩序もこの基準に照らして判定されねばならず、〔人間という〕この目的を無視する自然的秩序は不正の源泉となりうる。民主主義社会の分配基準は、ロールズの場合、社会的正義と呼ばれる。

カトリック教会はヨハネ二十三世及び第二ヴァチカン公会議以来、人権を社会生活とその「共通善」の正しい秩序の原理として認めてきた。決定的な文書は、『マーテル・エト・マギストラ Mater et Magistra』（1961）、『地上の平和 Pacem in terris』（1963）、『現代世界憲章 Gaudium et spes』（1965）、さらに『世界の正義について De iustitia in mundo』（1971）である。『マーテル・エト・マギストラ』において述べられているように、〔カトリック教会の〕社会の教え（Soziallehre）の最高原則によれば、「人間はあらゆる社会的施設・設備の担い手、創造者そして目的であらねばならない。しかも人間は本性的に共存在（Mit-sein）であって、同時により高次の秩序のために召命されており、自然を超えて高まり、自然を同時に克服する限りにおいてそうなのである」（219）。なぜなら、「キリスト教の隣人愛と正義は不可分に」結び付いているからである。

　これとともに*聖書が論述の中心となってくる。聖書が語る正義は基礎的な性格を持っている。その原理は黄金律——人にしてもらいたいと思うことは、あなたも人にしてあげなさい——である。それは律法と*預言者の全内容をなしている（マタ7章12節）。この黄金律が包括的な形態を見せているのは、社会的な力点——隣人愛、敵への愛、貧しきものの祝福——を具備した神の国についてのイエスの教えにおいてである。それゆえイエスは次のように言う。「何よりもまず神の国と神の義を求めなさい。そうすればこれらの物はみな加えて与えられる。」（マタ6章33節）

　この基準はつねに律法に合致するわけではないが、つ

ねに生活に合致している。正義と慈善、律法と恩寵、法と＊愛などのように伝統を支配している諸対照項は、このイエスの立場にとっては無関係である。この立場はつねに両者を視野に入れており、神との連帯と人間相互の結び付きを考えているのである。正義とは連帯への忠誠である。それは不正を超えて勝利を与え、報いや刑罰では汲み尽くされることはない。それは解放（＊自由）である。伝統がそうしているように、我々もこの聖書の内実を法の形で解釈しようとするならば、それを基礎的正義と呼ばねばならないだろう。

■ Klinger, E./D'Sa, F.X. (Hg.), Gerechtigkeit im Dialog der Religionen, Würzburg 2006. - Rawls, J., Eine Theorie der Gerechtigkeit, Frankfurt a.M. 1975(^{14}2005). - Höffe, O., Politische Gerechtigkeit, Hamburg 2002(^{4}2003). - Ders., Demokratie im Zeitalter der Globalisierung, München 2002. - Bundesverband der KAB(Hg.), Texte zur Katholischen Soziallehre, Kevelaer^{4}1977.　　エルマー・クリンガー／硲　智樹

性差　　Geschlechterdifferenz

「性」というカテゴリーと同様に、性差という概念は、1990年代のアメリカおよび西ヨーロッパの大学で、理論的な分析装置である「ジェンダー・スタディーズ Gender Studies」の確立と共に導入された。このジェンダー・スタディーズを援用することで、性の社会的差異と性の関係が、把握され、叙述され、脱構築されるはずなのである。学際的なジェンダー・スタディーズにおいて、文化、学問、日常生活、宗教、さらに社会的諸関係

における性差の意味とその実践的な影響力を確認できるとされてきたし、現在もそうである。ジェンダー・スタディーズに先行した1970年、80年代のフェミニスト女性学は、規範的平等性や性に関する＊正義に対し、特に政治的に対応した。これは、種々の女性運動や男女平等の政治的、社会的権利をめぐるそれぞれの（国、文化、階級に特化した）闘争に遡る。社会的性（ジェンダー gender）もしくは性別役割は、生物学的性（セックス sex）と切り離されるべきである。そうなれば性は、社会的にも文化的にももはや運命ではなくなるはずである。位階的な性の関係を自然であるとする運命論的な根拠づけは、取り除かれねばならない。社会的性もその象徴的意味（＊象徴）も、結局多くの研究の成果であり、歴史的、文化的には高度に変化に富んだものである。芸術、宗教、哲学および自然諸科学において、女性学は「もう一つの性」〔第二の性〕を可視化することを優先的に取り組んできた。差異それ自体は、歴史的にも人間論的（＊人間学／人間論）にも根本的に問題にされることはなかった。「女性性」と「男性性」という意味の対が持つ象徴的な内容に関する異なる評価を、別の形で理解し、そのことで男女の関係性と結びついている感情と悟性〔知性〕、＊生と＊死、文化と自然などといった二元論から、上下関係を取り除くことがテーマであった。

　これに対し、ジェンダー・スタディーズの近年の理論展開では、それも特に自然諸科学の科学史（Th・ラケーア Th. Laquer とA・ファウスト＝スターリング A. Fausto-Sterling)、また文化科学や歴史学（J・W・Scott）の研究を通して、性（セックス）の「自然」の部分もま

たその歴史性にあることが確認されるに至った。G・フレス G. Fraisse の言葉を借りてまとめれば、性差とは、空無な概念ということになる。それは、それぞれの問題ある領域（たとえばセクシュアリティ、生殖、生命科学、死、労働、戦争、介護、家族等々）を歴史的、文化的にさまざまな影響力をもった意味において分析すること、すなわち性の関係にとって構成的で（実践的に）重要な知の領域を分析することにより解明できるということになる。象徴的局面でみれば、知の構成条件および＊真理と知の一連の根拠づけにまで入り込んでいる歴史的、文化的、また倫理的前提条件（＊倫理）にとっては、性が重要である、と確認されるのである。この点でこの概念は、諸科学と宗教の自己啓蒙に貢献するのである。

■ Konnertz, U./Haker, H./Mieth, D.(Hg.), Ethik Geschlecht Wissenschaft. Der ethical turn in den Geschlechterstudien, Paderborn 2006. - Leicht, I./Rakel, C./Rieger-Goertz, S. (Hg.), Arbeitsbuch Feministische Theologie, Gütersloh 2003. - Kroll, R. (Hg.), Metzler-Lexikon gender studies, Geschlechterforschung, Ansätze- Personen- Grundbegriffe, Stuttgart-Weimar 2002. - Braun, Ch. v./Stephan, I. (Hg.), Gender Studien. Eine Einführung, Stuttgart-Weimar 2000. - frau und kultur. kolonisierung von differenz: Polylogues. Zeitschrift für interkulturelles Philosophieren, Nr. 4 (1999).

ウルズラ・コンネルツ／岡野治子

政治　　Politik

我々が知るどんな社会でも、欲求を充たし、問題を解

決するための手段に比べると、欲求や問題の方がはるかに多い。どのような願望を満たし、どのように問題を解決するかということを決定する場合に手助けとなる仕組みがなければならない。多くの場合、それは市場である。そこではお金を持っている人や自分の願望を満たすために十分に貯えがあるという人が活躍する。だが、お金を持つ人、ほとんど持たない人を含めて、社会の多くの人々が関わっている一連の諸問題があるが、それらは市場だけでは統制できない、あるいは統制がかなり難しい。公共の安全や公衆衛生、法制度、防衛などがそうした問題なのであるが、正しい社会あるいは善い社会とはどのようなものなのか（*正義）という問いもそれに含まれる。どのようにしてまた誰によってそうした社会的欲求〔必要〕が満たされるのか、どのようにしてまた誰によってそのような問題が解決されるのかを決定すること、これが政治の課題である。

　しかしながら、一般的に政治や政治家は評判が悪い。政治は公共の福祉の問題を扱うはずであるが、どうしてそうなるのだろうか。重要な理由は、何が公共の福祉でありうるかについて種々さまざまな考えがあり、そのため政治はつねに争いを意味することになるということである。多くの人々は争いに耐えることができず、それゆえ政治を拒否する。別の重要な理由は、選挙戦において、政党は勝利すれば何を行うかを約束するが、〔勝利してしまうと〕その後でしばしば全く別のことを行うということである。多くの人々はそれを騙されたと感じる。しかし大抵の場合それは以下の事柄に原因がある。すなわち、勝利した政党〔与党〕は絶対的多数を持っておらず、

他の政党〔野党〕との妥協を余儀なくされるか、あるいは、勝利した政党の政治が当該の集団のもとで深刻な抵抗を受け、ここでも妥協しなければならないということである。そうすることで確かに与党は元々の約束を反故にはするが、同時に、社会のより広い階層の人々の願望を顧慮することになる。政争とそこから帰結する妥協——これは多くの人々にとっては品格を欠いた悪徳商法と感じられる——は、できる限り多くの人々の利害を少なくとも部分的にではあるが顧慮し、社会をまとめていくためには、放棄することのできない手段なのである。

　ほとんどの社会には、市町村、州、国家全体のあらゆるレベルでの政治のためのしっかりとした規則が憲法や職務規定に定められている。しかし、政党や外国の権力が社会全体に対し、その意志を強制する場合には、革命や戦争などにおけるような、無秩序な政治もある。こう見てくると、政治において究極的に重要なのは、権力すなわち公的団体内の他者に対して自身の意志を貫徹する能力だということが明らかとなる。しかし、人口の圧倒的多数意志に反して統治することは、労力の非常な消耗であり、長続きしないことだろう。人々が自らすすんで法律に従い、政府の政治を優先的に是認する場合には、統治はずっと容易となる。それゆえ法治国家と＊民主主義は、恣意や専制に比べれば、政治にとってより理性的な形態なのである。

■ Mols, M./Lauth, H.J./Wagner, W. (Hg.), Politikwissenschaft. Eine Einführung, Paderborn u.a. ⁵2006. - Wagner, W., Wie Politik funktioniert, München 2005.　　　　　　　　ヴォルフ・ヴァーグナー／硲　智樹

聖書　　Bibel

　Bible／聖書は、ギリシア語の *ta biblia*、文字通りには、「本」の複数形を意味する（中世ラテン語経由という迂回路で、本来の複数形から単数形になった）。古代ユダヤの文献（ヨゼフス）では、このギリシア語が、イスラエルの*聖典を表す語として用いられていたのに対し、初代キリスト者（オリゲネス、ヨハネス・クリュソストモス）にあっては、既に（今日もなお）旧約聖書と新約聖書両書の全体を表すものとなっている。キリスト者たちは（*キリスト教）、主として前500年以降には、自分たちの信仰の基本的文書とみなされていたイスラエルの聖書を受け入れたのである。このことで、マルキオンの異端のような抵抗勢力に対抗し、イエスの神が旧約聖書の神であるという考えが、固持されたのである。後代（後1世紀半ばから2世紀初頭）に成立したキリスト教の文書は、ユダヤの聖書の第二部として編入されたのである。

　キリスト教聖書の諸版は、宗派によって少しずつ異なっている。宗教改革を迎えるまでの教会およびカトリック教会では、聖書と言えば、セプトゥアギンタ／七十人訳聖書（ギリシア語訳もしくは旧約版）に所収されている範囲の文書を指しているが、プロテスタント教会は、ヘブライ語の原語を駆使している文書のみを聖書の一部とみなすことを決めている。そのことからギリシア語で書かれているか、またはヘブライ語の原本が紛失してしまった7文書は分離されるか、または続編に組み

入れられた(「ユディト記」、「トビト記」、「マカバイ記」一・二、「知恵の書」、「シラ書」、さらに「エステル記」及び「ダニエル書の補遺」)。これらの書は、プロテスタント教会では、外典と呼び、カトリック教会では、第二正典と呼んでいる。こうした相違を除けば、プロテスタントでもカトリックでも聖書は同じ文書から成り立っている、すなわち『旧約聖書』の39書(カトリックでは46書)、『新約聖書』の27書である。

　旧約文書は、主としてヘブライ語で著述されている。その区分と順序が、キリスト教伝統と＊ユダヤ教では異なっている。キリスト教の聖書版では、トーラ／律法(＝モーセ五書)の後、歴史の書、知恵文学(ある意味での特別位置づけをもって「詩編」もこれに属する)、そして預言の書(＊預言者)が続く。この四区分の背後には、基本理念として原啓示(＊啓示)－過去－現在－未来という順列が想定されている。

　『新約聖書』諸書は、例外なくギリシア語で著述されている。冒頭には、その重要性のゆえに四福音書があり、続いて(「ルカ福音書」の延長として)「使徒言行録」が並ぶ。終末の事柄に関する書である「ヨハネ黙示録」をもって結びとなっている。その間に、14書簡から成るパウロの手紙と個々の教会に宛てられたのではない7書のカトリック書簡(普遍性のための普遍的書簡)が並んでいる。キリスト諸＊教会では、聖書は霊感による、つまり聖霊によって仲介された神の言葉とされている。このことは文字通りの霊感(言語インスピレーション)を意味するのではなく、イスラエルと教会における聖霊の働きを意味する。それが、彼の地で成立した文書を真正

な神の自己メッセージとしているのである。

■ Schmidt, W.H., Alttestamentlicher Glaube, Neukirchen-Vluyn ⁹2004.
- Roloff, J., Einführung in das Neue Testament, Stuttgart 1995(2003).
- Gnilka, J., Theologie des Neuen Testaments, Freiburg, i. B. 1994 (1999).

トーマス・シュメラー／岡野治子

聖職／教職　　Amt, religiöses

　宗教的職務としての聖職／教職という概念は、基本的にひとりの個人的特質に左右されない宗教的活動と課題を意味する。聖職／教職には、特定の責任と役割または宗教的な権威を伴う特定の行為が付与されており、それは恒常的に正統化される。

　この概念は、特に＊キリスト教において進展があり、歴史の展開の中で、種々異なる解釈を経てきた。聖職／教職の権威と正統性が＊神に由来するケースでは、聖職／教職という理解が最も特徴を帯びることになる。たとえばパウロは使徒職を、他者に対し身を捧げたキリストに相応させて、他者への奉献と理解している。キリストの全権を委託された聖職／教職は、後代の展開では、救済を仲介するという意味を獲得するのである。それは教会の諸職の位階制が強く固定化するにつれ、教皇に特別な意味が付与されることになる。プロテスタンティズムは、教職のもつ救済という意味付けには反対しているが、教会の諸職の不可欠性は堅持している。聖職／教職は、しかし必ずしも神に帰一する根拠を必要とするわけではない。人格神という考えがもともと知られていない

＊道教のような宗教伝統では、聖職／教職および他の宗教的職務の権威は、道士任式で公式に認められた道士の宇宙の絶対的根源（道）についての知識とこの根源との一体化につながる方術の知識に基づいている。

聖職／教職と並行して、それぞれの＊宗教にはしばしば世界に対する特別な責任が表れてくる。一般信徒が従わねばならない〔キリスト教〕教会の＊伝統においては、叙階された聖職の担い手（「聖職者」）が宗教的遺産の保持に努めているとすれば、仏教では、僧職によって仏法の保持と仲介が確実に担われている。こちらは「民衆宗教 Volksreligion」であり、あちらは「聖職宗教 Amtsreligion」であるとして両者を分けるのは誤りである。すなわち一般信徒（者）も聖職者（宗教的職務遂行者）も同じように、心の正しい持ち方、正しい信仰、または正しい行動をするように配慮されているからである。しかしながら聖職／教職は、繰り返しになるが特別な仕方で、世界に対して宗教を代表し、宗教の名において語るという権威を纏っている。

聖職／教職の担い手には、個人と制度が重なり合っている。宗教の組織度が高くなればなるほど、職務における超個人性と責任性とがますます明確になっている。シャーマン、治癒者または呪術者における宗教的専門性は、聖職／教職に比べて制限的なものであると考えられる。すなわち前者にあっては、それぞれの専門家のカリスマ——その特別な宗教的能力——が、注目されるのに対し、聖職／教職は、それぞれの宗教の進行する制度化プロセスを前提としているのである。とはいえ、多くの宗教では確かに宗教的専門性の二つの表現形態が見られ

る。たとえば「まじない師」という宗教的に意義ある役割と並行して、司祭という聖職もある。たとえば＊預言者の場合のように、個人的なカリスマにより、あるいは聖職／教職の制度により正統化される専門職の諸形態が併存することもあり得るのである。

■ Weber, M., Religion und Gesellschaft, Frankfurt a. M. 2006. - Schneider, Th. / Wenz, G. (Hg,), Das kirchliche Amt in apostolischer Nachfolge, Bd.1 (=Grundlagen und Grundfragen), Freiburg i. B.-Göttingen 2004. - Sattler, D. / Wenz G. (Hg.), Das kirchliche Amt in apostolischer Nachfolge, Bd.2 (=Ursprünge und Wandlungen), Fraiburg i.B.-Göttingen 2006. -Kehrer, G., Organisierte Religion, Stuttgart 1982.

クラウス・ホック／岡野治子

精神／こころ　　Geist

　現代の「精神の哲学（Philosophie des Geistes）」においては、精神はあらゆる心理的なものを表す総体概念となっている。精神を自由に操る者は、例えば確信、意図、願望や希望、さらに悲しみや喜び、あるいは嫉妬といった感情、または温かさ、冷たさ、空腹というような感覚を持っている。とりわけ議論となっているのは、こうした諸現象に共通しているのは何か、どのようにこうした諸現象は関連し合っているのか、精神を持つ存在の身体はその精神的性質とどのような関係にあるのか、精神を持つ存在はその物理的そして社会的環境にどのように関わるのか、精神を持つ存在はその物理的そして社会的環境についての認識にどのようにして到達するのか（認識

論)という問題である。

　例えば、認識といった精神的なるものの本来の担い手は、身体(物体)とは異なりそれ自体で存在している不滅の実体——例えばプラトンの場合には魂(Seele)——である、というようにしばしば想定されてきた。身体(物体)へ入り込む以前の魂は、神的と解されるイデアの領域、すなわち物理的世界の精神的「原像(Urbild)」の領域に存在する。魂は、このイデアを観想することで世界についての認識、例えば正義、幾何学の命題、あるいはまた物体的事物の本質に関する認識を獲得するのである。魂が身体(物体)に入り込む際には、魂は、この知を再び忘却するが、その後学習においてそれらを再び「想起する」のである(想起説・アナムネーシス説)。プラトンの弟子であるアリストテレスは、プラトンの二元論、すなわち精神的・魂的なものと物体的なものとの厳格な区別を批判した。アリストテレスにとって、認識能力を備えている魂は、身体(物体)なしでは存在することができない。ただし、神的なものの領域に属し、把握しがたい「純粋思惟」という例外があるかもしれないが。これに対し世界についての通常の認識は、経験主義的な、すなわち経験に適う仕方で感覚器官の媒介を通じて獲得されるのであり、この世に生まれる前にイデアを観想しているということはありえない、というものである。二元論者であるR・デカルトは、プラトンと同じく、精神的・魂的なものと物体的なものを二つの異なる実体として区別している。ひとを欺くことなどありえない善なる神への関係が認識の可能性を保障する。我々が錯覚にとらわれたままということを、神が欲することなどあり

えないからである。今日、実体二元論の立場は一般的には問題があるとみなされている。もし精神と物体（身体）が二つの全く異なる実体であるとすれば、精神が感覚器官の助けを借りて世界について何事かを経験したり、身体（物体）が精神的、意志的な決意によって動かされたりする場合などにみられるように、いかなる仕方でこの両者が関わり合えるのかを理解することは難しい。

　実体二元論が支持されえないとしても、だからといって精神は自然科学のみによって把握でき、物理的なものの機能となるかといえば、必ずしもそうではない。「自然主義」のこの立場は、現代の脳研究を背景としつつ、多くの哲学者や自然科学者によって主張されてはいるが、異論がないわけでもない。特にカント、ヘーゲル、ヴィトゲンシュタインとの連関では、認識や理性的行為は自己意識、社会的関係そして言語を前提とするものであると論じられる。これはそれ自体、純粋に自然科学のみによる説明と対立するものである。

■ Meixner, U./Newen, A (Hg.), Seele, Denken, Bewußtsein. Zur Geschichte der Philosophie des Geistes, Berlin-New York 2003. - Beckermann, A., Analytische Einführung in die Philosophie des Geistes, Berlin-New York 1999 (^{2}2001).　　　　ウヴェ・マイヤー／硲　智樹

聖典／啓典　　Heilige Schriften

　多くの宗教において、聖典は信仰のアイデンティティを決定、保持するために中心的役割を果たしている。聖典は、儀礼、教義、そして個的な信仰表現に関する問題

群の精査に際し、尺度として機能するものである。聖典は、宗教共同体成員の教化、訓戒、激励の源泉としても機能する。その際、聖典は常に、過去と現在、権威と反省、また特殊と普遍の間の緊張の場に位置する。聖典は多くの場合、明確に限定された選集であり、そのテクストは同じ*伝統の中にある他の重要なテクストとは区別される。これは、正典テクストと続正典テクスト、あるいは一次的および二次的権威の書というように区別することもできる。一次的聖典の特別な位置づけは、多くの場合、どのようにそのテクストが神から直接の*啓示を受けて成立したのかに関する特別なイメージによって強調される。*預言者や記者のインスピレーションというようなイメージは、宗教的告白の対象であって、学問的分析の対象ではない。

　ヨーロッパで最も知られる三つの*宗教に目をやると、聖典の例が次のように挙げられる。*ユダヤ教の聖典は、ヘブライ語聖書、すなわち<u>タナハ</u>*Tanakh*である。以下の三つの部分から成り立つ。<u>トーラー</u>*Torah*（モーセ五書の律法）、<u>ネビイーム</u>*Nebi'im*（預言者。預言的歴史書と預言者の言葉伝承に分かれている）、そして<u>ケトゥビーム</u>*Ketubim*（詩編とヨブ記を含めた諸書）。*キリスト教の聖典は、*聖書であり、『旧約聖書』と『新約聖書』の二部構成になっている。『旧約聖書』は、ヘブライ語聖書の範囲に対応している（ギリシア語圏のユダヤ伝統からのテクストも補足的に認められている場合もある）。『新約聖書』は、四つの福音書、すなわちイエス・キリストをその言葉と業において記述したもの、さらに初期共同体に関する記述、キリスト教信仰の正しい理解に関

する書簡類、そして天と地に関する幻視の書を含む。＊イスラムでは、＊クルアーン〔コーラン〕が聖典である。それは、預言者ムハンマド〔モハメット〕による啓示の語りであり、それは長短さまざまの 114 章に収められている。ユダヤ教の権威ある二次的テクストとしては、トーラーの解釈集であるタルムード（600 年完結）、そしてイブン・エズラ（1167 年没）あるいはマイモニデス（1204 年没）の書が挙げられる。さらにキリスト教では、かつての公会議の、またアウグスティヌス（430 年没）、ヒエロニムス（420 年没）、クリュソストモス（407 年没）のような神学者の聖書解釈などがそれに当たる。イスラム教では、多様な法的問題に関するハディース集およびアル・タバリー al-Tabari（923 年没）、アツ・ザマフシャリー az-Zamahsari（1144 年没）、アル・バイダーウィ al-Baidawi（1286 年以後没）によるクルアーンの解釈書がある。このような図式は、基本的に他の諸宗教に対しても当てはめることができる。たとえば＊ヒンドゥ教は、聖典として賛歌、神話、教えという複合的大成としての形でいわゆるヴェーダーをもち、＊仏教はブッダの教えの伝承という形で経典をもっている。

　聖典は、それぞれ宗教共同体において公的朗読、私的な読誦、またコメントや解釈を通して受容されることで、その意味を発揮するのである。その場合、三つの権能領域に分けられる。儀礼的権能領域は、典礼の集まりで、朗読や読誦、枠に定められた信仰告白や象徴的ジェスチャーを通してテクストを現在化するという役割に係わる。解釈学上の権能領域は、解釈の伝統、哲学的洞察、学術的認識、さらに個々人の生の経験との批判的対話

に基づいたテクストの理解および解釈に係わるものである。歴史的権能領域は、それぞれの書き手および編集者の文化におけるテクストの起源と伝承についての研究に係わるものである。儀礼的権能領域と解釈上のそれの間には関連がある。すなわちミサ典礼的に現在化されるテクストは、聞き手たちを通してそのテクスト理解を目的としているからである。また歴史的権能領域と解釈学的領域にも関連があり、それは正典テクストは多かれ少なかれ、既にずっと時代を遡った時点で、最初の読者を持っているからである。聖典の解釈学にとって、第一に問題になるのは、翻訳である。というのはどの＊言語も、その特別な表現の可能性をもつからである。二番目の問題は、聖典の有効性の主張である。それは特定のテクストの範疇にあっては、重要な信仰の表現は、別の時代の文化に特徴的であったような自然観や、歴史観、あるいは法律のイメージと結びついているからである。三番目は、聖典のシステム化という問題である。何故なら、諸テクストには神のイメージの多様な観点が相互に結びついているからである。聖典にある個々のテクストを納得できるように理解するための努力というものは、常に新たな挑戦である。解釈学的な権能の形成には、文芸学、歴史学、あるいは法律学のようなテクストとその解釈に方向づけられた他の学問領域との学際的な取り組みが実りをもたらす。この三つの権能領域の重要性と結びつきは、今後も続けられる論議の過程次第ではあるが、他方聖典の悪用を回避する（＊原理主義）ためにも、また信仰において責任ある生を送るべく恒常的に有効な意味付けを発見し、仲介するためにも、この三つの領域は

どれも放棄できるものではない。

■ Bultmann, Ch./ März, C.-P./Makrides, V.N. (Hg.), Heilige Schriften. Ursprung, Geltung und Gebrauch, Münster 2005. - Tworuschka, U. (Hg.), Heilige Schriften. Eine Einführung, Darmstadt 2000.

クリストフ・ブルトマン／岡野　薫

正統信仰／正統主義／オーソドキシー
Orthodoxie

　オーソドキシー（＝正統信仰であり、「神を賛美する正しい仕方」）の概念は、本来、ビザンチンの＊伝統にある諸教会を意味しており、ギリシア、ロシア、セルビア、ルーマニア、ブルガリアの教会がそれに属している。しかしこの概念はしばしば東方の伝統をもつすべてのキリスト教会をも指している。すなわちローマ帝国の東半分とローマ帝国の東もしくは南側で成立した諸教会である。これらは以下のように三つのグループに分類される。エフェゾの公会議（431）に参加せずに、その後も承認されることのなかったアッシリア教会。451年のカルケドン公会議により承認されなかった（特にコプト、シリア、アルメニア）古オリエント（あるいはオリエント・オーソドキシー）教会、そして三つ目が、ビザンチン教会（あるいは単純に東方正教会）である。この東方正教会は、カトリック教会と共に7回のエキュメニカルな公会議をもちながら、1054年以来形式上はもはや西方教会との聖体的共同体には属していない。この二つが距離を保ちながらの最大の集団となっている。上述の三つ

のグループの間には、相互の教会共同体が存在しない。漸く最近の数十年間には、慎重にエキュメニカルなアプローチがなされてはいる（＊エキュメニズム／教会一致運動）。以下のコメントは、ビザンチン東方正教会に関連するものである。

オーソドキシーは、14の自立（*autokephale*）した教会から構成されており、それは古来の総主教（コンスタンティノープル、アレクサンドリア、アンティオキア、エルサレム）あるいは国家（ロシア正教会、セルビア正教会など）にちなんで名づけられている。これらの教会はすべて、完全に独立しており、自分たちの聖務はそれぞれが単独で決定するのである。すなわち自分たちの長を選び、主教を決定し、主教座を形成するなどである。コンスタンティノープルの総主教は、法的な結果を伴わないとしても、教会の営みにあっては、名誉上の優先権を有している。この諸教会は、共に共同体関係に位置し、相互に敬意を払い、祭司と主教は、相互に儀式を挙行できるし、信者たちも他の教会におけるコミュニケーションが可能である。従ってオーソドキシーについては、単数と複数形の東方正教会について語ることになるのである。

オーソドキシーは、儀式に非常に重きを置く教会である。儀式の祭式・祭典（＊祭／祝日）（聖餐式と並んで聖務日課における祈祷、また共同体における祈祷）に大きな価値が置かれている。儀式は共同体の集会としてではなく、共同体成員が参与する天上の出来事と解されている。儀式においても、また私的な信仰においても、聖画像（イコン）が重要な役割を果たす。画像に対する異

なる理解に基づいて、聖画像は、肖像とはみなされず（さらに芸術品でもない）、表現されたものの現実的な〈現在〉をもたらすのであるから、聖画像との向き合い方は、崇敬の念に満ちたものになっている。

オーソドキシーでは、生き生きした修道生活が維持されている。アトス山は、今日なお東方修道院制の中核であり、多くの東方正教会（ルーマニア、ロシア、セルビア）では、修道生活が20世紀後半以来大きく躍進している（*スピリチュアリティ／霊性）。歴史的展開を基礎として、多くの東方教会は、国家および国民への密接な関係を培ってきた。特に政治的に困難な節目においては、何度もこのことが刺激状態につながっていった。

オーソドキシーは、初めからエキュメニカルな運動に積極的である。近年の議論では、こうした活動が確かに後退気味であるが、しかし消滅したわけではない。

■ Oeldemann, J., Die Kirchen des christlichen Ostens, Kevelaer 2006. - Athanasios Basdekis, A., Die Orthodoxe Kirche Frankfurt a. M. 2001.

トーマス・ブレーマー／岡野　薫

聖なるもの　　Heilige, das

聖なるものは、多くの宗教研究者によって、すべての*宗教の共通の基礎であるとみなされている。この研究者たちにとって、此岸的で「世俗的な」世界を超えた「ヌミノース」な〔神的〕現実という局面（真の*現実）を持たない宗教はあり得ないのである。*profan*世俗的（*pro*=前、*fanum*=聖なる区域）とは、聖なる領域の前に

存在するすべてのもの・ことである。R・オットーによれば、ヌミノーゼなるもの（ラテン語由来で、*numen*=神の支配）から、倫理的および合理的内容を差し引いたものが、聖なるものとなる。それは言い換えれば、聖なるものの体験の非合理的な局面を表している。聖なるものとは、概念的に把握できないものであり、突き放すような戦慄的面と、引き寄せるように魅する面との二重の顔（*mysterium tremendum et fascinosum* <u>戦慄すべき要素と魅する要素の秘義</u>）を持っている。M・エリアーデによれば、聖なるものは、種々の自然の場（山、湖、川など）や人間が造り上げた場（都市、教会、モスク、寺院など）に顕れてくる（*Hierophanien* <u>神的力の顕現</u>）。どの宗教も世俗性を「突き抜けた」聖なる場（たとえばローマ、エルサレム、メッカ、ベナレス）、聖なる時間（たとえばクリスマス（「聖夜」）、ラマダンのような＊祭／祝日）、そして聖なる人間（イエス・キリスト、「聖なる父」としての教皇、ダライ・ラマ）を有している。キリスト教において、聖なるものとは、不可知である神に対する記号であり、それは、世界を創造し（＊創造）、聖霊を通じて世界でその働きを顕し、ナザレのイエスの姿を取って、人間に自らを＊啓示した神なのである。

　脱呪術化が進展した近代産業社会では、聖なるものの地盤沈下は留まることを知らないかの如くではあったが、最近では、聖なるものの軌跡が再発見され、しかも「聖なるものの再臨」が語られ、時には暴力的な形をとることさえある（戦闘的＊原理主義）。聖なるものという議論の分かれるような概念は、世界内の利益のために、道具化されることもある。聖なるものを引き合いに

出すことが、*平和（聖なる平和）の創設に資するのか、あるいは、暴力容認（聖戦）に至るのか、それは最終的に人間が決めることである。従ってこの概念は、文脈によって非常に異なった仕方で用いられる。宗教学者によっては（E・デュルケム）聖なるものの社会的役割のみに目を向けたり、主観の外部にある「力」の個的体験に重点を置く（オットー学派の体験論）人々もある。聖なるものが一貫して要求するものは、先ずは当然ながら、人が聖なるものの象徴を知覚できることを前提とする。

　学術的な方法では、聖なるものの存在は、証明もできなければ、反論もできない。しかし*聖書およびあらゆる宗教における「聖なる」人物たち（宗教の創始者、*神秘思想家、*預言者など）の多くの証言は、種々の文化的受容の仕方で、さまざまに名づけられ、解釈されてはいるが、聖なるものがどの文化にも共通して体験されていることを示している。注目すべきは、非西欧文化出身の多くの思想家たちもまた、彼らによって意図される事柄に対応してこの西欧の「概念」を使用していることから、ヨーロッパ中心主義という批判は、この文化共通の現象に対しては的外れということである。この意のままにならない、また推し量りがたい存在にアプローチするための聖なるものという概念は、一方で宗教という現象を超越関係（*超越）を持たない世界内の種々のイデオロギーから明確に区別することができ、他方で、諸宗教間の必要な*対話（*異文化間、宗教間）のための超文化的基礎を保障することができる。それゆえにG・メンシングに依拠しつつ、宗教は、「聖なるものとの出会いであり、聖なるものに規定された人間の応答する行

為」と定義され得るのである。

■ Otto, R., Das Heilige. Über das Irrationale in der Idee des Göttlichen, Breslau 1917 (München 2004). - Colpe, C. (Hg.), Die Diskussion um das "Heilige". Darmstadt 1977. - Gantke, W., Der umstrittene Begriff des Heiligen. Eine problemorientierte religionswissenschaftliche Untersuchung, Marburg 1998.　　　　　　ヴォルフガング・ガントケ／岡野　薫

世界エートス　　Weltethos

　この概念は、宗教神学的研究と宗教比較論的研究を束ねており、世界のさまざまな*宗教がそこへと収斂していくような、いくつかの基本的な*価値、尺度そして根本的態度を意識化しようとしている。その意味するところは、体系的に構築された世界倫理でもなく、諸宗教に共通する最小限の倫理でもなく、また世界法や国際法に関する努力とは異なる選択肢でもない。「エートス」という概念（これは「心」、「良心」の次元を強調している）は、*倫理と法との間のバランスを支えている。

　この概念はハンス・キュング（1990）によって導入され、世界宗教会議（1993年にシカゴで、1999年にはより大きな規模でケープタウンで開催された）における「世界エートス宣言」というプログラムの形で進展した。これには、第二ヴァチカン公会議の「キリスト教以外の諸宗教に対する教会の態度についての宣言」（*Nostra aetate*）とグローバルな平和運動、女性運動、人権運動からの刺激が受け継がれている。世界エートスという概念の切実さは世界政治の状況分析から生じている。経済

的なグローバル化（*グローバリゼーション）が進むなかで、よりいっそう力強く発展しつつある一つの世界社会 Eine-Welt-Gesellschaft は、世界組織、世界内政治、世界法といった諸領域における統合プロセスの速度を速めているだけでなく、矛盾するさまざまな倫理的基準は一つの世界社会を不安定化する要因であるという意識のもとで、共通の倫理的基準を求めるプロセスの速度をも速めている。

　この世界エートスあるいは人類エートスは、包括的な*異文化間の、*宗教間の、また学際的な基盤研究を通してのみ視野に入るものである。1990年以来、グローバルな倫理的基準をめぐって行われている国際的な議論は、とりわけ哲学（普遍的な倫理の構築）、政治学（グローバルな平和秩序）、法学（国際法や経済法の確立）、そしてまた教育学（相互文化的で相互宗教的な学習の理論と実践）の領域のなかに収斂していった。

　しかし、実践的な*政治の領域においてもその影響は見通すことができない――とりわけ国際的組織の局面において。かつての国家元首や政府首脳の国際会議 Interaction Council で促進された「人間の諸義務についての一般宣言」（1997）をめぐる努力や（K・アナンが国連事務総長を務めていたときの国連により推進された）異文化間（*文化）*対話をめぐる努力も、広がりのある意義を持っている。それ以来「プロジェクト・世界エートス」は、明確に平和倫理的な主張をするようになった。プロジェクト・世界エートスは、世界宗教そのものの枠組みを超えて、グローバル化時代における諸国民国家を包括し、諸文化を包括している諸価値を意識化するとい

う努力を強めながら、宗教によって惹起されるグローバルな葛藤状況の可能性を取り除くことに貢献する。

■ Küng, H./Senghaas, D.(Hg.), Friedenspolitik. Ethische Grundlagen internationaler Beziehungen, München-Zürich 2003. - Hasselmann, Ch., Die Weltreligionen entdecken ihr gemeinsames Ethos. Der Weg zur Weltethoserklärung, Mainz 2002. - Annan, K., Brücken in die Zukunft. Ein Manifest für den Dialog der Kulturen, Frankfurt a. M. 2001. - Küng, H., Weltethos für Weltpolitik und Weltwirtschaft, München-Zürich 2000. - Ders./Kuschel, K.-J.(Hg.), Wissenschaft und Weltethos, München-Zürich 1998. - Schmidt, H. (Hg.), Allgemeine Erklärung der Menschenpflichten. Ein Vorschlag, München-Zürich 1998. - Küng, H./Kuschel, K.-J. (Hg.), Erklärung zum Weltethos. Die Deklaration des Parlamentes der Weltreligionen, München-Zürich 1993. - Küng, H., Projekt Weltethos, München-Zürich ^{5}1993 (^{10}2006).

カール゠ヨゼフ・クッシェル／硲　智樹

世界教会　　Weltkirche

＊教会は、その主張によれば、基本的には世界教会である。教会がイエス・キリストを全ての人間とすべての時代（＊時間）への救済の仲介者と告知し、イエスによって使徒が全ての民族へと遣わされたためである（マタ28章19節；使1章8節）。従って教会は、第二バチカン公会議の表現によれば、いわば普遍的な＊救済の＊秘跡である。世界を包摂するという教会の主張は、「カトリック」という付加語においても表現されている。その語は（正統信仰における）普遍的統一を意味するからで

ある。

　歴史的に見てこの主張にはキリスト教の複雑な展開が対応している。古代の教会は最初の3世紀には早々とローマ帝国に、さらにその帝国も越えて拡大的に普及できた。ローマ帝国の最終的なキリスト教化とこの帝国に侵入したゲルマン民族のキリスト教化の成功と対照的に、東西教会の分裂（1054年）とイスラムによるキリスト教の中核地域の喪失があった。そのイスラムの勢力は、単に西側（イベリア半島）において押し戻されたに過ぎなかった。世界教会的な、つまり西ヨーロッパを越えて教皇権を伸張するという主張は十字軍（1076-1291）への呼びかけとして表面化したが、それは中世後期から初期近代におけるアジア、アフリカ、アメリカでの*宣教において実現した。宣教を担ったのは中央集権的に組織された新しい修道会（ドミニコ会、フランシスコ会、イエズス会）であった。同時に、ヨーロッパの宗教改革が教皇権の普遍性という主張を理論と実際において相対化した。19・20世紀の宣教運動は新たな宣教会・布教会、修道会、信心会に支えられ、ヨーロッパ諸勢力の植民地政策に広範にわたって結び付いたのだが、その宣教運動を通じてカトリシズムならびにプロテスタンティズムは世界教会的な側面を獲得したのである。カトリック教会は世界教会として、第二バチカン公会議において現地の聖職者（*土着の神学）の養成について可視的、具体的にアピールした。こうした世界教会としてのカトリック教会は、〔構造的に〕垂直かつ水平に（ドイツではミゼレオール Misereor、ミッシオ Missio、アトヴェニアート Adveniat といった補助機関を通じて）組

み合わされていた。もっとも、この場合、現地の教会と世界教会との関係規定の問題、インカルチュレーション〔土着化〕と教会統一との間の結びつきに関する問題は、未解決に残されている。20世紀の＊エキュメニズム／教会統一運動は、キリスト教的な大教会へと一歩を進め、東方正教会・プロテスタント教会においても超国家的構造の形成へと結びつくこととなった（世界教会会議 Weltkirche、諸教会世界評議会ないし諸教会統一運動評議会 Weltrat bzw. Ökumenischer Rat der Kirchen）。この超国家的組織は存在感や組織内の効率という点で、グローバル・プレイヤー global player としての現代の教皇制には匹敵し得ない。

■ Die Deutschen Bischöfe, Allen Völkern sein Heil. Die Mission der Weltkirche, Bonn 2004. - dbk.de/imperia/md/content/schriften/dbk1a.bischoefe/db76.pdf. - Weltkirche: Diakonia 33 (2002), H. 2. - Eckholt, M., Das Weltkirche-Werden auf dem II. Vatikanum: Aufbruch zu einer "neuen Katholizität", in: Edith-Stein-Jahrbuch 6(2000), 378-390.

クラウス・アルノルト／岡野　薫

セクト／分派　　Sekte

　セクトという概念（ラテン語の sequi ＝付き従う、後に続く）は予想より多くの意味を持っている。＊神学ないし＊宗教学の文脈においてセクトは比較的大きな「母体宗教」から分かれた小規模な分派を意味する。この視点からすれば「セクト」は共通の＊信仰基盤を離れて、特殊な教説を創唱したことになる。そうした教説は新し

い＊啓示に基づくものか（例えば新たな書、＊預言者的霊感）、あるいは、共通の信仰内容を権威的に狭義に適用した特殊な解釈に基づくこともある（例えば、〈エホバの証人〉による終末の算定）。その意味で道徳的価値が低いなどの評価をしなければ、セクトはあらゆる＊宗教に存在するといえる。しかし日常においては、社会心理学におけるセクトの概念が幅を利かせている。そこに含意されるのはイデオロギー的（宗教的なもののみではない）共同体である。それは外界から厳しく隔絶され、内に向かって厳格に権威主義的に組織され、（外部から見れば）メンバーに対して全面的にさらには全体主義的に至るほどの参加を求める共同体である。神学におけるセクト批判が教説の差異をよりどころとするのに対して、心理学の批判は教説内容ではなくセクトの構造を引き合いに出す。こうした構造には公の認知において、ドイツの基本法、もしくは少なくともその基盤となる人間像（＊人間学）を形成する人道的、倫理的（＊倫理）基準への違反というイメージが浮かんでいる。ここでは人間の尊厳、人権、＊自由、＊寛容、自己実現といった概念が、ひとつの集団の振る舞い方をはかる分岐点となる。「セクト」に対する非難はマインドコントロール、金銭や労働力の搾取、セクト指導部の指示への全面的な依存といった事柄を含んでいる。その順当な帰結として日常語においては、こうした現象は宗教を越えた領域とされ、「心理セクト Psychosekten」、「政治セクト Politsekten」と呼ばれている。

　この心理学の文脈では、往々にして明確に回答できない問い「セクトであるか、セクトでないのか」という問

いが発せられるが、むしろセクト的性格をより多く有する集団なのか、少しだけ有する集団なのかについて語ることができる。同じ文脈で、セクトの発展についても見ることが出来る。集団構造の強化ないし硬化については、「セクト化（Versektung）」と言われることもあり、弛緩ないし開放のプロセスは「脱セクト化（Entsektung）」とも言われる。「セクト化」は、たとえば聖書を読む緩やかなサークルから排他的な救済仲介の要求を持った厳格な組織へと固定化された〈エホバの証人〉の歴史に見ることができるだろう。これとは対照的に、新使徒教会ないしアドヴェンティストのような集団においては、キリスト者的あり方の独自な形を絶対視することをやめて、＊教会一致運動への開放のプロセスを見ることができる。この場合は「脱セクト化」と言うことが出来よう。

　輪郭が不鮮明で常にネガティヴな評価を帯びるために、研究者によってはセクトの概念を完全に放棄するよう要求する者もいる。「特殊共同体」ないし「葛藤内包的宗教グループ」といった合成概念は、しかしながら日常語には定着していない。必要なことは、「セクト」について語る場合、いかなる文脈においても何が意図されているのかが、明確であることである。

■ Bear, H. u.a.(Hg.), Lexikon neureligiöser Gruppen, Szenen und Weltanschauungen, Freiburg i.B. u.a. 2005. - Hempelmann, R. u.a. (Hg.), Panorama der Neuen Religiosität, Gütersloh ²2004 (2005). - Hemminger, H., Was ist eine Sekte? Erkennen - Verstehen - Kritik, Mainz u. Stuttgart 1995. - www.ezw-berlin.de; www.ksahamm.de; www.relinfo.ch

　　　　　　　　　　　　　　　ルッツ・レムヘーファー／岡野　薫

宣教／布教　　Mission

人類学の研究（＊人間学／人類学）における族外婚〔所属する集団内では婚姻が禁止され、他集団に配偶者を求めなければならない婚姻の規制〕は、＊神学の分野における宣教という概念と非常に類似したものを言い表している。それは、みずからの集団生活（＊生／生活／いのち）が保障されつづけるために「同族関係」を超え出る動きである。宣教とは、つまり、単に他者への伝道の責務（救済の贈り物）のみならず、それは、教会の本質に不可欠なキリスト者としての存在全体にいのちをもたらすような教会内部の動機でもある。

この宣教という本質は、三位一体の神の宣教、すなわち三位一体の神の使命の内にその起源を有している。その意味は人間の具体的状況をふまえた上での開放と同情である。神の宣教はイエス・キリストを遣わすことで歴史的に確かなものとなった。ナザレのイエスは神を＊愛、あわれみ深さ、そして＊正義をもって我々を見やる父的かつ母的な様相をもって啓示する。十字架において〔十字架上の死と復活によって〕イエスは、人間のあらゆる論理的必然を転倒させる救世主として姿を現す。イエスは、宣教する共同体を呼び集め、彼らに使命を与えた。神の国を告げ、神の最終的な正義である復活を証言するという使命である。「父がわたしをお遣わしになったように、わたしもあなたがたを遣わす」（ヨハ20章21節）。この「遣わす」という行為が、神の新たな民という宣教する＊共同体の形で教会の中に組み込まれた。

＊信仰が普及した最初の数世紀には、主にユダヤ人や異教徒に向けた論争的内容で領土的視野を含んだ改宗要求が前面に出ていた。ラテン・アメリカの文脈における宣教の枠組みは、初期の福音伝道における植民地的状況を思い起こさせる。信仰の拡大のために特別に選ばれた使者たちはしばしば自らの文化の特殊性と福音の普遍性とを区別してこなかったのだが、第二バチカン公会議以降、もはや使者たちによる宣教を信仰の拡大という純粋な領土的課題と理解することはできなくなっている。宣教とは司牧活動内の特別領域ではなく、むしろその活動における複文化 plurikulturell〔複文化とは、個人の体験、生活の必要に応じて、言語や文化コードを使い分ける態度を指す〕の予兆である。教会は自らに属さない人々のことを考えることによって、さらに、インカルチュレーション〔土着化〕を通じてそれぞれの文化特有の言語能力（＊対話、言語、土着の神学）を得ようと不断に努力することによって、普遍的な救済という自らの使命を、すでに信徒となっている人々に対しても果たすことができるようになり、それは教会の本質理解に欠くことができないものである。

　こうした宣教の営みと要請に対する忠実さのあまり、救済という教会の使命が届かない人々、あるいは、いかなる理由にせよ救済の使命を認めない人々の救済を拒否するような結論を出してはならない。第二バチカン公会議もまた非キリスト教的宗教が主観的には救済の仲立ちをしていることを客観的に認めた。そのことから、意味を渇望し、パンを渇望し、正義を渇望する人間にとって、その希望の保証たる教会の宣教的本質の大切さを、厳密

な意味での宗教の領域を越え出て提示することは、必要不可欠なのである。

　宣教の告知が神と人間の未来について責任を持って語るとき、その告知は常に似たような話しぶりとなり、同様に宣教の現実も多くの場合、正義のシンボルや希望のイメージをほとんど超えることがない。しかし、まさに聖画像や聖なるシンボルは、言葉と徴の典礼（洗礼や聖体・聖餐式）において変化させる力（＊秘跡、＊象徴）を有する。世界を支える目に見えない大地を描き出すことはできない。しかし神の国というイメージのなかでは、人間は繰り返し次のような体験をしている。人々を分け隔てる恐れ、憎しみ、不正の綴帳が壊れやすいものであること。人間が神を忘れた世界で生きているのではないこと。そして、神の最終的な正義としての復活が信ずるに値することの体験である。

■ Suess, P., Mystisch, missionarisch, militant. Politische Spiritualität im Kontext Brasiliens, in: K. Baier(Hg.), Handbuch Spiritualität. Zugänge, Traditionen, interreligiöse Prozesse, Darmstadt 2006, 146-156. - Ders., Inkulturation und Dialog. Nachlese und Horizont eines unbequemen Paradigmas, in: Th. Schreijäck(Hg.), Werkstatt Zukunft. Bildung und Theologie im Horizont eschatologisch bestimmter Wirklichkeit, Freiburg i.B. u.a. 2004, 375-391. - Collet G., "...bis an die Grenzen der Erde". Grundfragen heutiger Missionswissenschaft, Freiburg i.B. u.a. 2002.

パオロ・ズュース／岡野　薫

相互性／互恵性　　Reziprozität

　相互性／互恵性ないし形容詞の「相互の、互恵的な reziprok」とは、一般に等価の極の間における相互関係を意味する。この概念は自然科学においても見かけはするが、なかでもやはり精神科学や＊文化科学において見られるものである。その中で相互性という語は、社会的行為の形態を表す交換行為として、原則的に理解の一致をみている。相互性とは授与と受領とのプロセスである。ただし、そのプロセスの根底にあるのは利潤追求の思考ではなく、同じものに同じもので応える〔等価交換〕という意味での授受の理論でもない。ここでの授与は質と量とにおいて等価の受領を期待するのではなく、また、時間的な意味において授与から直接に連続する受領を期待するのでもない。ただし、ここでの授与は無私からの一方的ないし無条件の贈与でもない。

　民族学（＊民族集団）ならびに社会学的言説においては、相互性／互恵性という語は、産業化以前あるいは産業化されていない社会における〔相互扶助としての〕社会的、経済的〔語源は「客を歓待する」〕行為の雛形を意味する。とはいえ、この社会的、経済的行為とは、本来、エコノミー〔家政、経済〕の領域から由来するのではない。相互性／互恵性とは倫理的（＊倫理）な相互性原理である。この原理は、個々の人間の間に、また複数の＊共同体の間に相互補完的な一種の指示関係を基礎づけるものであり、同時に包括的な規範をも基礎づけるものである。この相互性／互恵性は他者への義務づけを意

味することになる。それは、人間存在として行為するという課題、特定の集団の一員としての課題、あるいは社会的地位によって制限された課題を越えたところに存在する。しかしながら、以前に他者が達成した業績は、社会的な相互作用として相互性／互恵性の前史を作り上げている。「相互性に根差した、機能的自己は成熟に達し、自分のためだけに生きるのでないという条件下で、他者のために行為し、変化するという条件のもとで自己の運命に影響を与える」（グールドナー Gouldner、1984, 130）。

　相互性／互恵性とは、社会の相互作用と社会システムの安定性に決定的な影響を与えるようなシステム調整の原理と見なされる。相互性の基準についての超域文化の最小限の要求は、彼らなりに援助を行った人々に対する援助の呼びかけのうちに、さらに援助を行った人々を傷つけないという呼びかけのうちに表れている。ここからも相互性／互恵性と（産物の）交換との相違が浮き彫りになる。交換とは、通常その時々のパートナーが自分では作り出せない品物に対し、文化に限定された需要ゆえに行われるからである。相互性の基準は、あらゆる * 価値体系の中で見出し得る側面、すなわち普遍的な側面を提示している。だからといって、それは無限定に有効であることを意味するものではない（グールドナー参照）。相互性の基準の逆転はネガティブな相互性とされ、与えられた好意に対する無返報を意味している。

　* 異文化間の * 対話に関する研究は次のことを裏付けている。実用主義的かつ倫理的水準における相互性の原理は、相互作用のあらゆる種類の相互的行為として、す

なわち、人間の共同体内部における個人と集団の間で、また人間と＊神との間で作用することを裏付けている（エスターマン Estermann　1999 参照）。だからこそ、例えば、アンデスの民族の文化においては、宇宙秩序（宇宙ヴィジョン）が相互性の原理の基盤となっている。つまり、「相互性によって人間という行為者、自然の行為者、神的行為者は『宇宙の正義』を形成する。それは、多様に存在する諸関係の基礎になっている規範性という意味においてである」（エスターマン、151）。中断あるいはそうした相互性の不作為（ネガティヴな相互性）は均衡を阻害するので、これ——すなわち調和なのであるが——は相互的な行為によって再生されねばならない。このことは、経済と商業、社会関係および家族関係、さらには神的存在と人間との＊宗教的相互性といった〈生〉のあらゆる領域に通底するものである。

■ Estermann, J., Andine Philosophie. Eine interkulturelle Studie zur autochthonen andinen Weisheit, Frankfurt a.M. 1999. - Gouldner, A.W., Reziprozität und Autonomie, Frankfurt a.M. 1984. - Mauss, M., Die Gabe, Frankfurt a.M. 1968 (^{6}1990).

トーマス・シュライエック／岡野　薫

創造　　Schöpfung

　世界は、＊神の創造であるという表現は、意味に関して二つの方向を含んでいる。一つは、神を目標とし、もう一つは、世界を目標とするものである。この二つの表現において、明確とは言えないが、第三の表現局面が浮

上してくる。それは、神と世界への関係の中でテーマ化される人間（＊人間論）自身である。神‐人間‐世界という意味の三角関係は、恐らく創造言説を持つすべての＊宗教に当てはまるであろう。その際、区別しなくてはならないのは、創造という考えは、世界の説明（＊宇宙論／コスモロジー）あるいは世界成立の教え（宇宙進化論／コスモゴニー）と同義ではないことである。従って＊聖書にある創造という考えは、自然科学の宇宙論または進化論と、和解不能なライバル関係にあるわけではない。創造の言説とは、どちらかと言えば、人間が置かれている＊現実のなかに意味を見出す場として位置づけられるであろう。宇宙論や宇宙進化論の材料を用いることで、人間存在の意味づけを行なうこともできるであろうが、またその必要もない。このことは、特に聖書的な、すなわちユダヤ・キリスト教的な創造の語りに当てはまるのである（＊ユダヤ教、キリスト教）。この創造の語りにおいては、外的な必然を持たずに、絶対的自由に、自分とは異なり、自分に向き合う自律的な（＊自律）現実を無条件に肯定すること、つまりその現実が存在し、存続し、完成することを望むこと、換言すれば、その現実を愛する（＊愛）ことを決意した存在が、神である、と認められている。創造という思考は、神が世界を愛する人である、と確認しているのである。

　創造の語りは、世界を最終法廷として、神により絶対的に望まれ、肯定され、つまり愛されている自立した現実として認めている。さらにその現実が望まれ、肯定されていることが、この世界という現実の根拠になっていて、実存へと促されるのである。創造の語りは、つまり

世界が無条件に愛されていることにおいて、その存在理由と根拠があることを確認しているのである。世界の被造物性についての語りは、少なくとも聖書的な責任においては、世界の出自または成立について語ろうとするのではなく、世界の * 価値についてなのである。その価値は、世界が存在という資源であるとか人間が進展するということにあるのではない。むしろその価値とは、人間の行動によって完成したり破壊されたりするものでなく、世界がそのままで肯定されているということのなかに存するのである。世界の価値の決定は、同時にエコロジー神学の中核的言説を提示するものでもある。創造の思想が、世界を神の愛に満ちた肯定性のうちにその根拠をもち、世界の価値が人間の支配力を脱していると考えているために、その言説は、人間に敵対するものではなく、人間を肯定するためのものである。世界、すなわち人間を取り巻き、いのちを育む場としての世界が、創造として無条件に肯定されているという表現が意味することは次の事である。神から見れば、人間のほうからは何も手を下す必要のない肯定的な基本的ポジションを占めているのである。そのポジションは、むしろ創造として既にそこにあったのである。いのちとは本来何かの報酬として獲得されるものではないということを考えてみると、創造は贈物の性格を持ち、キリスト教神学が、恩寵と呼ぶような、かの局面と関連している。聖書的な創造という考え方は、事実として体験された災厄に満ちた現実に対置されて、「はじまりのユートピア」としての恩寵に満ちた世界という理解を発達させた。創造にふさわしく行為する能力と事実上創造が脅かされているという

緊張関係において、人間は神の似姿である、と呼ばれ、創造の世界と人間自身に常に約束されていた〈かの意味〉を、人間の行為を通じて常に新たに探し求め、実現するよう、呼び出されているのである。

■ Kehl, M., Und Gott sah, dass es gut war. Eine Theologie der Schöpfung, Freiburg i. B. 2006. - Schupp, F., Schöpfung und Sünde. Von der Verheißung einer wahren und gerechten Welt, vom Versagen der Menschen und vom Widerstand gegen die Zerstörung, Düsseldorf 1990. - Ebach, J., Ursprung und Ziel. Erinnerte Zukunft und erhoffte Vergangenheit. Biblische Exegesen, Reflexionen, Geschichten, Neukirchen-Vluyn 1986.　　クヌート・ヴェンツェル／岡野　薫

対話　　Dialog

　人間は、他の事物や性質を持つような仕方で、言語を持っているのではない。むしろ、＊言語は人間の存在全体を構成しているのであって、人間とは言語を本質とする存在（ein Sprachwesen）なのである。その際、言語は諸関係を構築するが、また反対に言語それ自身が諸関係によって生み出されるものでもある。すでに聖書の創造の物語（＊聖書、創造）は、人間が動物にも名前を与え、それによって動物と関わることができると語ってはいる。しかし、人間的関係の最高の形式は何と言っても対話であり、異なるにもかかわらず等しい権利を有する人間相互のコミュニケーションなのである。アダムとエバについての聖書のイメージはこれを表現しているのである。したがって、語りかけ、語りかけられることとして

の対話は人間の本質を遂行することである（＊人間学）。人間は対話的実存を有している。とりわけ一神教の＊宗教は、その祈りの実践において、言語的に構成された人間が、まさにその基礎体験及び限界体験の中で、自分のことを表明するために、汝に向けて照準を合わせていることを示している。

　言語とコミュニケーションはすでに生活と行為の局面において構成的であるので、それらは未決の問題や葛藤・摩擦を解決する場合にも役立つ。ここでは対話は討議（Diskurs）になる。すでにプラトンは抽象的な哲学的論稿を書いたというより、むしろその思想を彼の師であるソクラテスとソクラテスの弟子との間での対話という形式で展開した。初代＊教会や中世の多くの神学者（＊神学）は、対話を通じて真理を発見するというこの方法を受け継いだ。もっとも、この方法は二つの根本的に異なる前提と目標を持ち得るのである。プラトンは、対話において探求された＊真理がすでに理念の領域にある、と前提している。こうしてみると対話とは、人間が、このあらかじめ設定されたもの〔理念〕と結び付くことであるはずである。若干の神学者（例えばニコラウス・フォン・クザーヌス）や哲学者（例えばJ・ハーバーマス）は〔プラトン的な〕パラダイムを転換しようとする。彼らは、プラトンとは反対に、真理はすでに与えられている大いなる何かではなく、むしろ対話においてはじめて生成するということを指摘する。そのためには、等しい権利を有する対話の相手と支配関係のないコミュニケーションが必要である。その限りで真の対話であればそれらは全て批判的な要素をも持っている。なぜなら、対話

はかつての真理命題をその成立事情に沿って再び問い直すからである。

　テキストや芸術作品の真理もまた決して所与ではなく、むしろそれらと受け取り手との間での対話的運動の帰結なのである。したがって真の対話はさまざまな領域で、つねに新たな、生きた真理が生成しうるというチャンスを内包しているのである。

■ Buber, M., Das dialogische Prinzip, Heidelberg 1973 (Gütersloh ¹⁰2006). - Habermas, J., Theorie des kommunikativen Handelns, Bd.1 u. 2, Frankfurt a. M. 1981 (⁶2006).　　ヴォルフガング・パウリ／硲　智樹

多元主義　　Pluralismus

　近代・*ポストモダンの社会に特徴的なのは、それが高度に多元化されていることである。ラディカルな多元主義は、社会構造、*文化、*宗教、個々人、そしてすべての人間社会の根底にあって共同生活の「礎石」をなす関係などの特徴を明示する。構造的多元化の基礎プロセス――社会学では「機能的差異化」として特徴づけられる――が意味するのは、個々人のさまざまな生活領域がそれぞれ異なる論理に従いながら、互いに無関心・中立な状況であるという事実である。互いに明確に輪郭づけられているさまざまな部分システム――医療、*政治、法、経済、家族、マスメディア、学問、宗教など――は、分業体制（例えば一つの組織内での）とは違い、それぞれ独自の規則性や意図をもって可能な限り互いに摩擦のないよう調整されている。つまりそれらは一緒に

なって社会的統一を形成しているわけではなく、そうかといってそれぞれが自足した固有の世界 Eigenwelt を形成しているのでもない。それらは他の部分システムの働きに依存した状態にあり（例えば職員や従業員、金銭）、交互に〔他の部分システムの〕機能不全の影響を受けやすい。したがってよく耳にするような政治的社会統制に対する期待、つまり政治的な部分システムによって社会全体を統合するという期待があるが、この部分システムなるものは、民主的社会（*民主主義）の場合、それ自体が再び高度に多様な形態をとり（例えば、権力分割）、葛藤を抱えている（例えば、政府と野党）。言い換えれば、調和的ではない秩序によって制度化されているために、上述のことを期待するとすれば、部分システム自体を過大評価しているか、あるいは自己欺瞞に陥っているかである。それは共通の文化的もしくは宗教的*価値によって社会的統一を堅固なものにできると期待するのと同じくらい無謀なことである。

　社会的分裂を避けるにあたって、枠組みを定立し、手続きに則った価値の方向づけは〔社会統合に〕役立つけれども、しかし価値そのものが多元化していて、システム統合的な働きをもたらす代わりに、むしろ緊張や矛盾の源泉を示すことがあり、それでうまくいくとは思えない。加えて上記の価値の方向付けは、少なくとも部分システム特有な形と結びついているため、それ自体が再び多元化している部分システムである宗教の場合のように、それ自体が統合を必要としている。構造的な多元化と同様に、近代社会の特徴となっている文化的かつ宗教的多元化に直面してみると、例えば、遅くとも宗教改革

以来、意見の不一致に陥りがちなキリスト教の＊信仰（＊キリスト教）もまた、もはや枠組み定立という価値の方向づけの根源や中心とはなりえないのである。

　文化的そして宗教的多元化それ自体は、特に新しいものではないが、新しいとすれば、その規模と次のような事実である。すなわち、相互の敷居が非常に低くなり——例えば、マスメディアやインターネット（＊新メディア）を通じて——身近なものとなり、かなり以前からすでに業績を記録しているという事実である。まったくさまざまな帰属性を介して構造的多元性と絡み合いつつ、まったくさまざまな仕方で文化的かつ宗教的多元性に直面することで、個々人とその関心、意見、他者理解や自己理解にも次第に類似性がなくなってきている。その結果として私たちは現代社会にとって典型的である<u>個人的多元化</u> *individuelle Pluralisierung*（個人化）についても語ることができる。このプロセスは「疎遠さの一般化 Generalisierung von Fremdheit」の傾向を促進する因となる。そのため、連合や運動という形で人々を統一したり、共通の目標のために活動したり、連帯したり（＊連帯）、あるいは市民社会の「公共の福祉」のためにコミュニケーションしたりする可能性が困難になっているように、関心を共有する人々が組織的に団結すること（政党、連盟、労働組合などにおいて）も困難になっている。構造的、文化的、宗教的、そして個人的多元主義のうちに豊かさを見いだす人々もいれば、本質的、時代的、そして社会的な複雑性一般に直面することで、社会生活を見通し、コントロールするという重荷と過剰要求を恐れる人々もいるのである。

■ Friedrichs, J./Jagodzinski, W. (Hg.), Soziale Integration, Opladen 1999. - Berger, P. L. / Berger, B./Kellner, H., Das Unbehagen in der Modernität, Frankfurt-New York 1975 (1987). - Simmel, G., Die Kreuzung sozialer Kreise, in: ders., Soziologie. Untersuchungen über die Formen der Vergesellschaftung, Leibzig 1908 (^{6}1983), 403-453.

ミヒャエル・N・エーベルツ／硲　智樹

知覚／感知　　Wahrnehmung

　認識論の根本概念としての知覚は、ギリシア哲学にまで遡るが、それが重要な意義を持つようになったのは近代が始まって直観と思考との一体性が分裂してからである。いまや知覚は＊現実についての感性的感覚と知性的理解との間を媒介するいわば所轄〈機関〉Instanz である。知覚することとしての認識は、経験（内的知覚）といわゆる実在（外的世界）とを媒介する反省的プロセスを意味している（＊真理）。20世紀において現象学は、この概念を精確に規定し、主観と知覚の対象は分離されえず、むしろ両者はつねに志向的関係のうちにあるということをはっきり示した。〔現象学にとっては〕この志向的関係は方法的にも実在化されるのである。知覚は現在の科学哲学にとって鍵となる概念であり、しかもこの科学哲学は実践神学にとって神学的に深められた独自の含意を備えている。

　（1）神は自己を知覚可能なものにする：「いまだかつて、神を見た者はいない」（ヨハ1章18節；6章46節）。多くの箇所で、＊聖書の＊伝統は＊神のこうしたラディ

カルな不可視性を証している。この不可視性の根拠は人間の知覚能力の有限性などにあるのではなく、神の本質のうちにある。神が無限なもの、絶対的に理解不能な存在として体験される場合、次のように応答するだけである。「まことにあなたは、ご自分を隠される神」（イザ45章15節）。しかし、この隠れた神は、世界から引き離されている神ではなく、神は自分自身を知覚可能なものにしている。「人間は自分自身では神を見ることはできない。しかし神がそれを望むなら、神は人間にとって可視的になるだろう。神が望む者に対して、望むときに、望む仕方で。」（エイレナイオス『異端反駁論』Irenäus, haer. Ⅳ, 20, 5）。超越的な（＊超越）神は、人間の知覚能力に自身を適合させる。すなわち（神は人間にとって）見ることもできるし（出3章1-6節；33章18-23節）、聞くこともできるし（創15章1-21節；サム記上3章2-18節）、感じることもできる（王上19章9-14節；イザ6章1-13節）。しかし、神についての人間のどのような知覚も、決して神そのものではない（申4章15節；イザ40章18節）。

（2）神の知覚可能性の場としての人間：それゆえ、神が自身を知覚可能にするところでは、人間は神について何事かを知覚することができる。すなわち、＊創造Schöpfungや歴史のうちに可能であるが、キリスト教的な見方ではとりわけイエス・キリストのうちに神を見ることができる。イエスは「見えない神の姿」（コロ1章15節）である。イエスの生、死、復活を見て、彼のメッセージを聞く者は、神が人間にとって何であり、いかなる仕方で存在しようとするかを経験する（マコ9章

2-10節；ヨハ14章9節)。そういうわけで人間のなかで、神は知覚可能になる。さらに続くいかなる人間の運命においても、とりわけ冷遇されている者や権利を剥奪されている者の運命においてこそ、神は自分を示し、積極的な知覚を呼び起こす（マタ25章31-46節；一ヨハ4章12節、20節）。その場合、神を知覚するということはイエスに従うことであり、世界及び共に生きる人々を彼の目で見て、各人に対しなされたラディカルな呼びかけを知覚することなのである。いつ私たちは、〔イエスが〕飢えておられるのを、喉が渇いておられるのを、旅をし、宿を探しておられるのを、裸でおられるのを、また病気をなさっているのを見たであろうか？

（3）知覚の課題としての世界：したがって、すべてのキリスト教徒、何よりも（実践）神学は、二重の知覚課題を負っている。（A）神がラディカルに隠れたる者である場合、今日もなお神を知覚できるような痕跡を見つけることが重要である。神は自分が望むところで、また望む仕方で自分を知覚できるようにする。場合によってはそれは教会や神学といった専門性の外部かもしれないし、また民衆教会の退廃という仮面に覆われた全くの「厄災のしるし」のうちかもしれない。実践神学による知覚は、この点ではラディカルに開かれていなければならないし、人々の生活実践や信仰実践（*生活世界）に偏見を持たずにアプローチしなくてはならない。（B）もし*教会が、世界のなかでの神の透明性の場であるとすれば、知覚は受容的な課題というだけでなく、創造的な課題でもある。その課題は、神が癒しと同時に要求をともなう配慮をあらゆる人に向けて、またそれをあらゆ

る人が体験できるようにするという要請のうちに表れている。ここには、人間と福音に相応しい＊信仰の表現を求め、考慮することが含まれている。知覚の二つの方向が相互関係にあるところでは、その「癒しの」作用が発揮されるだろう（使3章4節参照）。

■ Feiter, R., Antwortendes Handeln. Praktische Theologie als kontextuelle Theologie, Münster 2002. - Schillebeeckx, E., Menschen. Die Geschichte von Gott, Freiburg u. a. 1990. - Englert, R./Forst, U./Lutz, B.(Hg.), Christlicher Glaube als Lebensstil, Stuttgart 1996. - Bohren, R., Daß Gott schön werde. Praktische Theologie als theologische Ästhetik, München 1975. 　　　シュテファン・アルトマイヤー／俗　智樹

超越　　Transzendenz

（1）超越（ラテン語 transcendere は超える、凌駕する、〜へ移るという意味）という歴史的に最も古く、古代にまで遡り、今日まで最も簡潔にして要を得た概念は、以下のように超越を定めている。すなわち我々の生きる世界の全体は、制約され、限定的であるが、ここから、この世界を生み出すことになった根源へと方法を意識して移行することである、と定めている。「超越」はこのプロセスの結果を指すこともある。超越する働きには、段階的な超越という働きと絶対的な超越という働きの二種類に区別される。前者は、特定のそれ自体限定されたものから、限定されたものの秩序の内部における、他の限定されたものへの移行を意味し（多くの場合段階的秩序）、後者は限定的なものから無限定のものへ、すなわ

ち<u>秩序の根源</u>そのものへ移行することを意味する。

　絶対的な超越という働きの結果（例えば「絶対的なもの」、「一者」、＊「神」）は、超越のプロセスから切り離しては規定できない。なぜなら、そこから超越する働きが始まるコンテクスト（例えば、世界、存在、宇宙）は、その差異をも含んだ全体として「越え」られるからである。しかも、コンテクストがその根源へと<u>関係づけられる</u>ことで、世界内の諸現象と結び付き、限定されたものと無限定なものとの間の関係が構築されることで、コンテクストが越えられるのである。それによって新たな決定的＊コンテクストが築かれる。そこでは限定されたものと無限定なものとの間の区別が維持されながらも<u>同時</u>にその効力を失っている。それとともに、出発点のコンテクストに対する、またそのコンテクストにおける規定可能性のより広い地平が獲得されることになる（このコンテクストから切断された「第二の世界」ではない）。というのも、絶対的な超越の概念規定は、新たな地平においてのみ、それもまずは否定的な形でのみ可能であり、明確（「無限定なもの」）あるいは包摂的な仕方（「絶対的なもの」＝「偶然性では<u>ない</u>もの」、「一者」＝「多では<u>ない</u>もの」）であるからである。概念のさらなる差異化は、出発点となる領域へと改めて回帰することによってのみ可能であり、それゆえ必然的に間接的、偶然的、部分的にとどまる（例えば神の概念の場合では、「創造者」）。反対に超越は、出発点となる領域をさらに規定することを可能にする（例えば「＊創造としての世界」、「神の働きとしての世界における諸現象」、＊啓示）。それゆえ絶対的な超越のプロセスは、完全な形態においては、

次の相互に重なりあってなされる二つの歩みを包摂する。つまり超えることと回帰することである。

超越は、とりわけ＊宗教（＊神話）において文化的に現実化した生の形態で現れてくる。その原則としての多様性と、そのメッセージがもつ必然的に図像的で隠喩的な形態の中で（＊伝統、象徴、多元主義）超越の構造は具体化するのである。

（２）超えることと回帰することの連関およびその構造は、段階的な超越にも当てはまる。もっともここでは、両コンテクストが自ずから規定されているという違いはある。

（３）「内在」（可能的経験の内部にとどまっていること）、「超越」（可能的経験を超えていくこと）と、「超越論的」（経験のア・プリオリな可能性の条件に関わる）という二つの対照項とともに、認識に関わる段階的な超越概念は、I・カントに負っている。それに隣接して、（場合によっては相互的な）回帰不可能性という意味での超越という表現もまったく一般的に用いられる（例えば「（実在する）世界の意識超越」、「（世界を理解する）意識の世界超越」）。そのような立場は、出発点において絶対的な超越に関する限り、方法的には確定されていない。

（４）今日（さまざまな前提を持つ）経験主義的、唯物論的、そして自然主義的な立場の結果、「あらゆる経験と認識の彼岸」にあるとされる「超自然的なもの」や「彼岸的なもの」という意味で、はじめからネガティブな意味合いを持つ超越の概念を見かけることがある。

■ Rentsch, Th., Gott, Berlin u. a. 2005. - Honnefelder, L./Schüßler, W. (Hg.), Transzendenz. Zu einem Grundwort der klassischen Metaphysik,

Paderborn u. a. 1992. - Struve, W., Philosophie und Transzendenz. Eine propädeutische Vorlesung, Freiburg i. B. 1969.

ヘルマン・シュレーター／硲　智樹

罪　Sünde

　罪と咎 Schuld〔負い目〕は、基本的な関係概念である。これは、*神と人間の間（罪）および人間と人間の間の関係の断絶（咎・負い目）の原因を表すものである。

　人間間の関係というものは、そこに咎があるか否かに関係なく、断絶する可能性を含んでいる。咎・負い目の概念が有効になるのは、道徳的に責任を負う人物による道徳的過ち（*倫理／倫理学）が生じたときである。こうした咎のせいで、関係当事者が主観的には、壊れたと感じない場合ですら、道徳的関係は客観的に破壊されているのである。咎のある行為をする人物が、その咎の意識を十分に持っていない場合でも、またこの行為の対象になった人物がその行為に無知である、あるいはその行為の裏にある動機に無知である場合、あるいは乏しい自尊感情で苦しんでいる場合でも、上記のことは当てはまる。

　罪は、咎・負い目とは異なり、道徳的概念ではない。むしろ神と人間の間にある関係の特殊な断絶を意味する。キリスト教的理解（*キリスト教）によれば、すべての人間は神との関係に向けて創造されており、この関係を誤ると根源的な問題となる。罪とは、関係違反の別名なのである。罪は伝統的に、うぬぼれ、高慢、神のご

とくありたいことと考えられている。過剰な自信は、場合によっては罪の特徴でもある。反対に未成熟な自信も、同様に神を神とは認められないという結果をもたらす可能性もある。これについては、フェミニスト神学からの指摘もある。前者のケースでは、その人自身に対する神の働きによる救済は不要と見なされるし、後者のケースでは、そのような救済に自分が値しないと考えてしまうのである。神関係に対する根本的な自己否定は、キリスト教の＊神学では、原罪（peccatum originalis; これは、以前には誤解されて、遺伝的罪 Erbsünde と呼ばれていた）と表現される。罪は、行為の罪（peccata actualia）とも呼びうるような特定の行為において具象化している。それには、他人に対する道徳的違反も含まれる。行為の罪の性格は、その道徳的違反性それ自体に因るというより、それが原罪の表現であるところから生ずるのである。また道徳的に何の問題もない行為であっても、神との関係という光を当てると、問題ありということにもなる。従って罪の反対語は、道徳的な品行性ではなく、神への信頼としての＊信仰である。罪を道徳化したイメージでとらえることは、罪概念の皮相化を意味することになり、神学的要点からその概念を奪取することになる。

　キリスト教信仰の中心点は、イエス・キリストにおける救済の出来事である。キリスト教信仰に従うなら、救済はすべての人間に開かれており、人間すべてが罪のなかにあるために、救済を必要としている。こうした救済の信仰という中核的位置のせいで、罪のイメージが持つ大きな意味は、キリスト教神学のなかで対案構想として

現れてくるが、それは、なぜ他の＊宗教では、罪のイメージが比較的小さな役割しか果たしていないのかを説明するものでもある。

■ Scheiber, K., Vergebung. Eine systematisch-theologische Untersuchung, Tübingen 2006. -Gestrich, Ch., Die Wiederkehr des Glanzes in der Welt. Die christliche Lehre von der Sünde und ihrer Vergebung in gegenwärtiger Verantwortung, Tübingen 1989 (^{2}1995). -Schwarz, H., Im Fangnetz des Bösen. Sünde, Übel, Schuld, Göttingen 1993. -Scherzberg, L., Sünde und Gnade in der feministischen Theologie, Mainz 1991 (^{2}1992). 　　　　カーリン・シャイバー／岡野　薫

伝統　　Tradition

　一方で、伝統、すなわちそれまで妥当していたあらゆるものを根本的に批判することで近代が規定されている。この意味では、今でも理性、進歩、革新、改革などが（克服されるべき）伝統と比較対置させられ、上位に位置づけられている。他方で、近代（特に19世紀と20世紀）において経験されてきたことは、＊文化の従来の形態を捨て去ることもできなければ、また捨ててはならないということ、それどころか従来の文化を無化することは、無‐文化 Un-Kultur となるということであった。より狭義での伝統諸概念（伝承されたもの、古いもの、慣れ親しんだもの）が特定の連関にとって意味があるとしても、いずれにせよ一般的に伝統を文化伝達とする、広義での伝統概念を常に念頭におかねばならない。この場合兎にも角にも、この概念そのものが弁証法的な

性格を帯びる。すなわち、この概念は、従来のものの保持とその批判、さらに新たに生じる＊コンテクスト〔という周囲の諸状況〕の挑戦による転換を含んでいる。

　文化伝達の複雑さゆえに、この弁証法は伝統のあらゆる構造的要素において考慮されねばならない。弁証法の例として、客観性（社会的制度）と主観性（個人の形成能力）、贈り物と課題、形式と内容、世界と環境世界、歴史性と＊真理、支配と＊自由、身体性や意識と無意識、連続性と非連続性、平常性と危機、進歩と退化などが挙げられる。

　文化伝達を行為という関連で捉えるとすれば、伝統とは、教授と学習のあらゆる形態を含む（知識の伝達から実践的な技巧の伝達をへて＊イニシエーション／加入礼にまで及ぶ）さまざまな形態の記号プロセス及び意味伝達プロセス（＊意味）であり、社会秩序の歴史的次元を示し、その限りで社会化、個人化そして社会的交換のあらゆる形態を含むさまざまな形態の社会化プロセス及びコミュニケーションプロセスである（＊人間形成／教養／教育）。

　文化的伝統概念のこうした条件に、神学的な伝統概念も該当しなくてはならない。神学の歴史においても同様に、中世以来、それも強力な形で宗教改革以来、狭義での伝統概念が、神の＊啓示の根源的な証である＊聖書と向き合って存在する教会の信仰伝承として発展してきた。近年の＊神学においては、この狭義の伝統概念は、少なくとも広義の伝統概念に含まれている。この広義の伝統概念とは、伝統を信仰の伝達として、もっと正確な言い方をすれば、救済もしくは真のいのちという贈物の

宗教的もしくは信仰的あるいは教会的仲介として捉えられるものである。その場合キリスト教の*信仰における真実で永遠のいのちというこの贈物は、イエス・キリストの啓示と救いのしるしのうちに、その決定的で歴史的表現形態を見いだしたということである（*キリスト教）。従ってキリスト教の伝統は、この基準となる救済のしるしの歴史的現在化として、文化的で、秘跡の性格をもち（*秘跡）宗教的な記号解釈と記号定立のプロセスであり、同様にその歴史的、社会的な客体化の連関でもある。

■ Wiedenhofer, S., Traditionsbegriffe, in : T. Larbig / S. Wiedenhofer (Hg.), Kulturelle und religiöse Traditionen, Münster 2005, 253-279. - Ders., Die Tradition in den Traditionen. Kirchliche Glaubensüberlieferung im Spannungsfeld kirchlicher Strukturen, in : D. Wiederkehr (Hg.), Wie geschieht Tradition?, Freiburg i. B. 1991, 127-172.

ジークフリート・ヴィーデンホーファー／硲　智樹

道教　　Daoismus

ダオイスムス Daoismus すなわち道教は、かつて〔欧米では〕タオイスムス Taoismus と称されていた。道教は*儒教や*仏教とともに、「神、世界、人間」に関する現実全体のなかで、中国人の世界観と生の営みの三大支柱である。道教の名称は道 Dao、つまり他の言語には翻訳しにくい中国人の考え方と感じ方の基礎概念に由来する。道教は、道を意味し、*生の源泉としての自然のダイナミズムや、全てを包摂するものを指し示し、ま

たその陰と陽という二つの原理によって、最終的には言葉に表現しがたい現実全体の神秘をも表現するものである。道教の中核となる教典は、老子が紀元前4世紀に記したと伝えられ、およそ5千の漢字で記される卓越した書『老子』〔『道徳経』〕である。この著作は『聖書』に次いで最も多く翻訳された世界文学である。その他の教典には、儒教批判の急先鋒であった道教の神秘思想家（* 神秘主義）である荘子（前370-300）の著述があり、さらには1973年の発掘で見つかった『馬王堆帛書』によって新たに注目を集めるようになった黄老道教の伝統がある。

(1) 基本的立場：宇宙における生の全体は〈道〉によって統一性をもつ。この〈道〉は中心となるダイナミズムであり、言葉に表わせず、全てを貫くものでありながら、それでもなお、究極の満足〔知足〕には及ばないものである。万物は宇宙の共鳴の中で相互に「関係」をもっている（感応 gan-ying）。陰と陽という二つの原理は、* 現実の全てに具体的に作用する。陰は女性性、受容性、暗闇、現実の繊細な側面であり、月を象徴する。これに対して陽は、男性性、形成、決定、現実の体系的かつ支配的な側面、そして太陽を象徴する。「最高原理の図」〔太極図〕は陰陽という二つの力を内に持っている。暗い陰の内にある白い点は、一点の陽もない純粋な陰があり得ないことを意味する。明るい陽の内にある暗い点は、強い陽の中に僅かな陰が秘められていることを示唆する。陰と陽の間を絶えず揺れ動く生を中心点に置くことが、道教の「不死」へのさまざまな努力、そこから生じる人間の肉体へのポジティブな評価を説明する。「賢

人」あるいは「聖人」とも呼ばれる人々は道教徒にとって人間存在の模範とされている。

(2) <u>考え方</u>：道教は自然の中での生と非常に強い結びつきをもつような考え方を人々に与え、経験に則り、内発的で、そして、どちらかと言えば神秘主義的かつ瞑想的な感覚（＊瞑想／観想）を与える。道教徒は物事を「起こるまま」にさせる。

(3) <u>表現方法</u>：根本的な信条と固有の思考形式に相応して道教徒の表現方法は「内発的」である。道教徒は儒教の洗練されたさまざまな礼儀作法から明確に距離を置き、何よりも道教の隠者として自然の中に住まう。道教徒の礼儀作法はその内的修養（＊文化）から、つまりその内的性質から流れ出るのである。

(4) <u>倫理的側面</u>（＊倫理）：道教においては自然の中での生の内発性が根本的な基準とみなされる。道教徒は、人間の自然な本性は良いものと信じる。人為の加わっていない自然から、内発的にほとばしり出たものは全て良いものであり、それに基づいて人は生き、そしてゆっくりと現実全体との調和に達することが出来るのである。道教徒は、決して倫理的に真面目すぎる人々に大いに共感することはない。そして、道教徒は「関わりを持たず」、物事を「あるがまま、なすがままにする」ほうをいっそう好む。道教徒のなかには政治生活（＊政治）から身を引くことを好む者もいるが、他方には「賢人」ないし「聖人」の指導的地位や霊感の存在を支持する道教徒もいる。

(5) <u>社会秩序</u>：道教徒は唯一の大きな秩序すなわち「内発的生活秩序」のみを知っている。そこには春、夏、秋、冬、朝、夕があり、道教徒はこの秩序に則って自然

ziran に(おのずからその通りに)、生きたいと考える。それは換言すれば、自然が人間に定めたリズムに則って生きるということである。道教徒は階級組織、権力構造や法典の支持者ではない。

道教と＊キリスト教との＊対話(＊間文化／異文化間、＊間宗教／宗教間)においては、とりわけ次の三点が問題となる。

(A) <u>道教における沈着と、キリスト教的なエートスに代表される世界への情熱的な配慮との間の緊張</u>：道教は、現代的な慌ただしさの中でこそ人間には＊スピリチュアリティ／霊性が必要であると強調する。この霊性とは空洞をもつ「竹」に＊象徴されるもの、そして、やわらかさであり、斜面で最も低い場所に身を置く謙虚さをもつ「水」に象徴されるものである。道教徒とキリスト教徒は、<u>陰陽</u>の動的な混淆のなかに理想的な中庸があるという点で意見が一致している。だからこそ道教徒は、キリスト教徒なかでも西欧のキリスト教徒に対して、さらにはキリスト教会の組織に対して、また、キリスト教の共同体生活における女性の地位をめぐる問題に対して、いっそう多くの<u>陰</u>を取り入れることを勧めるだろう。

(B) <u>究極的な安心感に関する問い</u>：道教徒が「全てであると同時に一である生全体の内」での安心を切望するのに対し、キリスト教徒は最終的な自己同一性(＊アイデンティティ)を求める。この自己同一性とは人格的モデルで言えば「汝と我」との間の＊愛である。道教的見解によれば、キリスト教の人格モデルは一体化に関する他の多くの説明の「一つ」を表現するに過ぎないという。

(C) <u>神秘に関する深遠な見解</u>：『老子』が与える霊感に

基づいて生活している道教徒と、イエス・キリストと共にあるという体験を大切にするキリスト教徒は、次の点で一致をみる。信仰に関する事柄は、言葉で表現できない神秘のまま残されてもよいし、人間の能力では、例えば「弱さの強さ」や「空虚の充満」などと言ったパラドックスにおいてのみ試みることが可能であるということである。

■ Gutheinz, L., China im Aufbruch. Kultur und Religionen Chinas und das Christentum, Frankfurt a. M. 2001. - Laotse, TaoTeKing, Stuttgart 1997. - Küng, H. / Ching, J., Christentum und Chinesische Religion, München 1988.　　　　　　　　ルイス・グートハインツ／岡野　薫

土着の神学　　Indigene Theologie

　特にラテンアメリカ発の神学であるが、他にもアフリカ、アジアのコンテクストにおいて知られるいわゆる土着の神学は、まだ日も浅く、自己意識及び文化意識に目覚めた一種のコンテクスト＊神学であり、それは全大陸的なレベルであり、同時に国家的、また地域文化的＊コンテクストにおいて営まれるものである。この神学は、貧しき者たちを優先的に対象にし、彼らの視点から神学的に思索し、行動するいわゆる「解放の神学」の延長上に位置する。土着の神学もしくは「インディアン」の神学と共に、＊文化という局面が強力に意識され、そのことから諸々の土着文化、すなわちそれぞれの独自の歴史と＊言語、独自の＊伝統、宇宙観や＊宗教を持つ種々さまざまな伝統的な＊共同体が今もなお現存していること

が意識に上ったのである。

　土着の神学は、貧しい（文化的）他者の視点から神学と＊教会を形成するのであり、複数の神学として、すでに言及されたような多様性を基礎として理解されるものである。<u>先住民 Indígenas</u> の視点とは、<u>生のユートピア</u>という視点である。というのは少数民族（＊民族集団）という出自と性（＊性差）、さらに新自由主義的な市場原理のうねりの中で不幸な社会的、経済的、エコロジカルな事情にさらされて、搾取や抑圧、周辺化（＊差別）の動きに脅かされている彼らの生もまた、常に豊かな生（ヨハ 10 章 10 節）と考えられてきたからである。従って土着の神学は、自由選択であると同時に、預言者的（＊預言者）であり、希望に満ちたものである。

　キリスト教神学と教会は、常に<u>土着の文化を受容</u>してきた。これは換言すれば、神学と教会が次のような文化的コンテクストと結びついていたということである。つまり、その中でのみ神学と教会が活気を保ち続けられる（＊宣教）コンテクストであり、しかし同時に、その中で大昔の土着の伝統を保存することが可能だったコンテクストでもある。この大昔の土着の伝統が有する知恵と有効性は、ラテンアメリカの征服と福音化（1492-1992）以後 500 年以上も経って、ようやく再発見され、神学の真正な出発点とされるようになった。この点に関して三つの原則が主要なカギとなっている。

　(1) 関係性：大地と人間、人間相互間、さらに＊神と人間の相互性。

　(2) 間主観性と相互補完性：人間は互いに目の高さで出会い、お互いにふさわしくあるように、また補完し合

えるように意識して出会うこと。

(3)＊相互性／互恵性：相互性の原則。

土着の神学は自分たち独自の論理の原則に従って、福音を省察することを課題と考えている。大地が最大の利益という価値観のために、搾取され、環境と生活空間が破壊され、先住民が排除されること、これは政治的不正義（＊政治）と生態学上の問題にとどまらず、神学的に大地への冒涜であり、神の救済計画に反し、人間の尊厳にもとるシステムであると解釈される。土着の神学にとって重要なのは、教会として自分たちの＊象徴や典礼（＊儀式／典礼）、儀礼（＊祭／祝日）の内に自身を正しく組み込むことであり（真正の教会）、また土着的キリスト教の信仰体験（＊信仰）を世界教会に伝達し、また非土着の共同体やその神学との協働について学び、その協働において学ぶことである（＊共生）。

〔ラテンアメリカ〕先住民の神学 Theologia India の諸会議は、諸文化と諸宗教との＊対話（＊間文化／異文化間および＊間宗教／宗教間）と土着神学と＊キリスト教との対話を促進すべく努力し、また諸会議本来の貢献を定式化すべく努力している。その貢献とは、それぞれの伝統に出自を持つ政治的、社会的、文化的、宗教的な秩序構造と生活プロジェクトを含み、グローバルな世界（＊グローバリゼーション）において、それらが人間性に相応しいものとなるための貢献と解されている。しかしながら今日まで先住民と彼らの土着のプロジェクトと土着の神学は、世界的にも、また世界教会的にも、ほとんど気づかれず、認知もされてこなかったのである。

■ Schreijäck, Th., Weisheit und Prophetie aus Amerindia, in: M. Witte

(Hg.), Der eine Gott und die Welt der Religionen, Würzburg 2003, 365-384. - Fornet-Betancourt, R. (Hg.), Mystik der Erde. Elemente einer indianischen Theologie, Freiburug-Basel-Wien 1997. - Schreijäck, Th. (Hg.), Die indianischen Gesichter Gottes, Frankfurt a. M. 1992.

トーマス・シュライエック／岡野　薫

人間学／人類学　　Anthropologie

　人間学（ギリシア語の *anthropos*=〈人間〉と *logos* =〈理性〉または〈言葉〉から成る）は、人間についての根拠ある〈語り〉であり、「人間とは何か？」という問いを全く種々異なる視点から検証する試みである。例えば、自然科学的人間学、哲学的人間学、神学的人間学（＊神学）、教育学的人間学、あるいは文化科学的人間学（＊文化科学）などがある。これらの人間学はさまざまな＊コンテクストや思考地平において人間存在の＊意味や意義を問う。我々がこうした問いに対峙する場合にのみ、我々は、倫理的に方向づけるもの（＊倫理／倫理学）を、自分の具体的＊生／生活／いのちとの接点において見つけることができるのである。

　＊聖書が伝えるユダヤ・キリスト教の人間像によれば、被造物としての人間は、その起源（＊創造）と完成態（＊死）を神のうちに見いだす関係存在（我と他者；＊共同体；男性と女性；肉体と＊霊魂）である。神は人間に語りかけ、責任に充ちた＊隣人愛を呼び起こす。神への愛と隣人への愛は倫理的な方向づけの中心に位置している。これこそ「創世記」1章24節以下で人間が神

の似像として、すなわち神の代理人として語られていることの核心である。

　命は時間のうちに生起する。この時間は始まりと終わりを持ち、この時間の中で神への関係、他の人々への関係、自然への関係、そして自己自身への関係が体験される。東洋の宗教性（＊仏教、ヒンドゥ教）と違い、＊一神教（＊ユダヤ教、キリスト教、イスラム教）にとって命というものの特徴はその唯一性と反復不能性にある。すなわち、完全性や＊救済が達成されるか否かは単に人間の＊自由や決断に懸っているだけでなく、また神にも懸っているのである。神は歴史においてこそ（決して永遠の命においてではない）人類が救われることを欲し、恩寵を与える。死でさえ我々の生を決定づける諸関係を破壊することはできない――そのために理解困難ではあるが、聖書には全人類が霊魂と肉体を伴って復活するという希望が記されているのである。なぜなら魂も肉体も、人間の持つ関係性や関係をつくる能力としては死を超えたものだからである。

　人間がもつ幾重もの関係性は所与のものであって、ここから人間の自由も理解されねばならない。西洋の歴史では、自由という素質と自己反省の能力（自己意識）は、人間の卓越した特徴とみなされている。あまりに絶対的なものと考えられている人間の＊自律性に対抗して、一神教の諸宗教は、人間がその命と自由を謳歌する以前に、すでに多くのものを受け取っていることを思い起こさせようとしている。自由は投入された自由であり、その起源は明確かつ破綻なく理解できるものではない。これに＊罪（Sünde）と咎・負い目（Schuld）の経験が付

け加わる。人間が自分の責任（Verantwortung ＝応答可能性）から逃れるならば、この〔罪と咎の〕経験は、自由の歴史が座礁したことを人間に突き付けるとともに、癒し、救済、そして赦しについての問いを浮かび上がらせる。この赦しは、回心と恩寵に基づいて、かつて妨げられ、破壊された生の諸関係にあってそれを回復するのである。こうしてみると、成功と失敗の間に生きる人間存在の謎に満ちた両義性も明らかになる。この両義性は、苦しみとは何か、死とは何かを問うときにさらに先鋭化する。問題性と両義性は、生というものが最終的にはうまくいくという希望を明るみに出すのであり、そこではぶち壊しや失敗ではなく、関係性の成功が決定的なのである。人間を最終的に定義しようとすることや解明しようとする試みに対しては、人間が相も変わらず謎に包まれていることと理解不可能な存在であることに鑑み、以下のことが確認されねばならない。すなわち人間は決して目的に対する手段となるべきではなく（I・カント）、他者の意のままにされ得ず、唯一性の存在である点において尊重されるべきであるということが確認されねばならない。

■ Dirscherl, E., Grundriss Theologischer Anthropologie. Die Entschiedenheit des Menschen angesichts des Anderen, Regensburg 2006. - Wulf, Ch., Anthropologie, Geschichte - Kultur - Philosophie, Hamburg 2004. - Janowski, B., Konfliktgespräche mit Gott. Eine Anthropologie der Psalmen, Neukirchen-Vluyn ²2003. - Höhn H.-J., zustimmen. Der zwiespältige Grund des Daseins, Würzburg 2001.

エルヴィン・ディルシェルル／硲　智樹

人間形成／教養／教育　　Bildung

　人間形成という概念は、形成過程（*formatio*）と形成された状態（*forma*）についての伝統豊かでさまざまな内容を含む観念——これらの観念は教育学（Erziehungswissenschaft）や総合教育学（Pädagogik）の核心的概念を特徴づけるものである——と結び付いている。人間形成は、人による自己自身に対する（自己関係）、共に生きる人々に対する（社会的関係）、そして世界に対する（事象への関係）批判的・反省的な態度を言語で明確にするものである。これらの諸関係は*倫理、権力、知の基軸を特徴づけているのである。人間形成とは成熟した生活をケアするという意味での自己へのケア（*epimeleia heautou*）であって、有限な身体的・認知的存在であることを総体的に捉えるなかで、人間の経験を過程として考える試みである。教育（Erziehung）の概念が訓育（Zucht）という徴を帯びているのに対して、人間形成は、古代から人間を自分の可能性の限界にありながらも、自由な存在（*自由）であると理解してきた。この自由な存在はその人生（*生／生命／いのち）と自分が置かれた諸関係を形成しなくてはならないからである。人間形成は人間を利用することへの抵抗と拒絶を示しているのである。

　語源的に、人間形成 Bildung という語の歴史は、マイスター・エックハルトにまで遡る。彼は*神を*霊／魂のうちに形作ることとして人間形成を理解している。エックハルトは神の似像性（*imago-dei*）という観念を

介して *formatio* を Bildung と翻訳した。人間が神の似像であるということは、意のままにならない被造性という制約のもとで、人間の自己形成が緊張をはらんだものになる、ということである（ピコ・デラ・ミランドラ）。正規の教養／人間形成として、それは古代から今日まで<u>自由七科</u>（*septem artes liberales*）を含んでおり、学校での教育プランを超えて * 文化を主体的に自家薬籠中の物とするという意味を持つようになる。この概念が、人間学的（形成しやすさ）（* 人間学）かつ文化的・社会的な（教養市民）〈自己記述〉とされるようになる 18 世紀の最後の 30 年以降から、特に教育学的な色彩を帯びるようになる。19 世紀になると、人間形成は、財産や貴族の称号の代わりに、教養を証明することで埋め合わせするという正当化の枠組みで機能するようになる。それゆえ今日まで人間形成は個人的な観点からも社会的な観点からも社会的かつ経済的な進歩を示すものとなり、この歪んだ形において市場価値のある商品となっている。

　概念はさまざまな構想のうちへ組み入れられており、教養についての単なる語りと違って、多様な理論的連関と問題設定を包括している。この結び付きにおいて *paideia* というギリシア語のうちに示されている人間形成は、懐疑的な方向転換（ソクラテス、プラトン）として、あるいは、人間の言語能力と結び付けられている修辞的なエートス（イソクラテス、アリストテレス）として理解されるものであり、さらにそれは * 自律や自己統御としての成熟性に向かい、人間の使命（Bestimmung）として（F・シラー、W・v・フンボルト）把握されること

になる。人間形成は、人間がやってみたいと欲する種々の可能性（*dynamis*）を実現しようと努める持続的な活動（*energeia*）である。文化との関係では、それは普遍的なものを身につけること、あるいはまた、社会的に統合されることであり（ヘーゲル）、利用可能な事柄に向けられた育成（Ausbildung）と生の技巧（Lebenskunst）（F・ニーチェ）としての美的人間形成（*美学）との間での緊張関係のうちにあるのである。半教養としての教養／教育はつまらない博学を生み出し、その結果、人間形成は人間形成をめぐる関心（Th・W・アドルノ）となってしまう。それ以来人間形成はそれに内在している批判的・反省的なエートスを解体するような矛盾した解釈モデルを背負い込むことになり、同時に半教養は有用な権限へと余儀なく制限され、それは総じて生涯学習という文脈で、ヒューマンな資本（PISA）として解釈できるようになる。現在、人間形成に関する諸構想の多様性が確認されているが、この多様性は、人間形成に関する大いなる物語には歴史的な統一思想があるという見解（F・リオタール）と矛盾する。人間形成は、鍵となる諸問題への取り組みとして、思惟における自立として、解放として、批判や懐疑的・批判的態度として、あるいは、身体的・理性的存在としての自己への関係を明確にする、自己の体裁のエートスという生の技巧として解釈される。したがって教養形成の概念はその問題内容において、学習、教育、社会化、権限や育成などの近接する諸概念からは区別されるのである。

■ Dörpinghaus, A./Poenitsch, A./Wigger, L., Einführung in die Theorie der Bildung, Darmstadt 2006. - Pleines, J.-E.(Hg.), Bildungstheorien.

Probleme und Positionen, Freiburg-Basel-Wien 1978. - Lichtenstein, E., Bildung, in : J. Ritter (Hg.), Historisches Wörterbuch der Philosohie, Bd.1, Basel-Stuttgart 1971, 921-937.

アンドレアス・デルピングハウス／硲　智樹

ハビトゥス　　Habitus

　ハビトゥスという言葉は18世紀以来ドイツでは外来語として登場する。これは、語源的にはラテン語の概念である *habitus*（状態・様子、態度、服装・身なり、気持・意向、性質）に由来し、通常、振る舞い Verhalten、態度 Gehabe、姿勢 Haltung、あるいはまた、表現型 Erscheinungsbild、資質 Anlage や外見 Aussehen を意味している。もっとも文化史的また哲学史的にはハビトゥスはギリシア哲学にまで遡る。アリストテレスにおいては、ある姿勢（ギリシア語のヘクシス *hexis*）の記述として用いられる。それは素質 Vermögen や能力 Können によって規定され、さらにそれが習慣として形成されるために、経験を必要とするというものである。この姿勢は基盤であって、言わば将来の行為（とりわけ倫理的な行為）を決定する内的法廷である。

　13世紀以降、このヘクシスという概念はトマス・アクィナスによってスコラ神学〔西欧中世の教会で研究され、教えられた神学〕へ取り入れられ、重要なものとなった。スコラ神学は、この概念をハビトゥスとしてキリスト教の徳論の枠内で定式化している。ハビトゥスはまずは能力を意味するが、その後修練や（準備への）沈

潜を通して、一般論としてではなく、できる限り完全に行為できる人間の能力を意味することに力点が置かれる（技術的なハビトゥス）。この（技術的な）能力が例えば＊連帯や＊正義などの徳（倫理的ハビトゥス）として表出するためには、この能力が倫理的な感覚、思考、行為の領域へと拡張されねばならない。両者〔連帯と正義〕はキリスト教（＊キリスト教）の徳論には欠くことができないが、＊信仰、希望そして＊愛（神の恩寵による贈物）という神学上の徳と結びついてようやく本来のキリスト教の徳あるいはキリスト教的なハビトゥスが構築されるのである。

20世紀中頃からハビトゥスという概念は神学的な議論においては影をひそめ、むしろ社会学において、特にP・ブルデューの仕事において登場する。ブルデューはハビトゥスを生成原理 generatives Prinzip として理解している。この原理は、「趣味」や関係、つまり以下のような事柄を基礎とした世界への姿勢を形成する。（1）社会的な場（階級）、（2）性別（身体；＊性差）、（3）主体の出自となる社会的領野（文学、＊宗教、学問のような文化的産物と知的生活、同様に経済、＊政治、＊文化）。ハビトゥスを基盤として、主体は行為し、自発的であると同時に多様で異なる実践を生み出す。ハビトゥスという概念を、単に構造の担い手としてではなく、真の行為者すなわちアクテーア Akteur〔行為する者〕として記述することが、ブルデューには特に相応しいと映ったのであろう。その限りで、ハビトゥスは言わば「獲得されたもの」であると同時に「持つこと」（ein „Haben"）を意味する。この「持つこと」は三つの社会学的構造カテ

ゴリーにおいては、行為する主体の観点から「資本」としての役割を果たし、「機能する」ことができるのである（参照、ブルデュー ³2005）。

反対にこれらのカテゴリー〔階級、性別、社会的領野〕は、例えば消費、ファッション、嗜好、＊言語などの領域において、人々が無意識の裁量によって、それぞれの社会的環境で、またそれに対して自己表現をしたり、行動をしたりするその在り方に影響を及ぼしている。ハビトゥスは社会的領野で生活する主体の活動（Aktion）に作用するのであるが、同時にそこで形成されるものでもある。ハビトゥスは生得のものではなく、むしろ他者との相互作用 Interaktion を通じて、また、他者との出会いにおいて生成される。従ってハビトゥスは獲得されていくのであって、静止状態にあるものではない。

■ Krais, B./Gebauer, G., Habitus, Bielefeld 2002. - Bourdieu, P., Die Regeln der Kunst, Frankfurt a.M. 2001(³2005). - Pesch, O.H., Thomas von Aquin. Grenze und Größe mittelalterlicher Theologie, Mainz 1988.

トーマス・シュライエック／硲　智樹

美学／感性　　Ästhetik

美学／感性という概念は、哲学の一つの専門領域を意味する。この専門領域の諸理論が対象とするのは、美しいもの、崇高なもの、さらにその他の感覚や精神に作用する性質のものである。美学という概念の意味は一義的ではなく、美的な諸性質や芸術についての理論という意味のほか、この理論の対象が持つ特殊な構造を意味する

こともある。建築物の美学とか上演の美学という表現もあるからである。

現状では、哲学的な体裁を持たない美学も存在する。それは対象領域という点で哲学的な美学から区別されるのではなく、むしろ方法という点で区別される。例えば、社会学、心理学、あるいは生態学の一分野としての経験的美学や、キリスト教＊神学が試みているような神学的美学などがそれである。すなわち＊啓示の美しさや荘厳さを純粋に神学的方法によって現在化することや、受肉において美の原型を真理の可視化と見ることがそれである（H・U・フォン・バルタザールの著作を参照）。

哲学者であるA・G・バウムガルテンは、自ら立ち上げた感性的認識に関する理論の名称として美学 Ästhetik（ギリシア語では *aisthesis* ＝感性的＊知覚）という術語を選んだ。彼の基礎理論は、1750年の二巻本『美学』*Aesthetica* に収められている。今日なおも影響力のある美学の基礎付けというインパクトは、知性による合理性の絶対化に抗して、その補完として、人間の感覚・感性が持つ独自の認識的かつ評価的機能を要請したことにつながる。したがって、哲学的美学はその始まりから今日に至るまで、幅広い領域における合理性批判なのである（例えばTh・W・アドルノの美学や、美学を感性的知覚の包括的理論として理解しようとする＊ポストモダンの傾向などを参照）。

バウムガルテンは、美の概念において、なおそれが事物や芸術作品自身のうちにあり、すなわちそれ自体として存在する完全性 *perfectio phaenomenon* を起点とし、人間はその完全性が持つ豊かさを「美しく思考すること」

ein „schön Denken" によって敏感になり得る、としていた。それに対しカントがその批判哲学の枠組みの中で遂行したのは、美的な布置関係を主観的なものとみなすことであって、これは今日まで影響力をもっている。それによると、美やその他の感性的な諸性質は、感性的に省察する人間による、目的には無関係で個人的なものを超えた評価、つまり「利害関心がなく」かつ非概念的な評価に従わざるを得ないのである。美と芸術を判断するに際し、〔個人的な利害や目的から〕離れたところで得られる快楽は、認識能力（悟性、構想力、理性）の多方面からの刺激や相互作用から生まれるのであって、その快楽は、カントによれば、諸感覚器官 Sinn を通じて直接得られる快適さに係わるどのような快楽とも異なっているのである。

　美を主観化し、それを真と善から次第に引き離していくことで、かつては中核概念としての美学／感性は近代になると賞味期限切れとなり、芸術（「もはや美しくはなくなった芸術」）の本質的特性を把握することができなくなる。美の価値引き下げ――とりわけ偉大な芸術に関して――と同時に、＊生活世界の感性化という現在の展開（メディア美学、デザイン、肉体賛美 Körperkult、美容、コマーシャルなど）は、その中心的概念の妥当性を試し、現状に合うものとするという課題を美学／感性に突き付けている。

■ Reicher, M.E., Einführung in die philosophische Ästhetik, Darmstadt 2005. - Henckmann, W./Lotter, K. (Hg.), Lexikon der Ästhetik, München ²2004. - Scheer, B., Einführung in die philosophische Ästhetik, Darmstadt 1997.　　　　　　ブリギッテ・シェーア／俗　智樹

秘義／秘教／密教　　Esoterik

　秘義／秘教／密教（ギリシア語の esoterikos ＝ 内へ向かう）は、本来哲学者たちの（すでに形成された）弟子集団と関係している。新約聖書（ヘブ6章19節）における esoteros（＝垂れ幕の後ろにあるもの）の表現は、イエス・キリストがキリスト者たちに開示した神への道と関係づけられている。個々のメディアを通じて、状況に合わせて作られるグループまたは超心理学に関心を有する科学者のために実演される動物磁気療法（18世紀後期以来）や、19世紀末の心霊術（19世紀中ごろ以来）が、可能な学術的実験の場としての意味を失ったり、より大きい文化的関連性に組み込まれず、独自の状況下に置かれてしまったために、秘義はますます強くセクト的な色合い（*セクト／分派）を帯びるようになったのである。特に心霊術や学術的関心をもって分析に従事する心霊現象研究協会 Society for psychical Research（1882年設立）にはじまり、神智学協会（1875年設立）に至るまでの間には、流動的過渡期が存在し、聖別されているという意識が固定するのである。動物磁気療法が電流及びその結果の経験的叙述に関心を示し、心霊術が単に彼岸の経験的証明の提示を試みているとすれば、これらの運動は新たなシステムの兆しへと連動することになる。今日まで影響力の強い近代的な秘義の形態が、形成されることになる。

　今日の秘義は、両義的で、科学の形態をとるという姿

勢で成立している。それは一方で、人間はどこからきて、どこへ行くのか、という人間の究極的問い、また宇宙（＊宇宙論）や形而上的、超越的絶対存在（＊超越、神）に係わる現象を説明するための近代的経験科学の形態をとっている。その認識主張は、経験可能と考えられている。他方でこれは、近代経験科学の基礎主張から逸れるものである。科学的な実践とは何か、と問えば、それは次の三種の基本的で最小限の条件を満たす認識努力であると答えることができる。近代科学は、（1）検証可能な言述と関係し、（2）それは原則としてコミュニケーションが可能であり、（3）原理に則った組織的・理論的な関連性を形成するものである。秘義は、この条件を特殊化するが、経験科学的な根拠づけを保つことで、これらの最小限の条件をかいくぐっているのである。検証可能な言述というのは、霊性的な（形而上的霊性、またグループや場面に特化した霊性、または超心理学的＊霊性）前提条件のもとで現象を視野に入れられる人間にとってのみ追体験が可能なのである。原則的に（すべての専門性において優れているとされる人間に係わる）検証が可能ということは、聖別された者たちという領域に制限されることになる。原理に則った組織的、理論的関連への関係性は、（多くの場合無意識になされ、主題ではない）形而上的前提に繋がる。あるいは諸宗習合的（＊シンクレティズム／諸宗習合）な繕われた絨毯のような宗教性という文脈で、体系化のセンスがそもそも欠落しているともいえる。秘匿されているばかりでなく全体論的な知（全体論的な宇宙成立の公式）に方向転換すること、またそれと関連するが、その偽りを証明して秘義の信奉者

239

を論破することを不可能と決めつけてしまうことは、知の社会学上その主張は排他的というものである。

■ Grom, B., Esoterik, in: H. Baer u.a. (Hg.), Lexikon neureligiöser Gruppen, Szenen und Weltanschauungen, Freiburg i.B. 2005, 329-335.
-Hauser, L., Kritik der neomythischen Vernunft, Bd. 1(=Menschen als Götter der Erde. 1800-1945), Paderborn ²2005.

リーヌス・ハウザー／岡野治子

秘跡　　Sakrament

（1）一般的に、つまり哲学的、宗教学的（＊宗教学）に見て、秘跡は、文化的、精神的で語りの世界のしるし／＊象徴の一つである。さらに言えば、秘跡は実存するものおよび世界の宗教的（諸）局面を表現し、象徴するものであり、宗教共同体の成員に対しては、方向付けの一助になり、また成員の共同体とのアイデンティティ形成に寄与するものである。＊キリスト教では、特定の＊典礼が、秘跡とされている。キリストの＊教会は、それをもって教会の本来の本質を実現しているのであり、公式に厳粛に催行されている。カトリック教会と東方教会は、七つの秘跡を実践しているが、改革派教会は、洗礼と聖餐の二つだけをキリストによって定められた真正な秘跡として認めている。

（2）教会は、信仰において神の民である、と自己理解している。教会は、目に見えないあり方で、自分たちの復活した主と一体なのである。すなわち教会はその主の体である。また教会は、神の霊の神殿でもある。すな

わち神が世界でいのちを与える働きをする場なのである。教会がまさに<u>神</u>の民、神の<u>霊</u>の神殿であり、<u>キリスト</u>の体であるとすれば、教会は、現世的／可視的現実であり、その意味では同様に不可視である「神的」現実でもある。神の不可視の神殿であり、神の働きが、教会の可視的現実の中で明瞭になり、それゆえに経験的にはかの不可視な存在の可視的しるし（<u>実体象徴</u>）であることから、教会の本質には、全体的に秘跡の性格（<u>基本秘跡</u>）がある。

（3）<u>個々の秘跡</u>において教会の秘跡的本質が現実化していく。それらの秘跡は、教会自身にも独自に意識させ、また教会の存在と生があの神的生の結果であり、しるしであることを世界にも告知しているのである。神的生とは、イエス・キリストの復活をもって最終的にこの世界に定着したが、ひきつづきこの世にあるものである。復活の現実、もしくは復活という特定の局面は、個々の秘跡の「内容」なのである。秘跡が<u>典礼</u>の形で遂行される（＊祭／祝日）ことは、秘跡の持つ救済の性格に相応している。基本は<u>洗礼</u>である。洗礼の意味することは、受洗者は神の子、父の子であり、救世主キリストに属するものであること、そして受洗者は、キリストの体、つまり教会の一部であるということである。洗礼の一部として<u>堅信</u>がある。これは、中世において独自に秘跡とされたものである。堅信の意味することは、キリスト者の活動的な生が神の神殿においてまた神の創造的な霊の力によって生き生きしたものになるということである。<u>病者の塗油</u>で重要なことは、キリスト者の体もまた、「救われ、起き上がらせられる」（ヤコ5章15節）、すなわ

ち復活するということである。聖餐の儀をもって教会が告知するのは、可視的なパンが、不可視な仕方で復活し、〈現在する〉主の天なる体であること、そして物質的な宇宙という現世的な現実は、深奥において既に変化し、変容したということである。従ってパンを裂くという行為に参与することは、此岸と彼岸とが統一されたことへの信仰告白である。上述した四つの秘跡の内容が、復活祭以来キリストにおいて信徒に与えられた新たな存在を表しているのであれば、結婚、悔悛、叙階（司祭叙階）の三つの秘跡の場合、重要なのは、教会内の特定の「可視的」儀式が、そのまま「水平」的な影響をもたらし、神の救済の出来事のしるし、つまり教会に対する神の「垂直的」で、愛に満ちた承認となっていることであり、それゆえに典礼、儀礼の形で遂行されることである。婚姻の場合、花嫁・花婿の相互の承認は、キリスト自身の教会に対するキリストの献身のしるしなのである（エフェ5章25節。32節）。いわゆる悔悛の秘跡は、次のようなしるしとして理解すればよいだろう。すなわち教会において互いに罪を告白し、赦し合うことが、我々の＊罪にも拘らず、我々が神によって受容されていることの結果であり、しるしである、と。教会は、叙階の秘跡をもって、聖務への奉仕に呼び出す、もしくは叙階される人は、教会に身を委ねるのである。この秘跡において神もしくはキリストの教会に対する不可視の献身と奉仕が現実化する。その教会とは、カリスマ的な共同体（*communio*）だけではなく、可視的で、法的に組織化された共同体（*societas*）でもある。

■ Simonis, W., Lebenszeichen der Kirche. Sakramentenlehre, Düsseldorf

2006. - Rahner, K., Kirche und Sakramente, Freiburg i. B. 1961(^{3}1968) - Glasenapp, H. v., Glaube und Ritus der Hochreligionen, Frankfurt a.M. - Hamburg 1960. - Semmelroth, O., Die Kirche als Ursakrament, Frankfurut a.M. 1953 (^{2}1955).　ヴァルター・ジモーニス／岡野治子

ヒンドゥ教　　　Hinduismus

　ヒンドゥ教という表現は、ヒンドゥを自称する諸＊伝統の自己理解に由来するものではない。本来ヒンドゥという名称はインダス河流域を表すものであった。ヒンドゥ教という概念は、今日ヴィシュヌ教、シヴァ教、シャクティ教〔タントラ教〕というように種々の宗教的潮流に対して用いられている。そうした潮流は、それぞれの信徒に対して一種の親和性を喚起すると同時に、独自のアイデンティティを確立するものである。要するに今日「ヒンドゥ教」という傘のもとに、種々の伝統が集められているが、それはヴェーダ文献化しているものとそうでないものを含む。ヴェーダ文献に属さない伝統が、最高神ヴィシュヌを自分たちの伝承と教えの創始者として崇拝しているのに対し、ヴェーダ文献の伝統は、永遠で、創始者のないヴェーダを自分たちの伝統の根源と捉えている。

　最高神に関するイメージは、両者の宗派では、異なっている。というのも一つは、交感作用のないもので、もう一つはどちらかというと人格的な色彩を帯びているようにみえるからである。しかし両者には統一の精神が宿っている。大ざっぱに性格を捉えてみると、両方の信

仰形態は、基本的に常に多様性の中の統一を求めている。それにふさわしく、かれらの信仰告白は、どちらかというと<u>人格神</u>（* 人間論）というより、<u>宇宙神的</u>（* 宇宙論）である。宇宙の諸現象（太陽、月、稲妻、雨、山、川、動物など）の神格化は、彼らの宇宙神的独自性の象徴言語的表現であり、それは、多神教とはすべて異なるものである。世界の生起は従って、両義的なのである。それは透明な象徴としては、救済・癒しを啓示するものであるが、物質化した混合物としては、人間を幻惑し、救済への道（* 救済・解脱）を閉ざしてしまうものである。罪（*Papam*）ではなく、幻惑（*Maya*）こそが、救済の道をふさぐのである。

　ヒンドゥ教共同体では、初めから歴史とは、災い・不幸の歴史と解されてきた。不幸は、世界内には付きものであると強調されてきた。何故なら世界内にいる人間は、輪廻転生（*Samsara*）の輪の中にいるからである。従ってそうした人間は、好感・反感の二極の傾向（*Raga-Dvesha*）の間を動きまわるという結果をもたらす。その場合不幸なるものは、幻惑されている意識なのである。幻惑は、あるがままを見るのではなく、人間が好悪という二極の眼鏡を通して現実を経験するというやり方へと誘惑する。それゆえに、人間はこの惹きつける力と突き放す力という二点が作る輪の中に巻き込まれている。その輪を突破することは、人間には不可能である。人間の知覚の敏感さは、〔諸現象が〕生起する（*Prakriti*）世界にのみ有効なのであり、人間の基本価値は、好感と反感を超えることができないのである。人間には、存在レベル（*Purusha/ Atma*）のためのアンテナが欠如している。

従って人間は、存在レベルと生起レベルを区別することができない。逆に、人間は存在のレベルと生起のレベルを取り違えるという誘惑に陥るのである。そういうわけで、人間は自身の力では、輪廻転生の世界から脱却することができずにいるということになるのである。

最終的には、この問題に関しては、*祈りも、断食も、観想も役に立たないのである。何故ならこれは「根管の治療」ではないからである。救済への道は多様であるが、その目的は、一貫して解放をもたらす認識、すなわち悟り（これはしかし*愛ではない）であるが、これは幻惑という暗黒を一掃し、解放を可能にするものである。

この点に関して、*聖典の（Shruti）主たる役目は、個々の信者に、人間が陥っている不幸の状態（Samsara）を教え、この状態の原因を指示し、救済の道を明らかにすることにある。この道は、論証的道ではない。瞑想的習得（*瞑想・観想）の道というべきである。精神統一の修練は、さしあたりそしてとりわけ、存在の真（*真理）の世界を信じることである。これこそが、救済を可能にする認識の始まりである。

この信仰の世界が複数の統合の道（Yoga）を認めるとしても、すべてではないが、多くの道が、解放をもたらす認識（Jnana-Yoga）というヨガ Yoga の準備段階である。もっとも人格的に色づけされた伝統（バクティ Bhakti）では、愛が重要な役割を果たす。しかしその愛は、目的ではなく、最終的解放という認識への道にすぎない。民俗的宗教の種々の形態に登場し、特に人気があり、良く知られた詩人・聖人たちは、愛の道を強調する。このケースでは、愛は認識への道である。何故なら現実の真の性

質に関する洞察だけが、輪廻転生の輪から解放してくれるからである。生きとし生けるものへの慈しみのための自己に執着しない行為もまた、真の認識に至る道である。

　ヒンドゥ教の種々様々な伝統は、儀礼と儀式（＊儀式／典礼）の多様性を作り出し、それは地域により、いつも新たな形態をとるものである。ヒンドゥ教徒の人生には、子宮で受精した瞬間からさまざまな人生の段階を経て、死後に荼毘に付される時まで、多種多様な「秘跡」（*Samskara*）の行為（＊秘跡）が施される。この世界での生活に対するヒンドゥ教徒の象徴的なアプローチは、ある卓越した豊かさを表している。それは人間、世界、そして最終的な人生の意味（*Paramartha* ＊意味）に対する全体性のある姿勢を明示するものである。そのことは特に、彼らの＊祭や祝日の在り方にはっきりと見て取れる。祭典は公に道路上で祝われるもので、稀には神殿で挙行されることもある。ヒンドゥの神殿には、扉が無い。それはその信仰の開かれた宇宙的性格を象徴している。祭の実施法や実践の強調は、興味深い。

　複数の啓示理解（＊啓示）を伴ったヒンドゥの伝統は、宗派の争いというものはほとんどない。というのは、宗派は精緻に表現された信仰告白にはほとんど価値を置かないからである。彼らの間にある境界は流動的であり、一つの境界がどこで始まり、他のものがどこで終わっているのか、確認が容易ではない。彼らは多くの神話（＊神話）を共有しているのである。

　ヒンドゥの伝統の多様性は、生い茂った森のように理解すべきではなく、その視点も全体像を映しているホログラムと捉える方がよい。それでもこの比喩は、不完全

である。ホログラムの像は、常に同じである。しかしヒンドゥの伝承の豊かさは、全体がいつも新たなヴァリエーションを取るところに表れている。

■ Zimmer, H., Indische Mythen und Symbole. Vishnu, Shiva und das Rad der Wiedergeburten, München ⁶2000. - D'Sa, F. X., Gott in den hinduistischen Traditionen, in: R. Koltermann (Hg.), Universum, Mensch, Gott. Der Mensch vor den Fragen der Zeit, Graz-Wien-Köln 1997. 330-337. - Oberhammer, G., Die Überlieferungsautorität im Hinduismus, in: ders. (Hg.), Offenbarung, geistige Realität des Menschen, Wien 1974, 41-92.
フランシス・X・デザー／岡野治子

仏教　　Buddhismus

　前5世紀の北インドで、インドの輪廻転生の世界観を基に、ブッダ（覚醒者・悟者）と呼ばれた王子ゴータマ゠シャーキャームニ〔シャカ族の聖者〕によって創唱された救済宗教である。ゴータマ以前にも過去仏が存在したとも言われ、またさらにその後も現れるとされている。次に現れる未来仏は、弥勒である。ゴータマは、29歳の時に、両親の王城、妃と子から離れ、病、老、＊死という問題からの解放を求めたのである。6年間の得るところのなかった苦行の後、ある夜、「菩提〔悟り〕」樹の下での瞑想のなかで、悟りに達したのであった。それは、存在するものの輪廻という本性と＊救済・解脱の道に対する直観的洞察であった。彼は、その認識を、実存の根本的構造性としての苦に関する「四つの聖なる真理〔四諦・四聖諦〕」と、それを克服するための「聖

なる八つの道〔八正道〕」において言い表している。欲望〔貪〕、憎しみ〔瞋〕、無知〔痴〕を、彼は生における根本悪〔三毒〕と規定している。それを克服するためには、真理の正しい認識、倫理的生き方（*倫理）（とりわけ、他者を害することの放棄）、そして*瞑想に向けて努力することが必要であるとした。この点で完全さに達し、過去の業（カルマ Karma）が果報するものを断ち切った人間は、誕生、死、再生のサイクルから解放され、涅槃 Nirvana（＝吹き消すこと）に入るのである。永遠の生を希求するキリスト教徒と違って、仏教徒は、永遠の、苦に満ちた再生の運命から逃れ、完全なる静寂へ入ろうと望むのである。原始仏教は救世主像を持たなかった。つまりブッダは、道を示しはしたが、その道を行かねばならないのは、個々の人間自身なのである。

　悟りをひらいてまもなく、ゴータマは説法をはじめ、その周囲に弟子の輪を形成していった。僧団と尼僧団を創立し、清貧、貞潔、酒と暴力の放棄のほか、月の〔定例行事である〕罪の告白としての布薩（*罪）への参加が義務付けられている。ゴータマは、45年にわたり、説教をしながら北インドを遊行する。少なくとも仏弟子の500人と一人の匿名の女弟子の悟りが知られているが、同様に女弟子の多数も悟りを体験している。ゴータマ入滅後、僧たちの会議、結集が開催され、その教えが記録され、当初は口述で、前1世紀には、文書に記された。仏教の正典は、次の三部からなる。すなわち教団の戒律である律、ブッダの教えである教法、そして哲学的な論である。

　インドの統一者であるアショカ王（前3世紀）が、

仏教を国教化した。彼は全土に碑文を刻させ、民に倫理的姿勢を要請したのであった。また他国に対しても仏教的布教（＊宣教／布教）を始めた。西暦紀元前後まで主流であった古い仏教（大乗仏教徒からは侮蔑的にヒナヤナ Hinayana＝ 小乗＝小さな乗り物と呼ばれた）は、最後に存在した宗派の姿、すなわちテラヴァダ Teravada（長老たちの教え）の形〔上座部仏教〕で、今日までスリランカ、タイ、カンボジア、ラオスでは、主流として息づいている。

　西暦紀元頃、大乗仏教マハヤナ Mahayana（大乗＝大きな乗り物）が仏教第二の宗派として成立する。小乗仏教とは異なり、ここではすべての人間がブッダになることができる（一世 Weltzeitalter に一人だけというわけではない）という理解がとられている。もっとも女性は一度男性に生まれ変わらねばならないが。大乗仏教の象徴像は、菩薩、つまり仏になりつつある存在で、〔この世に〕苦がある限り、涅槃の安らぎを得ないと決意している存在でもある。悟りの道において衆生を助けることが、すなわち菩薩の理想に叶うことである。特に菩薩の利他的な行為を語る説話がある。神話的に語られる菩薩や仏たちのパンテオンが成立し、信徒たちは彼らに助けを求めると同時に〔人間の〕模範としても礼拝の対象となっている。このことから、超越的（＊超越）な救済者イメージが、遅ればせながら仏教にも入り込んでいることが知られる。もっとも、個人的な実践修行が、その道での意義ある一部分となっている。

　大乗仏教において、仏教哲学の影響力のある諸宗派が成立した。龍樹／ナーガールジュナ（後２世紀ごろ）は、

中観派（マードヤミカ Madhyamika）の教えを確立した。現世は、最終的に涅槃という救済の状態と別物などではなく、これと同じものである、という教えである。弥勒に由来し、無着 Asanga と世親 Vasubandhu（後4世紀以降）による「唯識派」（ヴィジュニャプティ-マートラター Vijnapti-matrata）の教えは、感覚で捉える、客観性のある現実は存在せず、むしろ感じる（*知覚、感知）人間の*精神／こころを映したものである、とする。大乗仏教は、ヴェトナム、中国、韓国、日本およびチベット文化圏（*文化）においては仏教の主流の形である。日本には、大乗仏教の意義深い二つの特別な方向がある。阿弥陀の名を称することが最重要な実践とされる浄土系の宗派と、瞑想を中核的実践と見なす禅仏教である。禅の主な宗派には、主題をもたない瞑想を掲げる曹洞宗、および公案、すなわち合理的な解答がなされないような短い金言を通して瞑想をする臨済宗の二つがある。

およそ6世紀以降、金剛乗 Vajrayana という密教（*秘義／秘教／密教）が台頭する。その主聖典（タントラ Tantras）の名を取って、タントラ仏教とも呼ばれ、加持儀式（*儀式／典礼）、祝別である灌頂、真言 Mantras（マントラ＝聖なる呪句）、曼荼羅 Mandalas（＝心理的、身体的な宇宙のモデル）を内容としている。曼荼羅には、平和的であったり、デーモン的である無数の神々が表され、それはすべて仏を象徴し、仏の多くの特性の徴である多くの頭、腕、脚の対が見られる。同様に、悟りの意識の両局面である知恵と慈悲という基本的な二極もあらわされている。時折登場する脱中心的な象徴性（*象徴）

にも拘らず、金剛乗は、細部に至るまで仏教的な教説に基づいている。これは、今日特に二つの文化圏で息づいている。すなわち日本と韓国では、8 世紀以来の初期の形態（日本の宗派は<u>真言宗</u>と<u>天台宗</u>）において、ネパール、ラダク、シッキム、ブータン、チベットおよび蒙古では、9–12 世紀の後代の形で、宗教生活が営まれ、四つの宗派（<u>ゲルク派 *Gelugpa*</u>、<u>サキャ派</u>、*Sakyapa* <u>カギュー派 *Kagüpa*</u>、<u>ニンマ派 *Nyingmapa*</u>）で実践されている。ブータンでは、タントラ仏教が国教となっている。

20 世紀になると、仏教は西欧にしっかりと根を据えた。最も影響力があるのは、上座部仏教（ニャナティロカ長老 Nyanatiloka、アヤ・ケーマ尼 Ayya Khema）、日本の禅仏教（鈴木大拙、アラン・ワッツ Alan Watts）、さらにチベット仏教の法王ダライ・ラマ十四世である。彼は、平和の政治家として国際的認知を得ている（1989 年ノーベル平和賞）。ドイツでは、最も多くの仏教グループが、ドイツ仏教ユニオン Die Deutsche Buddhistische Union（ミュンヒェン）のもとに組織化されている。

■ Hutter, M., Das ewige Rad, Religion und Kultur im Buddhismus, Graz 2001. - Dalai Lama, Der Weg zur Freiheit. Zentrale tibetisch-buddhistische Lehren, München 1996 (2002). - Buddhismus aktuell (Vierteljahreszeitschrift der Deutschen Buddhisitischen Union), München:www.buddhismus-aktuell.de

アーデルハイト・ヘルマン゠プファント／岡野　薫

文化　　Kultur

「文化とは、あなたや私を人間にするものである。我々がその中で生活し、また我々が考察するそれぞれの文化は一つのテクストである、つまり見いだされたもの（*伝統）と発明されたもの（革新）からなる織物である。そして我々が記述するどんなテクストも、文化である。すなわち見いだされたものと発明されたものだからである」（グレヴェールス Greverus1994）。C・ゲールツ Geertz は、さまざまな意味からなる織物について語るとともに、社会的行為の象徴的次元（*象徴）を強調する。それは*言語に始まり、*宗教、道徳、価値、*美学を経て、日常世界にまで及んでいる。

　文化が持つ創造的な側面はゲールツによって強調されるところであるが、物質的な側面に関しても同様である。すなわち文化は人間の社会的生活を物質的、社会的、観念形成的な点で意味のあるように（*意味）、つまり生活を維持すべく形成する人間の能力である。しかしこの能力は開拓されねばならない。そして生活の営み（*生活世界）においては相互性（*相互性／互恵性）や責任（*連帯）を必要とし、また、全体を目指し、個々人を参与させるエコロジカルな理性を必要としている。文化は、意味に満ちた社会生活の形成に参与することなのである（グレヴェールス 1995、6頁）。この定義においては、文化的存在としての人間の社会的機能は、その文化的能力の簒奪による社会的かつ文化的*死に対抗して生活世界を形成するものとみなされる。S・フロイト

の『文化の中の居心地悪さ』（1930）はこれに対立する。居心地悪さはとりわけ、文化により社会的関係が強制されることで個々人が欲求を放棄することから生じるのである。（男性の？）個々人の力を＊共同体の力によって置き換えることが文化の歩みの決定的な一歩である。その次の文化的要求は＊正義の要求である。

　他の性に対する正義が問題の中心となると、ポストモダン的（＊ポストモダン）柔軟性を標榜する多くの＊文化科学が十八番とする文化の変化は、あらゆる理論上の努力にもかかわらず、実践においては呆れるほど固陋である。性別に関係づけられた自然（女性）‐文化（男性）論争は男性に特化された弁明であるだけでなく、知的で生活に密着した女性中心主義 Gynozentrismus をふりかざす女性によっても補完されてきたし、現在もなされている。こうした補完は、人道主義的なフェミニズムによる正義追求とは対立した論拠の提示なのであった。

　記述するフィールド研究者にとっての典型的危機でもあった「文化記述」議論（"Writing Culture"-Debatte）の文化推移という言説においては、女性の声が欠如していることで、「人類学は性別を持つか？」（＊人間学／人類学）という視点から弾劾された。文化的要求としての人道的かつ社会的正義はここで（1995年にようやく！）二重の仕方で促進された。記述された「野生」（自然）に対するのと、記述しつつ、立ち入りの禁制を敷かれた女性（自然）に対するものである。

　自分の生活世界の形成者としての人間、同時にこの生活世界で苦しむ者としての人間を研究対象とするあらゆる学問にとって、文化はキー概念である。今日誰もが

経験する「ごく日常的な悲惨さ」(カチュニヒ‐ファッシュ Katscnig-Fasch 2003) と関係するものが、文化的に推論できるような欲求の抑圧ではなく、むしろネオ・リベラルな社会では拒否されるような文化的視点であるとすれば、P・ブルデューの『世界の悲惨さ』 *La misère du monde* (1993) 以来、文化における居心地悪さについて書くことは、あらゆる点で再び正当といえるだろう。

　フロイト以来、広義における文化という言葉は、我々の生活が我々の動物的な祖先から分かれ、以下の二つの目的に貢献するような成果と装置の総体を表現している。その二つの目的とは、自然から人間を保護することと、人間相互の関係を規定することである。従ってフロイトは、20世紀初めの彼の時代でなされた文化の定義において頂点に君臨していると言える。人間存在の特殊性を表すキーワードである文化が、文化に関する実証的な経験と人類史の反省的再構成をもとにその時代を飾ったのである。イギリスの人類学者であるE・B・タイラーの『原始的文化』 *Primitive Culture* (1871) における文化の定義は次のことを保証している。民族学的意味での最広義の文化 (Cultur) あるいは文明化 (Civilization) とは、知識、*信仰、芸術、道徳、法律、慣習、そしてそのほか人間が社会の成員として身に着けたあらゆる能力や習慣の総体概念である。我々がこれ以降の時代において数多くの多様な文化定義を読んだり、引用するとしても、このキーとなる命題を避けて通ることはできない。

　特に文化人類学は、文化概念を用いて、その定義づけの権力を試そうとした。タイラーの場合がすでにそうであったように、民族学的人類学においては文化 (*自由

の領域として）と文明化（必然性の領域として）というとりわけドイツにおける文化哲学的また社会学的区別は試みられていない。というのも、人間は、文化や文化的変化によって生活活動のあらゆる領域で際立った存在だからである（参照、グレヴェールス1978、53頁以下）。（植民地の）他者の研究と（国民としての）自民族の研究という二つのエスノロジーの不幸な二元論——これはドイツにおいては民族学（Völkerkunde）と民俗学（Volkskunde）という同じく不幸な名前で表現されていた——も次第に<u>一つの世界</u>（*One World*）という国際的な認識のもとに柔軟化していくように思われる。それとともに、国民という枠を超える文化人類学は、場合により変化する生活世界を表現するものとして、人間およびその文化についての学問が必要であるとの古い啓蒙主義的要請にふさわしいのかもしれない。文化の定義は多様であるが、文化の分析のためには以下の三つの基本的側面が浮上してくる。

1. 一般的な人類学の側面から見れば、文化とは文化的に行為するという人間の能力と見なされる。つまり生き残るために環境世界、社会的世界、自己の世界や意味世界を自身の生存のために形成しつつ、変革し、さらにこうした変化を教育のプロセスで将来世代へと引き継いでいくという能力である。

2. 歴史的‐人類学的なマクロ的側面から見れば、文化とは、人類の進歩の発展プロセスとして主題化される。そのプロセスは、（気候会議で議論されるような破壊にまで行き着く）自然を克服する文化的／文明的発展をつねにより高い段階へと進歩させるというものであ

る。

3. 歴史的 - 人類学的、つまり社会人類学的また文化人類学的なミクロ的側面から見れば、文化は「一つの文化」あるいはそれぞれに構成された行為範型として、すなわち生活世界や日常世界として定義される。生活世界や日常世界は、ある社会集団にとっては、＊時間と空間において、あるいは、空間や時間を超えて、共通である。＊グローバリゼーションおよびそれと同時に起こる文化的実践の差異化、そして人間のもつ経験可能性の活発さは、こうしたミクロ的側面を現代の研究でも、また未来の研究においても、文化的造形の増大に向けて拡張するのである。文化的造形には、人間が、その人生の流れの中で、あるいは社会的存在として、時には喜びをもって、時には苦しみをもって組み込まれているのである。

諸文化に対するこうしたミクロ的視線は、これまで特に異質な近隣と近隣の異郷という「フィールド」における対話的研究（＊対話）に集中し、経験的、民族学的に研究する諸人類学によって好まれてきた。またそうあってしかるべきである。何故なら、<u>一つの世界 One World</u>を標榜する文化人類学は、文化のマクロ的側面に人間という社会的存在の生きた幸福体験と苦悩体験を付与してもよかったからである。つまりこうした文化人類学は、生活世界の物語りに対話的に参加することへの喜びの可能性と苦しみに内在するあの「繊細な差異」（ブルデュー）を発見しているからである。

■ Greverus, I.-M., Ästhetische Orte u. Zeichen. Wege zu einer ästhetischen Anthropologie, Münster 2006. - Welz, G./Lenz, R. (Hg.), Von Alltagswelt bis Zwischenraum. Eine kleine kulturanthropologische

Enzyklopädie, Münster 2005. - Highmore, B., Everyday Life and Cultural Theory. An Introduction, London-New York 2002. - Reflecting Cultural Practice. The Challenge of Fieldwork I, II (ed. Ch. Giordano, I.-M. Greverus, R. Römhild, C. Rohe), in : Anthropological Journal on European Cultures 6(1997) 2 ; 7(1998). - Culture on the Make (ed. Ch. Giordano, I.-M., Greverus), in : Anthoropological Journal on European Cultures 5(1996) 1. - Berg, E./Fuchs, M.(Hg.), Kultur, soziale Praxis, Text. Die Krise der ethnographischen Repräsentation, Frankfurt a.M. 1993. - Clifford, J./Marcus, G.E., Writing Culture. The Poetics and Politics of Ethnography, Berkeley-Los Angeles-London 1986. - Greverus, I.-M., Kultur und Alltagswelt. Eine Einführung in Fragen der Kulturanthropologie, München 1978 (Frankfurt a.M. 1987). イーナ＝マリア・グレヴェールス／硲　智樹

文化科学　　　Kulturwissenschaft

　さまざまな努力にもかかわらず、文化科学という術語は、これまで次のような理由から一義的な定義がなされないでいる。というのも、これは精神科学 Geisteswissenschaft における多様な研究方向を包摂しており、この術語が学際的議論の連関のための総体概念として機能しているからである。もっとも、この議論の連関が持つ射程範囲については議論の余地が残されている。文化科学という概念は少なくとも以下の四つの異なる意味で用いられている。（１）非常に広い意味で、それは専門分野を包括する関連枠を示している。この関連枠は伝統的な精神科学の専門領域のスペクトルを統合す

るとされる。(2) 第二に、文化科学は伝統的な文献学・言語学・文学研究や文芸学の変化および拡大への要求を表すキャッチフレーズとして機能している。こうした要求はさまざまな方向からなされたものである。(3) より狭い特殊な意味で、文化科学は個々の文献学・言語学・文学研究の内部での部分領域あるいは特定の方向を特徴づけている。(4) 民俗学や民族学(＊民族集団／エスニック・グループ)を文化科学と呼ぶことは、文化科学概念の明確化には、ほとんど役に立たない。若干類似点はあるものの、文化科学はいわゆる<u>カルチュラル・スタディーズ</u>とは区別されねばならない。〔欧米中心に展開した〕カルチュラル・スタディーズの特徴は、それがマルクス主義的社会理論や現代のポップカルチャーへ集中的に取り組んでいる点にある。文化科学がそのつど根底に置いている対象規定や方法規定から見れば、〔精神科学と〕＊人類学、文化史や心性史、さらには宗教学との接点が生じる。文化という概念がどのように用いられるかによって、そのつど提示される理論的な主導概念や研究方法も多様化する。全体的に言えば、記号やメディアによって媒介され、自己解釈と現実構成(＊現実)の象徴的プロセスとして文化を規定するという、意味に特化される文化概念が好まれる傾向がある。その文化概念は、人間が創出した集団的な意味の構築(＊意味)、思考様式、感覚様式そして＊価値という全体の複合性でもある。文化科学は、社会の＊生活世界における経験、行為、制度そして信仰体系(＊信仰)が持つ意味を解釈する方法として理解される。

　自然や技術の文化史、歴史的人類学、想起や＊記憶、

メディア行為や学術文化が、文化科学的研究の対象とする領域である（ベーメ Böhme 他 2000 参照）。文化科学は固有の専門領域として制度化されるべきかどうか（上掲書参照）、あるいは、学際的に文化科学的領域の多様性のうちで営まれるべきかどうかの問題についてはさらに議論の余地がある。しかしグローバリゼーションや、今日のメディア文化社会（＊メディア）における相互文化的（＊間文化／異文化間）かつ相互宗教的（＊間宗教／宗教間）な傾向がみられる時代において、諸文化科学は現代社会の文化的解釈や方向づけのプロセスにとって次第に重要性を増すようになっている（イェーガー Jaeger 他 2004、Ⅶ）。出発点、専門領域そしてコンセプトの多様性にもかかわらず（参照、ニュニング／ニュニング Nünning 2003）、専門領域の構造、理論的基盤、方法的コンセプト、キー概念などを体系的に反省し、理解することで（参照、イェーガー／リープシュ Liebsch 2004）、また、その専門領域を超えてかつ横断的に問題を立てるというネットワーク形成によって、いつの間にか文化科学のプロフィール、課題領域そして機能規定が、より明確になっている。その点で理論的な主要カテゴリー（例えば、経験、行為、身体、＊言語、＊アイデンティティ、歴史。上掲書参照）、基礎的な問題設定、出発点や方法、同様に特定のテーマや傾向が結晶として分離されている。これらのものは現在、文化、経済、社会、＊政治、法、そして＊宗教についての解釈モデルにおいて好まれているものである（イェーガー／リューゼン Jaeger/Rüsen 2004 参照）。

■ Bachmann-Medick, D., Cultural Turns. Neuorientierungen

in den Kulturwissenschaften, Reinbek 2006. - Jaeger, F. u.a. (Hg.), Handbuch der Kulturwissenschaften Bd.1-3, Stuttgart-Weimar 2004. - Nünning, A./Nünning, V. (Hg.), Konzepte der Kulturwissenschaften. Theoretische Grundlagen – Ansätze – Perspektiven, Stuttgart-Weimar 2003. - Böhme, H./Matussek, P./Müller, L., Orientierung Kulturwissenschaft : Was sie kann, was sie will, Reinbek 2000. 　アンスガー・F・ニュニング／硲　智樹

平和　　Frieden

　理想としての平和は、言語で表現しにくいが――神学的に言えば、終末論的価値としての平和である――、イエスが「神の支配」あるいは「神の国」と呼んだものに等しい。〔理想としての平和と神の国〕どちらも共生をめざし、すべてを包含する最高水準とそれに対する永遠の憧れを示唆してはいるが、その実現となるとあらゆる期待を裏切るものである。それにもかかわらず、これらは空間的また時間的側面において少なくとも萌芽するような仕方で出現するのである。それゆえ、神の国は、イエス（特徴的なのであるが、イエスは神の国の定義をしていない）がその指で悪魔を追い払うところに存在するのであり、また（『旧約聖書』の諸書における）シャローム（*Schalom* 平和）は、人々が互いに挨拶し、親密な共生という全体を見渡せるほどの小規模の組織のうちに存在する。したがって平和（単に戦争がない状態以上を表す）を特徴づけるのは、まさに個人的また社会的幸福の状態、全体性のある平安の状態である。とはいえ、平

和は、特に制御しがたく、予期せず突如として現れる目標に繋がっていることから(これに対立するものとしては具体的なユートピア的思考の全体主義という危険がある)、むしろ平和とは状態というよりも一つの原理となっている。

　道‐目標という関係の側面から見れば、目標としての平和には道としての平和が必然であることを示している。種子のうちに木があるように、道のうちに目標がある(M・ガンジー、M・L・キング)。それゆえいかなる暴力(個人間の暴力、構造的暴力や文化的暴力)からも解放されている理想としての平和には、いかなる暴力(つねに考えられうる暴力)からも解放されている道が対応する。この意味で平和教育は、共生のあらゆる局面において暴力を用いずに衝突を解決する能力と準備を要求する(非暴力的行為論を参照)。人間には平和構築の能力が欠けているという根拠の無い考えを助長しないために、教育的観点から平和教育が照準を合わせるのは人間間の共生の失敗現象ではなく、むしろその成功例である(これとは反対のものとして、従来の平和教育を参照せよ)。その際、平和教育はあらゆる*文化や*宗教のうちにある平和の意識へ立ち戻り、一方では倫理的に責任ある行為(*倫理)と、他方で、神による平和創出という第三の力(ガンジー：*真理の力)である統御不能の働きとの結びつきへ立ち戻ることができる(黄金律、*世界エートスの形成)。暴力を放棄することに意味があるのは解放プロセスを支援し、衝突する者たちを和解させることのできる何ものかが現に存在する(ユダヤ教の信仰告白の場合それはヤハウェである；*ユダヤ教)

からである。そのように考えられるならば、平和は実際にも＊神の贈物である。例えば次のような場合にもこのことがはっきりする。すなわち、諸宗教の代表者が平和への祈りのためにアッシジにおいて顔を合わせ、その際に、区別するもの、ましてや分離するものとしての特殊なものではなく、(全くヴァチカン公会議公文書「キリスト教以外の諸宗教に対する教会の態度についての宣言 *Nostra aetate*」の意味で) 共通するものを前面に押し出す場合である。古典的な「正戦についての教え」から「正しい平和についての教え」を説いた教皇ヨハネ・パウロⅡ世による明快な方向転換や、「世界の子どもたちのための平和と非暴力の文化」という新たな千年紀の始まりに際し、国連によって宣言された10年は将来的にも重要である (「暴力の克服」というÖRK (諸教会のエキュメニカルな提言) によって宣言された10年も同様である)。

■ Nauerth, Th. (Hg.), Handbuch christlicher Friedenstheologie (Digitale Bibliothek), Berlin 2004. - Spiegel, E., Gewaltverzicht. Grundlagen einer biblischen Friedenstheologie, Kassel ²1989. - Galtung, J., Strukturelle Gewalt, Reinbek 1975. - Sharp, G., The Politics of Nonviolent Action, Boston 1973.　　　　　　　　　エゴン・シュピーゲル／硲　智樹

ポストモダン　　Postmoderne

「ポストモダン」という概念がそうであるように、近年の文化史におけるいくつかの鍵となる概念は誤解を招きやすく、そのため頻出する諸意見のあいだで議論が行

われている。実際、ポストモダンという概念はどちらでもある。すなわちそれは鍵概念でもあり、かつ誤解を招きやすくもある。何故なら曖昧な概念だからである。まともであると目されるポストモダン哲学の代表的論者でさえ、我々が近代(モダン)の「後」(ポスト)に生きているとは主張しない。我々は依然として近代(モダン)に、すなわちその技術的成果や切迫しているその困難な問題のうちに生きているのである。近代ということで今日通常理解されているのは、啓蒙以後の時代である。この啓蒙は、人間が理性的に自身の事柄を自由に決定できるという思想によって支えられている(＊自律、自由)。ポストモダンが追い越そうとするものは、近代の理念である。例えばそれは、途絶えることなく直線的に進む進歩という考え、あるいはそもそも究極的な統制原理としての包括的統一という理念である。そうした理念の代替は、減ずることができない近代の多元性(＊多元主義)という権利なのである。その限りにおいて、ポストモダンは「反省的近代 Reflexivmoderne」と表現する方がより適切かもしれない。というのも、ポストモダンは、それ自身の時代の諸理念を思弁的に、また批判的に問い直すことで、この諸理念を初めて意識化するからである。

　ポストモダンは文化運動(＊文化)として始まった。1969年にアメリカの文芸批評家である L・フィードラーは、「プレイボーイ」誌において、もはや高等文化と通俗文化は、厳密には区別せずに、これらの組み合わせの可能性を展望すべきである、と皮肉な調子で主張したのである。同様に建築においても似たような形で、近代建築の滑らかな正面(ファサード)や製図版で生まれた都

市景観は、方向を知るためにもまた美的感覚にもそぐわないことが意識されるようになった。それゆえ、伝統的な形態が取り入れられ始め、そうした「引用」によって、まったく独自の空間世界を提示する新たな興味深い建築物が建造された。この点に、ポストモダンと*美学との緊密な繋がりが顕れている。

ポストモダンは、哲学においては完全に創造的となった。フランスの思想家 J-F・リオタールはその著『ポストモダンの知』のなかで「大きな物語の終焉」という命題を打ち立てた。すなわち、進歩という理念、マルクス主義、キリスト教の救済史、そしてその他の統一的理念は、端的に言ってもはや信用を失ったのである。「同意」は決して有意義な*価値ではない、むしろ、例えば*民主主義を駆り立てているような不合意を説明することこそ有意義な価値なのである。ここに、多元性への権利を原理にしてしまう倫理的傾向が看取される。理性そのものでさえ、多元的にのみ存在する。多様性のある世界においては、多元的な理性は根本的に美学／感性すなわち*知覚へと関係づけられている。

個別化もポストモダンの多元性の結果である（パッチワーク*アイデンティティ、マルチタスキング Multitasking など）。標準化され、伝統に結び付けられた作品は稀になっている。多元化という事実はすでに以前から*宗教において認められるものであった（自国で世界宗教が現前すること、伝記的で宗教的な飛躍、O・マルクヴァート Marquardt は「多神教の賛美 Lob des Polytheismus」について語る）。しかし宗教の多元化は、ポストモダンという概念と同じく、*神学や*教会によ

る拒絶に直面している。＊キリスト教は、意識が変化しているという事実に逆らっているのだろうか。キリスト教にあってもずっと以前から、ポストモダンの、つまり統一的原理へ還元せず、創造的な多元化と美学化が認められるのである。それは新たなミサ聖祭の形式、教会大会での「可能性の市場」、テゼの典礼〔フランスのテゼ村にあるエキュメニカルな男子修道院の典礼〕や感性的に触発された新たな教会空間の利用といった形で存在する。

■ Lyotard, J.-F., Das postmoderne Wissen. Ein Berricht, Graz 1986 (^{5}2005). - Welsch, W., Unsere postmoderne Moderne, Weinheim ^{3}1991 (^{6}2002). - Kunstmann, J., Christentum in der Optionsgesellschaft. Postmoderne Perspektiven, Weinheim 1997.

ヨアヒム・クンストマン／硲　智樹

ホスピタリティ／もてなし　Gastfreundschaft

「ホスピタリティ・もてなし」という概念は、「客人 - (Gast-)」（1）、「友好的な - (-freund-)」（2）、「- であること（-schaft）」（3）という三つの基本要素から成る。

（1）「客人（Gast）」という言葉は人間の実存的なサヴァイヴァル（＊生／生活／いのち）に関わる概念である。それゆえこの概念は多くのヴァリエーションですでにゲルマン共通基語として登場する。スラブ語の *ghosti*、ラテン語 *hostis*、英語 *ghost* にも類義語が存在し、元来は「敵・よそ者・異邦人 Feind/Fremder」を意味している。しかしまたラテン語においてはこの概念はさらに発展し

て hospes（＝ホストと客人、hosti-potis から成る）として普及することになる。ホテル Hotel、ホスピス Hospiz、病院 Hospital などの概念には再びこの語幹が見いだされる。ホスピタリティ Hospitalität というカントの術語は、hospes に由来する。

　敵対的な者・物／よそ者・物は、人間の内に、さらにあらゆる文化の内に絶えず不安を巣食わせるものである。パプアニューギニアの人々は、よそ者を<u>いつも</u>避けなくてはならない、と言う。よそ者が絶えず身に帯びている厄災から身を守るためには、そのよそ者が座った場所を短剣で突き刺して「浄め」なくてはならない。西洋文化にあってもよそ者（例えば＊イスラム教）との関わりに苦労している。よそ者に対する不安は、個人的ではあるが同時に一般的でもあり、それはラディカルな不安の原型とみなされてよいだろう。

　(2)「友人（Freund）」は「敵（Feind）」の反対語であるが、いずれにせよそれはゲルマン共通基語である。友人とは血縁者、氏族内の仲間、個人的な信頼関係にある人や仲間であり、それは戦いにおいても変わりはないのである。また〈友人〉の語から〈友好的な〉freundlich（＝愛するに値する、朗らかな）や、〈親しくなる〉anfreunden（＝誰かと友人になる）のように動詞形が形成される。友人という概念のゲルマン的起源は、「結婚する freien」という概念のうちにも再認されるように、「自由な frei」と近しく、それゆえまた＊愛 Liebe とも関係している。平和 Friede や墓地 Friedhof などの語のうちにやはり「fre…」が見出されるが、これは傷つきやすい者、傷ついた者の保護や労わりを意味し

ている。

　(3)女性名詞を形成する接尾語「-schaft」が示すものは、語を構成しているいわば静的な先行要素を、いわゆる動的な連関のうちへ組入れる名詞である。客人 Gast と友人 Freund は能動的になる。

　その点で、ホスピタリティ/もてなしは（A）意識的な行為 Handeln という行い Akt である。それゆえ、すでに古代からホスピタリティ hospitum は、道徳の一部分をなしてもいる。すなわち、ホスピタリティは（B）義務 Sollen を含み、したがって価値として理解される。この価値は、愛の戒律（慈悲の行為）のような価値や慎重さの価値などから導出される価値である。その点で、ホスピタリティは、個人的観点からは（C）道徳的義務（徳）であり、社会的観点からは（D）「敵・よそ者」との交流における文化的はたらきなのである。

　ホスピタリティは、出会いにおいて可能となる。なぜなら、出会いのない人は、実際に敵であったり客人であったりすることはありえないからである。だが、よそ者が誰かに出会ったり、あるいは自身がよそ者であったりするならば、何かをしなければならない。何事もなさないということはありえない。いわばこの出会いはコミュニケーションを強いる。よそ者とうまくコミュニケーションをとれて初めて、自身の不安（上述を参照）が克服されるのである。その点で、ホスピタリティは、よそ者・敵対者に対する不安を能動的に克服することによって（E）敵意を拭い去る行為として理解できる。ちなみに、このことはホストにも、客人（よそ者）にも同様に当てはまるのである。

■ Platter, G., Fremdenhass u. Gastfreundschaft, Bonn 2005. - Kant, I., Zum ewigen Frieden, hg. v. O. Höffe, Berlin ²2004. - Kayed, Ch., Gast sein. Ein Lesebuch, Bozen-Wien 2003. - Derrida, J., Von der Gastfreundschaft, Wien 2001. - Peyer, H., Von der Gastfreundschaft zum Gasthaus. Studien zur Gastlichkeit im Mittelalter, Hannover 1987.

グントラム・プラッター／硲　智樹

祭／祝日　　Fest

　祭を祝うこと、これは人間の基礎的な天分である。時間を中断し、時間を意識的に構成し、時間という*象徴において*意味を創出し、宇宙的・四季的なサイクルを通して、*共同体を形成し、育んできた（原）歴史と生の歴史的転換点を現在化することで時間の意味を体験するということは、常に人間の実存の基本的構造の一部であり、すべての*宗教と*文化の遺産の一つである。他の伝統継承のプロセスと同じく、祭の理解と実践も、ヨーロッパ近代において加速された特異な変化のプロセスに呑みこまれている。すなわちその理解と実践が、ファッショ的、共産主義的、国粋主義的イデオロギーのために、機能主義化したり、変形したりしているのである。しかし同じように生活世界がますます多様化し、個人化が深化していくなかで、同じように祭も、民衆宗教的な解釈や、浅薄な解釈さらに選択的なブリコラージュ〔本来未開社会の思考様式に用いられる表現で、身近な具体的対象が状況に応じてさまざまな意味を持つ記号として用いられること〕（*アイデンティティ）の対象と

なっている。経済的関心のせいで、従来の祭も、新たに編成された祭も商品化することになった。

　キリスト教の祭もまた、宣教のインカルチュレーション〔土着化〕のプロセスのなかから成長してきた。すなわちユダヤ、ヘレニズム・ローマの要素や、他にもケルト・ゲルマン、さらにそれらに内在している原初的＊伝統の要素が、選択的なアクセントをもって、またキリスト教的志向を保持するという緊張のなかで、統合されてきたのである（＊シンクレティズム／諸宗習合。民衆宗教）。さまざまに異なる受容の歴史が、地域的および宗派による諸種のバリエーションに反映している。異なる宗教や異文化との出会いにあっては、祭は第一級の鍵といえる。なぜなら祭のなかで、人間存在の神秘、人間の宇宙への組み入れという神秘、さらに神の秘義の啓示という神秘が体験可能な形で祝われるからである。従って祭とは、異なる宗教または異文化の解明のためには、不可欠の道なのである。

　真の祭体験は、観光的好奇心や比較宗教学（＊宗教学）の中立的考察、社会学や心理学の分析によっても、獲得されるものではない。祭体験が可能になるのは、絶えず神秘に満ちた異質なるものに対しあらゆる注意が向けられ、感受性のある理解をもって参加し、喜びを分かち、招きに応じてアプローチ可能な範囲の要素を、客としての仕方で（＊ホスピタリティ／もてなし）共に祭を祝うことによってである。もっともこのことは、異質ないしは身内の祭の中核的意図に対し、またそこに現在化される自己理解に対し、良心に恥じないような敬意が許す限りにおいてである。他の宗教の祭を理解しつつ、敬意に

満ちた出会いは、＊異文化間教育（＊人間形成／教養／教育）の未来豊かな課題であり続ける。異文化間教育こそ、霊的（＊スピリチュアリティ／霊性）共同体を可能にし、癒しと和解の力を増進し、神的な神秘へのセンスを磨き、＊連帯と希望へ向けて我々を鼓舞するものである。

■ Raske, M., Sollten Mitglieder der Gesellschaft für Christlich-Jüdische Zusammenarbeit im Dezember, Weih-nukka' feiern? In: mich erinnern - dich erkennen - uns erleben. 50 Jahre Gesellschaft für Christlich-Jüdische Zusammenarbeit in Frankfurt am Main 1949-1999, Frankfurt a.M. 1999, 141-146. - Wagemann, G., Feste der Religionen, Begegnung der Kulturen, München 1996 (2002). - Halbfas, H., Religionsunterricht in der Grundschule. Lehrerhandbuch 3, Düsseldorf-Zürich 1985 (u. folgende Aufl.), 341-369 (vgl. das gesamte Unterrichtswerk).

ミヒャエル・ラスケ／岡野　薫

民主主義　　Demokratie

　民主主義は人権に関する条約と同じく長い歴史的な過程の中で確立され、発展し続けてきたのであるが、これまで（理想的な）究極状態に達したことはなかった。人権は、世界的規範として 1948 年の国連世界人権憲章において宣言されている。これまで全ての国家が、国内法体系においてもこの憲章をそれぞれの法の実施のための拘束的な基準にしてきたわけではない。（民主主義と人権の歴史的な根は緊密に結び付いているにもかかわらず）民主主義国家ですら人権宣言に基づき起草された数

多くの条約を批准してこなかった。民主主義的な意思決定過程の自由さが制限されることへの危惧があまりに強くあったのであり、現在でもそれはある。

　人権と民主主義体制は完全に一致するというわけではないが、それらは、人間がいかなる仕方であれば〔他の〕人間を支配してもよいのかという同一の根本的問題に関わっている。思想的な起源はかなり遡る。だが、絶対主義的な支配を拒絶することにはじめて真剣になったのがフランス革命である。それ以来、民主主義体制を基盤とする国民国家が次々と誕生した。国民国家はその領域的境界によって、国家市民の、また当然ながら民主主義的な基本権の保護範囲を定めるのである。

　確かに、民主主義体制を持つ国民国家の権力は人民あるいは人民の代表機関としての議会から発する。けれどもこの権力が個々の点で国家市民にどのように関わるのかは、それぞれの民主主義国家で全くさまざまである。それゆえ、例えば子どもや弱い立場の人びと全体が、国家的行為あるいは私的行為の保護を受けるべき「対象」として承認されることになったのは、それほど昔のことではない（子どもの権利条約はドイツにおいては 1992 年にようやく批准されたが、アメリカ合衆国やソマリアは今日までそれに同意していない）。

　＊政治の＊グローバリゼーションが進展することにより、人権をテーマにすることが国際関係において重要性を増すことになったのだが、同時にそれは、民主主義国家と非民主主義国家との間の政治的かつ文化的緊張（＊文化）を高めることになった。市民権がこれまで単に〔国家内の〕領域毎に保護され、またそれに対応し

た法体系によってのみ保護されてきたということが、人権のグローバルな受容とその浸透を妨げている。国際法は、国際的な刑事裁判所を承認し、国民国家の推進体系を実際に機能させるよう義務づける、つまりグローバルに拘束力を持つ義務付けにまでは至っていない。従って人権はこれまで単に政治的な対決において利用されているにすぎない。例えば、戦争行為を「人道的介入」として正当化することなどがそうである。またそのために、民主主義国家によってもなお人権の甚大な侵害が繰り返し行われているのである（例えばバルカン戦争における場合）。

今日、とりわけ非国家的組織が、人権の推進者や監視人とみなされており（例えば<u>アムネスティ・インターナショナル</u>）、国際政治にも影響を与えようと試みている。それらの成果が概して乏しいのは、それが国際関係のさらなる発展次第であることを示している。すなわちそれがグローバルに受容される法体系に、また――非常に困難であるが――グローバルに受容される執行機関になるのかどうか、そしてそれがどのようになるのか、という問題にかかっている。

■ Abromeit, H./Stoiber, M., Demokratien im Vergleich. Einführung in die vergleichende Analyse politischer Systeme, Opladen 2006. - König, M., Menschenrechte, Frankfurt a. M. 2005. - Senghaas, D., Der aufhaltsame Sieg der Menschenrechte, in : H. Münkler/M. Llanque/ C. C. Stepina (Hg.), Der demokratische Nationalstaat in den Zeiten der Globalisierung. Politische Leitideen für das 21. Jahrhundert, Berlin 2002. - Höffe, O., Demokratie im Zeitalter der Globalisierung, München, 1999.

クリスチャン・ビュットナー／硲　智樹

民族集団／エスニック・グループ　　Ethnie

　民族集団 Ethnie（〔言語と文化を一にする少数派の〕民族集団）とは、家族、全民族、社会、すなわち国民国家間の空間に定着している人間集団のことである。初期の民族学は、たとえば居住地域、家の形、「慣習」、*宗教や*言語（さらに身体的特徴も）のような単純に観察可能な特徴に基づいて、こうした民族集団を分類していた。このことが、尺度のいかんによっては、種々異なる統一体や部分的統一体がある、という結論をもたらすことになったのである。そのうえこれらの民族集団の暮らしぶり（*文化）は、常に変化しており、最終的には、こうした集団の構成員は、ますます世界中広く移動している。従って近現代の民族学者は、線引きをする際に、彼らの暮らしぶりの特殊性ではなく、むしろ政治家やメディアとは全く対照的に、集団の構成員自身によって強調される境界に注目する（Antweiler 2005 を参照）。今日の民族学において、諸民族集団は、基本的に「我々」意識とそれに基づいた行為に則って区分される。その結果、諸民族集団にはほとんど構成員がいないということになるが、しかし同時に数百万の民族を表すことにもなる。民族性は、一つの集団が他の集団に対し線引きをするための所属性のイメージや感情そして行為に表れてくる。自分の集団を全く特別であると考え、肯定的に捉え、またこうした視点から外部の世界を見るようなイメージもまた、こうした所属性に関係あるものである

(自民族中心主義)。

　民族集団は、基本的に同族結婚の集団である。構成員はその統一体のなかで結婚するからである。歴史的経緯において、集団間の相互作用をしながら包摂（Inklusion）と除外（Exklusion）という民族性プロセスを通じて、民族集団は形成されてきた。従って他者の側からの相応な補填的影響もあったであろう。構成員にとって権威ある集団のしるしは、選ばれ、もしくは創出され、共通であると認められた＊伝統である。個々においては、次のようなさまざまな局面がしっかり区別されねばならない。すなわち民族のカテゴリー、民族の集団、民族のネットワーク、そして民族の機関もしくは民族の組織である。

　集団的な＊アイデンティティは、常に種々異なる局面における一種の「玉ねぎの皮モデル」にある。これは上昇的表現を用いれば、たとえば親族集団（Lineage Clan）、年齢集団、地域集団、宗教集団あるいは国民国家がそれに当たる。その際、個々人は社会状況および異なった形で包括するアイデンティティの統一のセットから成る＊コンテクストに応じて選択するのである。こうした選択は、普通ほとんど意識されない。時にはその選択が反対に戦略的視点でなされることもある。第二に個々人が複数の可能性から、集団を定義するしるしを選ぶこともある。上述した局面のために、言語または宗教による境界設定という全く異なるしるしが選ばれることもある。決定的なのは、そこで感じられ、信じられ、それぞれに強調される共通点をみる独自の視点（区別の目安となる視点）である。その限りにおいて、境界設定が古来からなされていたのか（primoridial）、あるいはたと

えば植民庁の介入によって創りだされたのか(「構築された」)、さらに起源伝説が学術的視点から見て真の歴史を反映しているのか、あるいは「創られた歴史」であるのかということは、アイデンティティの持つダイナミズムにとっては、二次的な事柄である。

■ Antweiler, Ch., Ethnologie. Ein Führer zu populären Medien, Berlin 2005. - Eriksen, Th. H., Ethnicity and Nationalism: Anthropological Perspectives, London 1993 (^{2}2003). - Ganter, S., Ethnizität und ethnische Konflikte. Konzepte und theoretische Ansätze für eine vergleichende Analyse, Freiburg i.B. 1995.

クリストフ・アントヴァイラー／岡野　薫

無神論　　Atheismus

無神論(ギ：*átheos* ＝神の存在を認めない gottlos、*Atheóthēs* ＝無信仰 Gottlosigkeit、神の否認 Gottesleugnung、不信仰 Unglaube)は＊神の存在を否認することである。神の否認は神信仰(＊信仰)という言葉自体とおなじように古いが、無神論という言葉は 16 世紀以降にようやく普及した。諸宗教(＊宗教)の歴史においては、古代ギリシャのソクラテス、ローマ帝国時代における初期のキリスト教徒、近代におけるスピノザやフィヒテのように、信仰を異にする者がしばしば政治的な理由から無神論のそしりをうけた。

神的なものの存在を信じない人物の見解は、弱い無神論と称されることがある。それに対し、強い無神論とは、神ないし神々の非存在を明確に主張することとされる。

神信仰を虚偽と仮定する場合、無神論はこうした偽りの確信の成立とその広がりに説明をつけなくてはならない。最古にして最も常套的説明は、神ないし神々は、政治的あるいは心理的な理由もしくは自然への不十分な知識に基づいて人間が考案したものであるというもので、これはおよそキケロ Cicero、マキャヴェリ Machiavelli、ドルバック Holbach〔d'Holbach〕、フォイエルバッハ Feuerbach、マルクス Marx、フロイト Freud にみられる。神への信仰を人間による創作に過ぎないと暴露することは、しばしば宗教からの解放の要求とむすびついている。神を想定することは、単に誤りであるのみならず、むしろ人間とその社会にとって有害であり、それは克服されるべきものとされる。神の存在の肯定が、人間による発明の成果であるという無神論的な見解は、L・フォイエルバッハにおいて完成を見る。フォイエルバッハは、人間固有の性質を神的な存在に投影した結果として宗教を説明する。つまり、神が人間を創造したのではなく、むしろ、人間が神をみずからの似姿として創造した、というのである。

　とりわけ、神による人間の創造という聖書の教え（*創造）を文字通り理解することを不可能にした Ch・ダーウィンの進化論によって、神への信仰は自然のなかの事象を説明するという役割を失った。こうして、今日、たいていの自然科学者たちはいわゆる<u>方法論的無神論</u>を支持し、その結果、経験世界の出来事は神の存在を受け入れることなしに科学的に説明することができる、と考えている。方法論的無神論は、<u>実用主義的無神論</u>つまり神ないし神々の存在を明確に排除しないが、そのような

考えを不必要または余計なものとみなす無神論によって補足されることがある。方法論的無神論や実用的無神論と類縁関係にあるのが、<u>意味論的無神論</u>である。神ないし神々に関する言表は立証も論破もされないため、意味論的無神論にとって神の存在を受け入れることには意味がない。

　<u>理論的無神論</u>は強い無神論のひとつの形であり、それは神の存在に対してはっきりとした哲学的主張を表明する。N・ヘルスター Hoerster、J・L・マッキー Mackie のような人々である。この強い無神論とも、はっきりした宗教的立場とも異なるのは<u>不可知論</u> *Agnostizismus*（ギ：*agnōsia*＝知識の欠如）である。不可知論は、プロタゴラス、ヒュームのように、神、神々の存在ないし非存在は人間の理性を通じては決定できないという点を出発点としている。しかしながら不可知論 Agnostizismus の語を導入した Th・ハクスリーは、本来＊超越的存在は<u>実在するにもかかわらず</u>、それを合理的に認識することは不可能であるという説として理解していたのである。

■ Dennett, D. C., Breaking the Spell. Religion as Natural Phenomenon, New York 2006. - Faber, R./Lanwerd, S. (Hg.), Atheismus: Ideologie, Philosophie oder Mentalität?, Würzburg 2006. - Mackie, J. L., Das Wunder des Theismus. Argumente für und gegen die Existenz Gottes, Stuttgart 1985 (1986).　　　トーマス・M・シュミット／岡野　薫

瞑想　　Meditation

日常の喧騒を離れて精神集中の静寂に至る道があ

る。生きる意味に対する注意力の集中をそらすような事柄はすべて、精神統一という鍛錬のなかで背後に退く。そうするうちに、自己存在の神秘を開示する準備となる沈着さというあり方が展開する。こうした体験は、すべての宗教やその霊的な道（*霊性）に見られるのである。それは瞑想の種々の形態で可視的になる。「瞑想 Meditation」の語は、ラテン語の meditatio または meditari から派生している。その意味は「あることについて沈思黙考する nach-sinnen」、「ある事柄について熟考する über-denken」、「何かを訓練する ein-üben」である。これは人生の意味に迫ろうとする行動であり、それはすべての思考を「<u>超えて</u>」、努力することであり、修行の道を志す準備でもある。その背後にある推進力は、人間の心の琴線に無条件に触れるような経験である。瞑想の道を歩む者は、空間と*時間を超え、同時に道を求める人間という存在に不思議にも作用を及ぼす真の*現実なるものを想定している。そのことから瞑想とは、*創造された世界の全体性を知覚するが（*知覚）、思考、感情、感覚、価値評価への固執から自由になるべく弛まず続ける自己鍛錬となる。開かれた基本姿勢におけるこうした沈思黙考という努力により、小我が少しずつその固執から自由になっていくのである。それにより生の包括的神秘に対し、心の扉を開くことになる。このことは決して自閉にではなく、静寂の持つ内的なダイナミズムが育む日常の新たな論争・対決に向かうのである。

　瞑想のすべての形態にある基礎的修行は、外的、内的注意力の訓練である。意識力がすべての知覚のレベルに集められ、最終的に、生の根源、すなわち存在の包

括的な現実に出会うのであり、またその現実と同じ空間で一体となるのである（瞑想 Kontemplation とは *Contemplum* すなわち同じ空間で共に合一すること）。あらゆる民族の宗教的＊伝統は、この絶対的な把捉しがたい存在を＊神と表現しているが、それは人々が歴史的経緯において、この神秘にそれぞれどのような名称を与えているか、あるいは与えてきたのかに関係なく行われてきたのである。一体化の経験は、すべてを包摂し、愛に満ち、隠された存在として体験される。その存在から厚情、共感そして＊平和が日常の生活へと放射される。精神集中の道で起きたこうした個人的な接触は、天賦として体験される。瞑想状態に入るためには、種々異なる「技術」が助けになる。それはまたさまざまな意識の段階を内容としており、徐々に自己沈潜状態に導く。＊キリスト教の伝統では、こうした技術は、祈りの個々の形態において可視的になる。すなわち口頭の＊祈り（*oratio*）、観想的祈り（*consideratio*）、精神統一の祈り（*meditatio*）、合一の祈り（*contemplatio*）である。この祈りの諸形態にはそれぞれ神秘主義にあっては、浄化・明確化の道（*via purgativa*）、悟り・観照の道（*via illuminativa*）、さらに合一の道（*via unitiva*）として特定の決まった実践が相応している。マイスター・エックハルトは、この全体の生起を以下のように表現している。「神と私は一つである。神が働き、私が成る。」このように神的な神秘が開示されると、瞑想という基本姿勢の実践は、はっきりと回心への道となっている。瞑想は、人を人本来の本質へと進展させる。それは人が初めからそうであったように、「美の原型」（350年ごろのニュッサのグレゴール

を参照）として神的神秘の似像なのである。

■ Maschwitz, R., Das Herzensgebet. Ein Meditationsweg, München 2005. - Köster, P., Beten lernen, Leipzig 2003. - Steindl-Rast, D., Fülle und Nichts, Freiburg i.B. 2005. - Lipsett, P.R., Wege zur Transzendenzerfahrung, Münsterschwarzach 1992.

フランツ゠クサヴァー・ヤンス゠シャイデッガー／岡野　薫

ユダヤ教　　Judentum

　初期のユダヤ教は、紀元前8世紀後半以降にイスラエル王国とユダ王国において確認できた「ヤハウェのみ運動 JHWH-allein Bewegung」に由来する（ヤハウェとは四つの子音で表現されるイスラエルの*神の固有名詞である）。この運動は紀元前5世紀終わりに決定的な成功を収めた。従ってこの時代は、律法学者のエズラという人物と結び付けられ、またユダヤ教の始点ということができる。ユダヤ教は厳格な一神教（申5章7節）を標榜し、異教の祭祀やその信奉者たちとは明確な一線を引く。エルサレムとその周辺に集中していた共同体は、当初、ペルシャの支配下にあり、その後、紀元前4世紀末にヘレニズム期の諸王、次にプトレマイオス朝エジプト、その後、セレウコス朝シリアの支配下に置かれた。この時期に今日のユダヤ教の基礎となる*聖書の正典が成立する。外国人の統治に対する反動として黙示書、つまりエスカトン Eschaton「終末」に関する啓示文学が、最終的に勝者となった神による普遍的な支配（ダニ7章27節）を告示する。ヘレニズム*文化はパレスチナのユダヤ教

にも、ディアスポラ（離散した共同体）のユダヤ教にも影響を及ぼし、とりわけ後者への影響は非常に強かった。こうしてエジプトのアレクサンドリアで『ヘブライ語聖書』〔旧約聖書〕の最初のギリシャ語訳『七十人訳聖書』が成立した。異なる文化との精神的な論争の傾向を有するのは、「シラ書」、「知恵の書」、そして哲学の領域ではアレクサンドリアのフィロン（前25年頃‐後50年）である。この時代のユダヤ教は極端に分裂し、諸派（ファリサイ派、サドカイ派、エッセネ派）に分かれている。135年のローマに対する最後のむなしい抵抗の終焉が初期ユダヤ教の終焉の徴となっている。

この時代の後にラビのユダヤ教が続く。その創始者とされるのはヨハナン・ベン・ザカイ Jochanan ben Zakkai で、彼は70年のローマ人によるエルサレムならびに神殿の破壊後、今日のテル・アビブ近郊にヤブネの教えの家を設立した。神殿祭祀が終焉をむかえた後、ユダヤ教に成文と口伝による律法（トーラー）（指示・教え）を基礎として前途を開いたことは律法学者たちの大きな功績である。成文律法はモーゼ五書であり、口伝律法は、当初、200年頃にミシュナ〔ユダヤ教のラビの口伝を集成したもの。タルムードの第一部を構成する〕すなわちタルムード〔ユダヤ教のラビたちが主にモーセの律法に対して行った口伝や解説を集成したもの〕の基礎として編纂された。このタルムードは6世紀以降、バビロニア・タルムードの形でユダヤ教における遵守すべき規範となった。初期キリスト教以来存在していた反ユダヤ主義は、4世紀に*キリスト教がローマ帝国の国教となって以降、敵意がむき出しになった立法（*差別）という

形で表面化し、それがパレスチナからバビロニアへの移民の動きへとつながった。750年以後、バビロニアはユダヤ教の中心地となる。パレスチナは638年にアラビア人によって征服された。

中世の初期にユダヤ人はすでにかつてのローマ帝国全域で暮らしていた。ヨーロッパの重要な中心地は当初スペインであった。ここで当代の最も重要なユダヤ人の哲学者、神学者であるモーゼス・マイモニデス Moses Maimonides〔モーシェ・ベン・マイモンとも表記される〕（1135-1204）が生まれた。この地ではセファルディム〔離散したユダヤ人のうち、スペイン・ポルトガルに定住した人々〕のユダヤ教が開花した。このユダヤ教はスペイン・ポルトガルからの追放後（1492/1497）オスマン帝国に新しい安住の地を見出した。

ドイツ地域〔ここではフランク王国とその後の神聖ローマ帝国を指す〕では9・10世紀にアシュケナジム〔ヨーロッパ中部・東部に定住したユダヤ人〕のユダヤ教が成立し、その中心地は当初、ラインラントと北東フランスで、その後地域全体とその周辺地域に広がった。募りつつあった反ユダヤ主義は十字軍の時代（1096年以降）に、共同体全体の壊滅に至るような激しい迫害として過熱した。それは多くのユダヤ人の東ヨーロッパへの移住へとつながる結果となった。カバラ、メシア運動、ハシディズムといったユダヤ教的神秘主義思想が盛んになった。

18世紀末には西ヨーロッパでユダヤ啓蒙主義（ハスカラー）が起こった。その代表の一人がベルリンのモーゼス・メンデルスゾーン Moses Mendelssohn である。ユ

ダヤ啓蒙主義によって19世紀の西・中央ヨーロッパでは、ユダヤ教の解放と同化の促進が認められる。正統派ユダヤ教と並んで別の方向性、つまり、アーブラハム・ガイガー Abraham Geiger に由来する改革派ユダヤ教が生まれた。この改革派ユダヤ教は今日まで維持されている。主な指導的人々としてレオ・ベック Leo Baeck、ヘルマン・コーエン Hermann Cohen、フランツ・ローゼンツヴァイク Franz Rosenzweig、マルティン・ブーバー Martin Buber がいる。

19世紀以来広がり続け、またさらに人種的に（＊人種差別／人種差別主義）根拠づけられた反ユダヤ主義への反応として、テオドール・ヘルツル Theodor Herzl に始まる世俗的シオニズムが起こった。この世俗的シオニズムによって、ユダヤ人のパレスチナへの移住、とりわけ東ヨーロッパからの移住がさらに増え、最終的には国連による1947年のイスラエル国家の建国に至った。建国の引き金となったのは1933から1945年の間にナチスによってヨーロッパのユダヤ人に降りかかった大虐殺（ショア／ホロコースト）であった。この大虐殺によってユダヤ人住民の三分の二が犠牲となった。さらに〔世俗的シオニズム台頭の〕別の結果は、今日、ユダヤ教徒の大部分がアメリカ合衆国で生活していることである。キリスト教諸教会（＊教会）は、自らの伝統的な反ユダヤ主義の罪を認めることで大量虐殺に反応を示し、こうして20世紀の中盤からユダヤ教とキリスト教の対話へのいっそう大きな努力が払われることとなった。1965年の第二バチカン公会議の「キリスト教以外の諸宗教に対する教会の態度についての宣言」、そして、1980年

のラインラントのプロテスタント教会における地方諸問会議 Landessynode の議決が決定的なインパクトを与えた。もし信仰が神への直接的かつ信頼による関係としてユダヤ人の宗教の特徴である場合（M・ハインツマン Heinzmann）、その特徴は、共通の*聖書（ユダヤ教の聖書／旧約聖書）をもつという以上に、この〔ユダヤ教とキリスト教の〕実りある対話のためのよい基礎であることは疑い得ない。

■ Maier, J., Das Judentum von der biblischen Zeit bis zur Moderne, München ³1988. - Mußner, F., Traktat über die Juden, München ²1988. - Ben-Chorin, Sch., Theologia Judaica, Tübingen 1982.

フランツ・ヨーゼフ・シュテンデバッハ／岡野　薫

預言者　　Prophet

預言者・預言は*間文化的な現象である。*宗教学から見れば、この概念は、多くの部族宗教にあるシャーマニズムに登場する宗教史上の人物に始まり、危機状況において語りを余儀なくされるような代表者を持つ世俗的預言までを含む諸現象を表す。ギリシャ語の<u>プロフェーテス profétes</u> という語は本来、何かを予言する者ではなく、何かを告知する者、霊感によって把握された神の意思の告知者を意味する。ギリシャ語を話すディアスポラ*ユダヤ教において、預言者の称号は『ヘブライ語*聖書』（『旧約聖書』）のネビイーム Nebi'im (nebî'îm) に転用された。単数形のナービ (nābî') は恐らく「呼ぶ者、告知者」あるいは「召命された者」とも解釈できる（エー

バッハ Ebach 348 以下)。『ヘブライ語聖書』(『旧約聖書』)において預言は多様な形態をとる現象である。この概念は〔宗教的〕忘我者の集団（サム上 10 章 5 節以下；19 章 18-24 節）を意味し、アブラハム、モーセ、ミリアム、デボラ、サムエルといった初期イスラエルの重要な人物たちを表している（創 20 章 7 節、申 18 章 15 節、出 15 章 20 節、士 4 章 4 節、サム上 9 章 9 節）。サムエル記にはカナンの預言者集団と遊牧民の予見者集団との関連が見いだされる。同時に預言者たちはダビデやソロモンの宮廷においてみられるように政治的役割を有している（サム下 7 章、王上 1 章）。エリア以降、イスラエルの預言はヤハウェへの唯一崇拝と結び付けられ（王上 18 章）、預言者とは神の言葉の仲介者と理解されるようになる。それゆえに使者の言い回し（「そのようにヤハウェは言った」）、および彼らを遣わした神が〈わたし〉という呼称で発する使者の口上は重要な語りの形態なのである。神的な存在の経験は幻視（イザ 6 章）と幻聴（エレ 1 章 4-10 節）の形でなされる。イスラエルにおける預言の頂点を形成するのは、「記述預言者たち」（イザヤ、エレミヤ、エゼキエル、十二小預言者）である。預言はたいてい直接に民を相手としているが、反対派としてしばしば神殿や宮殿に対峙することもある。預言は、エジプト、メソポタミア、シリアといったイスラエルの周辺世界でもなされた。

　『新約聖書』において洗者ヨハネ〔バプテスマのヨハネ〕（マタ 11 章 9 節）とイエスが預言者にあたる（マコ 6 章 4 節）。パウロの教会共同体にとって、預言は〔人と教会とを〕形成すること、励ますこと、慰めを与える

という課題を負っている(一コリ14章1-5節)。こうした預言はパレスチナのユダヤ人キリスト教に由来するものである。〔ユダヤ人以外の〕異邦人のキリスト教における預言は、*教会形成の原初時代のカリスマ(＝恩寵、賜物)に相当すると考えられたが(ダウツェンベルク Dautzenberg 185 以下)、それは次第に疑念をもたれるようになった。2世紀には教師と聖書解釈(*聖典／啓典)が預言の代替の地位を占めるようになった。

宗教史における重要な預言者的人物としては、ゾロアスター(前628-551年頃)、マニ(216-277)、また特に「預言者の封印」と理解されている最後の預言者ムハンマド(570頃-632年、*イスラム)が挙げられる。

■ Dautzenberg, G., Prophet (II) NT, in: M. Görg/ B. Lang (Hg.), Neues Bibellexikon, Bd. 3, Zürich 2001, 184-186. - Blenkinsopp, J.A., Geschichte der Prophetie in Israel, Stuttgart-Berlin-Köln 1998. -Ebach, J., Prophetismus, in: H. Cancik/ B. Gladigow/ K.-H. Kohl (Hg.), Handbuch religionswissenschaftlicher Grundbegriffe, Bd. 4, Stuttgart-Berlin-Köln 1998, 347-359.　フランツ・ヨーゼフ・シュテンデバッハ／岡野　薫

倫理／倫理学　　Ethik

倫理／倫理学や道徳という概念は、しばしば「善き*生」と、またそれ以上に我々はいかにふるまうべきかという要求と結び付けられる。我々は「善く」ありたいのであり、「正しく」行為するべきなのである。学問においては、我々は生きられた道徳と省察する倫理学という二つの局面を区別する。生きられた道徳においても倫

理学においても、何が「善くあること」そして何が「正しい行為」を形成するのかについてはさまざまな考え方がある。まさに、さまざまな家族的、文化的、宗教的背景を有する人間がどのような仕方で道徳を考えるのかということについての議論が重要となってくる。従って、宗教的な視点は、道徳への問いに特殊な方向づけを与えるいくつかの可能な視点のひとつにすぎないのであり、この特殊な方向づけは各々の宗教の内容によって特徴づけられるものである。

　キリスト教的＊宗教（＊キリスト教）は、道徳神学が示しているように、神と人間との関係から出発する。この関係は、個々人の自分の「由来」や系図の解説に始まり、すべての人間にとっての生命の充足への希望で終わる。このことからすでに、キリスト教徒が、何を「善き生」と結び付けているかが示唆されている。制限のない関係、由来と目標、生の充足——これらは（神学的な）倫理学にとっても重要な観念である。なぜなら、それらは幸福と成功の観念を包摂しており、受容するにせよ、拒否するにせよ、実存の基盤を人間に与えるからである。

　しかしキリスト教倫理学はただ単に特殊な神‐人間関係からだけではなく、神に対する畏敬という概念によって特徴づけられる人間‐神関係も出発点としている。倫理学によれば、神に対するこうした畏敬は、＊創造および他の人間に対し責任あり、と自分が呼びかけられている、と考える実践的要求ということになる。すなわち神の愛は、キリスト教的な意味では隣人愛において実現されるからである。したがって他者に対する、また、他者についての配慮は、人間が自分自身の生の成功のために

与える——そして与える<u>べき</u>——応答なのである。責任（Verantwortung）という観点が、すでに先行している神からの呼びかけ（An-sprache）への応答（Antwort）として理解されるなら、善き生という倫理と規範的な道徳という二つの視点が関係づけられることになる。その場合、キリスト教的道徳（それに対応する倫理学における省察）にとって重要なのはただ単に個人の生の成功だけではなく、それと同じように他者の尊重、また他者への配慮という要求なのである。

倫理学においてはこうしたことを熟考することが「基礎倫理学的」（fundamentalethisch）と呼ばれる。これらを考えることは、道徳的能力があり、そのため自分の行為に対し責任をもつことのできる個々の人間に対してなされる要求を<u>理解する</u>こと、さらにはそれを<u>根拠づける</u>ことに関わってくる。

人間が相互に発することのできる根拠ある要求を熟考する場合には、倫理学は哲学の方法に従って論議する。倫理学の歴史においては、人権の根拠づけや社会的また政治的正義の観点など、「最善の論拠」をめぐって論争する（認知主義的な観点）さまざまな学派が起こった。それと並んで、道徳的な要求にはそもそも合理的な根拠づけなどありうるのかどうか、あるいは、それはせいぜい直観や感情のうちに根拠を持つのではないか（非認知主義的な学派）などの問いも立てられている。

神学的倫理学には、当為要求〔…すべきという要求〕の根拠づけを超えて、もう一つ社会的プロセスの批判的観察や分析も含まれる。共同体形成や共同体の目標の設定（今日これは公共善、グローバル化した世界における

万人の幸福；＊グローバリゼーション）だけではなく、むしろ個々の人間や集団が＊共同体や社会から除外され、その権利が制限されているといったことも、あらゆる文化の歴史的経験に属している。このような構造的次元における困難な状況や過誤を視野に入れることができるために、方法は社会科学的、＊文化科学的、また＊政治学的、法学的な基盤に基づく批判でなければならない。それゆえ、<u>社会倫理学</u>としての神学的倫理学は、特に社会的、構造的そして制度的諸条件とそれらの根底にある価値や規範を主題とする。社会倫理学は社会組織（家族、共同体、民族）における他者に対する配慮、また他者へのケアの表現としての＊<u>連帯</u>と、責任を伴う尊重と万人の平等の表現としての＊<u>正義</u>を問題とする。

　基礎倫理学もしくは個人倫理学および社会倫理学というこうした二つの根本的な局面と並んで、倫理学は、さまざまな行為領域や実践領域へと進展している。この行為領域や実践領域は、時には領域倫理学、時には「応用」倫理学と呼ばれている（文化倫理学、メディア倫理学、環境倫理学、経済倫理学など）。この倫理学の代表的例は、いわゆる生命倫理学である。これは近代医療、バイオテクノロジー、神経科学や情報科学に係わるものである。基礎神学とは違って、これらの諸領域の倫理学にあっては、科学や＊神学についての理論的な言説よりも、むしろ知的条件や行為条件が変化したことでこれらの領域で生じている実践道徳的な問題が重要なのである。特に生命の始まりと終わり（＊死）についての医学的問題、人間の＊自律の有効範囲と限界への問い、さらには、人間本性の変化などがここでは重要な役割を果た

している。近年、生命倫理学においては「グローバルな」問題への転換が際立っている。すなわち、健康増進、研究や技術の発展への貢献、そして何よりもHIV/AIDSなど感染病の流行範囲との戦いである。

<u>キリスト教倫理学</u>は——すべての学問的な学際性を超えて——神とすべての人間との結び付きという（信仰）要求のもとにある。その人間とは、「当為〔…すべき〕」を内に含む「存在」なのである。過去をその批判的分析の出発点とし、人間の責任を解明するよう、倫理学に義務づけるのは、まさにこの結び付きである。他者の<u>尊重</u>、他者に対する<u>配慮</u>、正義への<u>連帯的参加</u>——これらの諸原理に神学的倫理学は基づいているのである。

■ Düwell, M./Hübenthal, C./Werner, M.(Hg.), Handbuch Ethik, Stuttgart ²2005. - Düwell, M./Steigleder, K.(Hg.), Bioethik. Eine Einführung, Frankfurt a. M. 2003. - Anzenbacher, A., Christriche Sozialethik. Einführung und Prinzipien, Paderborn 1998.

ヒレ・ハーカー／硲　智樹

霊／魂　　Seele

霊的なものという概念で理解されているのは、（真の）＊現実 Wirklichkeit の精神的側面である。西洋の＊伝統の初期には、ギリシア語の<u>プシュケー Psyche</u> やヘブライ語の<u>ルーアハ Ruach</u> という言葉によってこの精神的側面が<u>記述</u>されていた。『旧約聖書』においてもギリシアの精神世界においてもこれらの諸概念は「呼気 Hauch」や「息 Atem」をも意味していた。霊／魂は物質に浸透し、

それにいのちを与える。初期ギリシア哲学では霊的なものの領域はしばしば非常に幅広く考えられていた。内的衝動により自己運動が可能なものはすべて、生きたもの、あるいは、霊／魂を持つものと考えられた。プラトンは、続いて人間の精神的霊魂は身体から独立しているという思想を展開している。人間は理性によって感性的領域や物質領域を超越することができ、そのため本性において精神的な領域に属しているはずと考えられた。アリストテレスは、霊／魂と物質をもっと密接に結び付けており、霊／魂のうちに生命体の有機的構造を見る。すなわち、植物、動物、そして人間はそれぞれ固有の「建築設計図」を持っており、従って固有の霊／魂能力を備えている。理性霊魂を持っているのは人間だけである。プラトン優位の時代の後で、中世のキリスト教哲学が好んで手本としたのはアリストテレスの遺産である。というのも、そこでは身体と霊／魂の統一体としての人間が〔プラトンよりも〕一層都合よく考えられていたからである。〔身体と霊／魂の統一体としての人間という〕この見方は、聖書における人間像（＊聖書、人間学／人類学）に良い具合に合致しており、また身体の復活というキリスト教の教えをよりよく統合することもできるのである。近代の思考は、自己意識的主体を切り離し、同じように霊／魂を物理的自然から切り離す。これはR・デカルトの心身二元論において最もはっきりと表現されている。ここでは、物理的世界は精神を欠いた機械装置として理解されているので、自然のなかには精神が占める場所を見つけることはもはやできなくなっている。

　＊精神と自然を対置させることは、今日に至るま

で、心身問題についての議論における中心的モチーフとなっている。それゆえ喫緊の問題は、精神を「帰化 Naturalisierung」〔外来の動植物の帰化など〕する可能性についての問題である。とりわけ人間の霊魂が持っている以下の二つの側面については、すなわち、志向的内容と質的体験については自然科学ではこれまでのところ満足のいく説明ができていない。「志向性 Intentionalität」ということで理解されているのは、自己を精神的内容に関係づける能力である。例えばピュタゴラスの定理を考えてみれば、我々自身が、論理的に必然的で真なる言表に関わっていることが分かる。いかにして脳のような自然のシステムが、そのような抽象的＊真理を把握することができ、それに適応することができるのだろうか。コンピュータは数学的定理をプログラムで解くことはできるが、しかしそれを把握したり、洞察したり、あるいは判断し、それが真である、と主張することはできない。「質的体験」で理解されるのは、甘い、辛い、快適、苦痛、青い、赤いというように、あるものを特定の仕方で経験する能力である。コンピュータはサーモスタットによって温度に反応することができる。しかし、気持ちよい暖かさのときに、どのように感じられるかについては、コンピュータは知ることができない。コンピュータは何も体験しないからである。〔自然科学では〕こうした説明の欠陥があることは精神が独自性を持っている証拠であり、それがゆえに心身二元論の証拠として、評価する人々もいる。また精神的なものを、物質の持つより高次のシステムの性質として理解しようと試みる人々もいる。これに対して、もし精神が「最初から」原始的な

前形態において物質のうちにあったのであれば、精神は物質からのみ生じることができると考える人々もいる。そういうわけで、洗練された形態において哲学の古典的立場は今日もなお健在なのである。だが、心身問題の解決が視野のうちに入ることはない。

■ Brüntrup, G., Das Leib-Seele-Problem, Stuttgart 2007. - Kläden, T., Mit Leib und Seele, Regensburg 2005.

ゴーデハルト・ブリュントループ／硲　智樹

連帯　　Solidarität

　連帯という概念は、ラテン語の solidus に由来し、それは「密な」あるいは「堅い」を意味する。これに相応して、〔この言葉を〕一般的に、集団や＊共同体 Gemeinschaft において特定の目標を達成すべく、人々が固く団結する意へと言い換えたと思われる。solidarité という概念は、フランスにおける法・権利に由来し、全体に対する債務者共通の責任を意味していた。18世紀前半以降、そこにさらなる意味が付加されることになった。一方でこの概念は労働運動の闘争概念となり、情け容赦なく搾取されたプロレタリアが固く団結し、闘争しさえすれば、人間の尊厳にもとる労働状況を克服できるという信念あるいは意志を表現したものである。他方でこの概念は、例えば社会の結合のさまざまな形態を規定するための分析的概念として社会学へ取り入れられた。

　理論的・分析的に用いられるにせよ、実践的・規範的に用いられるにせよ、連帯という概念と結び付いている

のは、社会に存在し、社会分断の怖れのある不平等や矛盾に直面し、社会が団結することへの関心もしくは配慮である。連帯の目標は、個々人が自立し、自身の事だけを配慮せねばならないことではなく、一人がもう一人のために責任を持つことなのである。特別な配慮が向けられるのは自分一人で自身の面倒を未だ看られない、あるいはもはや看られなくなった人々（子ども、高齢者、病人など）や、期せずして苦境に陥った人々（失業者など）である。連帯的行為は、小さな社会的単位（例えば家族など）で始まり、社会福祉国家 Sozialstaat における「連帯システム」（保険やそれに類似したもの）にまで及び、より大きな社会集団にまで広がっている。

　グローバル化への波において、また全人類の存続をますます脅かすような社会的またエコロジーの危機に直面して、連帯は今日普遍的な広がりを見せている。連帯は、いわゆる「自由市場」が万人を幸福にするのだというネオリベラリズムによって宣伝されるモットーに脅かされている。批判的に政治参加するグループは、それに対抗して「連帯のグローバル化」を対置する。連帯のグローバル化は「貧しい人々のための選択」を手掛かりに、世界におけるより一層の＊正義や＊平和の確立、＊神による創造世界の保護を目指している。

　＊神学においては、連帯の概念及びそこから引き出される関心事は、先ず社会倫理（＊倫理）の範疇に組み込まれた。それは、人格性・個性（集団主義の代わりに）や助成説（中央集権主義の代わりに）〔国家は個人・団体に対する助成的機能を果たすべきとする説〕と並んで、実りある社会的秩序に不可欠な要素とされている。それ

以上に連帯の概念は、＊神によって創造され、無条件に愛される（＊愛）存在という共通項に基づき、救済や災厄の領域における人間の統一性というイメージに表現を与えるものである。信仰者にとってこれは励ましであると同時に要求でもある。このような視点で、一方では死者にまで拡大され（「想起的連帯」）、他方では将来世代をも先取りする「普遍的連帯」なるものが、思想的にも、実践的にも可能となるのである。

■ Duchrow, U. u.a., Solidarisch Mensch werden. Psychische und soziale Destruktion im Neoliberalismus – Wege zu ihrer Überwindung, Hamburg-Oberursel 2006. Krüggeler, M./Klein, S./Gabriel, K. (Hg.), Solidarität – ein christlicher Grundbegriff？ Soziologische und theologische Perspektiven, Zürich 2005. Zoll, R., Was ist Solidarität heute? Frankfurt a. M. 2000 (^{2}2001).　　　　　　　　ノルベルト・メッテ／硲　智樹

訳者あとがき

　本事典は、*Basiswissen Kultur und Religion ―101 Grundbegriffe für Unterricht, Studium und Beruf ―*, Kohlhammer 2007, pp.1-170 の全訳である。

　日本列島と反対側の地域で起きている事柄であっても、瞬時に私たちも目撃者となれる昨今である。それが時には共感や喜び、時には悲憤慷慨の対象として、茶の間、職場、あるいは教育の場を賑わす話題ともなる。情報に関しては、私たちの日常もグローバルなうねりの真っただ中にあることに気づく。常識とされる既成の知識だけでは、理解しきれない未知で異質な出来事、事象、言説に出会うことも稀ではない。現代人にとってこうしたことは、もはや他人事や対岸の火事と済ますことができなくなっている。いつ、自身があるいは身近な誰かがこうした出来事の当事者にならないとも限らないのである。それは私たちの生活空間が伸長して、現実にも言葉、ふるまい、宗教、慣習などを異にする人々を肌感覚で感じる位置に私たちは日々を生きているからである。

　本事典が編まれた国ドイツは、地形上複数の国々と地続きで国境を接している（実質上の国境がなくなったというべきだが）うえに、政治・経済上の理由から多民族、多様な文化を擁している。このような現実を踏まえて、原著の裏表紙には、本書の目的と特色が端的に語られて

いる。

　社会自体が多様な文化で構成される時代だからこそ、市民にも相互的な理解が要請されている。ヒューマンな資質をもち、教養ある市民として、異文化の人々との共生、共存を実現するためには、ドイツ人も自国の文化にだけ安住することが許されなくなっている。そうした認識のもと、必要なのは断片的知識を多数持つことではなく、知を網の目状に統合し、さまざまな議論、問題に対しても対応できるような対話力・対応力が求められてもいる。本書のサブタイトル「授業、講義、キャリアのための 101 の基本概念」には、ドイツ独自の教養観に根ざした知の教育へのメッセージが込められている。本書の「人間形成／教養／教育」項目に詳細な解説があるが、ドイツ語で教育を表す概念ビルドゥング Bildung には、同時に人間形成／教養という意味が含まれている。日本的な意味での教養人、文化人という概念とは趣を異にする。ドイツの教育／教養とは、第一義的に人が人として成長し、人格形成をなす全過程（文字通りの生涯学習である）での人格陶冶のことである。従って人間に相応しい生き方のための根源的で、実存的な形成力を身に付けることが期待されている。

　人格形成のための教養という基本的要請に基づいて編集された本書のキーワードは文化と宗教である。まえがきにもあるように、本事典は、神学・哲学・宗教学を含む精神科学、社会科学、文化科学等の学術領域を学際的に横断しながら、国際的な視点を拡張し、異文化・異質の他者をも認容できる相互性を縦糸に、異文化間との対話のための必要最小限の概念を横糸に編み上げた織物作

品である。本事典がドイツのフランクフルト大学で成立に至った具体的な背景を記しておこう。

　Th・シュライエック氏とB-I・ヘーメル氏という二人の編著者が神学を教えるフランクフルト大学カトリック神学部は、毎年冬学期、各大陸、各国から異文化間対話のために神学者を客員教授として招き、異文化に挟まれるキリスト教の諸問題を学び合い、議論を交わすプロジェクト「異文化の間の神学 Theologie interkulturell」を主宰している。1985年のコンゴ民主共和国の神学者ブジョー教授の講義を嚆矢として、今年で30年目を迎える息の長い、そしてヨーロッパで高い評価のある一大プロジェクトである。私事ながら、筆者も10番目の客員教授として、「日本文化の文脈におけるキリスト教」と題して、一学期間講義とゼミを担当した。東アジアの端っこの国についての地味なテーマにも拘らず、講義には常に100人を超える参加者（学生、研究者、社会人など）が熱心にメモをとり、有意義な質問をしてくれた。同じテーマのゼミでは、神学生たちが深く鋭い問いを突き付け、活発な議論が展開し、私自身も学ぶことの多かった緊張の半年だった、と記憶する。ある学生から提示された「日本では共同体倫理がなぜ個人倫理に優先するのか？」という的を射た、しかし答えに窮するような質問が忘れがたい。当時のドイツ神学の領域がほぼ男性神学者で占められていた時代に、東洋の一女性研究者を客員であれ、講義に招待してくれたフランクフルト大学神学部の英断（蛮勇！）には、賛否両論があったに違いない。講義のなかに日本のジェンダー問題を織り込ん

だ折には、堰を切ったように女性の参加者から多くの質問が飛び出したものだ。それは、ジェンダー理解の過渡期の時代を象徴していたのだろう。

　編著者を含めて80人を超える本事典の執筆者たちは、多かれ少なかれ、この30年におよぶフランクフルト大学の『異文化の間の神学』プロジェクトの関係者たちである。ドイツ語圏のみならずアフリカ、南北アメリカ、アジア、オセアニア、ユーラシアの諸大陸からの聖職者、修道女、研究者たちである。

　宗教理解については、セム語族宗教に属するユダヤ教、キリスト教、イスラム教のほか、仏教、ヒンドゥ教、儒教、道教、神道を視野に収め、エキュメニカルで宗教間対話の成果を盛り込んでいる。罪、救済、倫理、シンクレティズム、宣教／布教、聖なるものなど神学的、宗教学的術語はもとより、移住／移民、エスニック・グループ、相互性／互恵性、故郷、文化、連帯など社会学、文化人類学との境界に位置する術語を神学的、宗教学的に扱っているのは実にユニークである。時間、自由、自律、真理、精神、民主主義の項目にも哲学的のみならず、神学的考察を加えている点は、本事典の面目躍如といってよい。

　翻訳を終えて全体を見渡した印象は、確かに前述のフランクフルト大学神学部の関心に沿っていること、読者をドイツの学生、研究者、職業人に照準を絞っていることから、本事典が、神学、それもドイツのカトリック神学を柱に構成されていることは否めない。神学の立場から、他の宗教とどのように対話できるか、異文化にどのように向き合うべきか、政治、平和、民主主義に宗教が

どう関わるのか、という問いに真摯に向き合おうとする姿勢が印象的である。ドイツ発のメッセージとはいえ、日本の読者もここから多くを学べると思われる。国際的、学際的関係に結ばれた著者たちによるドイツ発の神学という射程は決してローカルに留まるものではない。キリスト教が２千年の歴史を通して培ってきた自己反省力と自浄作用がいかんなく記述されているからである。

　キリスト教が過去を振り返り、そこから何を学び、何を反省し、いま、ここで、また将来を見据えて、宗教がどのような役割と課題を担えるのか、という模索と思考が本書を通して可視的になる。キリスト教も他の宗教と同様に、少なからず負の歴史（十字軍、植民地主義など）に責任を負うが、同時に自浄作用を発揮できるだけの自己相対化のエネルギーも健全に持ち合わせている。そうしたメッセージは、悪、共生、神学、神義論、宣教、相互性／互恵性などの項目に息づいている。諸宗教の研究者のみならず、異文化との触れ合いに関心をお持ちの方、宗教から人格形成や生き方のヒントを得たいと考えておられる方、学びの途上におられる学生諸氏、キャリア真っただ中の職業人、生涯学習を目指す社会人の方にとって、本書が読む事典として、日常生活と精神生活へポジティヴな刺激をもたらす書であることを願うものである。

　三人の訳者はそれぞれの仕事の合間を縫って、翻訳、監訳に鋭意取り組んだつもりではあるが、各項目のコンテクストの広さに目を見張った。思わぬ誤読、未熟な表現があるかもしれない。先学諸兄姉のご批判をいただ

ければ、幸甚である。
　また出版事情がとみに厳しくなっている折から、このような事典の刊行を敢えて引き受けてくださり、私たちの遅々とした作業を温かく見守り、索引を含めて種々のアドヴァイスを下さった海鳴社の辻信行社長に心から感謝を申し上げたい。
　2015年 4 月

　　　　　　　　　　　　　　　　監訳者　岡野　治子

執筆者紹介

Ahrens, Theodor, Dr., Professor em. für Missions-, Ökumene- und Religionswissenschaften, Fachbereich Ev. Theologie, Universität Hamburg

Altmeyer, Stefan, Dr., Wissenschaftlicher Assistent am Seminar für Religionspädagogik und Homiletik, Kath.-Theologische Fakultät, Universität Bonn

Antweiler, Christoph, Dr., Professor für Ethnologie, Fachbereich Ethnologie, Universität Trier

Apitzsch, Ursula, Dr., Professorin für Politikwissenschaft und Soziologie, Fachbereich Gesellschaftswissenschaften, Universität Frankfurt a.M.

Arnold, Claus, Dr., Professor für Kirchengeschichte, Fachbereich Kath. Theologie, Universität Frankfurt a.M.

Becker, Ralf, Dr., Wissenschaftler Mitarbeiter am Philosophischen Seminar, Universität Kiel

Boschki, Reinhold, Dr., Professor für Religionspädagogik, Kath.-Theologische Fakultät, Universität Bonn

Braun, Bernhard, Dr., Ass.Professor am Institut für Christliche Philosophie, Universität Innsbruck

Bremer, Thomas, Dr., Professor für Ökumenik und Friedensforschung, Fachbereich 02 – Kath.-Theologische Fakultät, Universität Münster

Brüntrup, Godehard SJ, Dr., Professor für Metaphysik und Geschichte der Philosophie, Hochschule für Philosophie SJ München

Büchner, Christine, Dr., Habilitandin, Lehrstuhl für Dogmatische Theologie und Dogmengeschichte/Institut für Ökumenische Theologie, Kath.-Theologische Fakultät, Universität Tübingen

Bultmann, Christoph, Dr., Professor für Bibelwissenschaften, Martin-Luther-Institut, Universität Erfurt

Büttner, Christian, Dr., Hessische Stiftung für Friedens- und Konfliktforschung, Frankfurt a.M., Hon.Professor an der Ev. Fachhochschule Darmstadt

Dahling-Sander, Christoph, Dr., Leiter der Arbeitsstelle Islam und Migration im Haus kirchlicher Dienste der Ev.-luth. Landeskirche Hannovers, Lehrbeauftragter am Seminar für Ev. Theologie, Technische Universität Braunschweig

Deuser, Hermann, Dr. Dr. h.c., Professor für Systematische Theologie und Religionsphilosophie, Fachbereich Ev. Theologie, Universität Frankfurt a.M.

Dirscherl, Erwin, Dr., Professor für Dogmatik und Dogmengeschichte, Kath.-Theologische Fakultät, Universität Regensburg

Dörpinghaus, Andreas, Dr., Professor für Allgemeine Erziehungswissenschaft, Philosophische Fakultät III, Universität Würzburg

D'Sa, Francis X. SJ, Dr. Dr. h.c., Professor für Indische Religionen und Theologie der Religionen, Päpstliche Hochschule für Philosophie und Theologie, Pune/Indien

Ebertz, Michael N., DDr., Professor für Sozialpolitik, Freie Wohlfahrtspflege und kirchliche Sozialarbeit, Kath. Fachhochschule Freiburg i.B.

Feiter, Reinhard, Dr., Professor für Pastoraltheologie und Religionspädagogik, Fachbereich 02 – Kath.-Theologische Fakultät, Universität Münster

Franz, Albert, Dr., Professor für Systematische Theologie, Institut für Kath. Theologie, Technische Universität Dresden

Gabriel, Karl, DDr., Professor für Christliche Sozialwissenschaften, Direktor des Instituts für Christliche Sozialwissenschaften, Fachbereich 02 – Kath.-Theologische Fakultät, Universität Münster

Gantke, Wolfgang, Dr., Professor für Religionswissenschaft und Religionstheologie, Fachbereich Kath. Theologie, Universität Frankfurt a.M.

Gomolla, Mechtild, Dr., Wissenschaftliche Mitarbeiterin am Institut für Allgemeine Erziehungswissenschaft, Fachbereich Erziehungs- und Sozialwissenschaft, Universität Münster

Gräb-Schmidt, Elisabeth, Dr., Professorin für Systematische Theologie, Institut für Ev. Theologie, Fachbereich Geschichts- und Kulturwissenschaften, Universität Gießen

Greverus, Ina-Maria, Dr., Professorin em., Gründerin und ehem. Leiterin des Instituts für Kulturanthropologie und Europäische Ethnologie, Universität Frankfurt a.M.

Gutheinz, Luis SJ, Dr., Professor für Theologie, Kath.-Theologische Fakultät, Katholische Fu Jen-Universität, Taipei/Taiwan

Guthmann, Thomas, freier Journalist und Autor, zudem in der Bildungsarbeit tätig, Berlin

Häring, Hermann, Dr., Professor em. für Wissenschaftstheorie und Theologie, Leiter des Interdisziplinären Instituts für Religion, Wissenschaft und Kultur (Heyendaal Instituut), Universität Nijmegen/Niederlande

Hämel, Beate-Irene, Dr., Akad. Rätin an der Professur für Pastoraltheologie, Religionspädagogik und Kerygmatik, Fachbereich Kath. Theologie, Universität Frankfurt a.M.

Hainz, Josef, Dr., Professor em. für Neues Testament, Fachbereich Kath. Theologie, Universität Frankfurt a.M.

Haker, Hille, Dr., Professorin für Moraltheologie und Sozialethik, Fachbereich Kath. Theologie, Universität Frankfurt a.M.

Halbfas, Hubertus, Dr., Professor em. für Religionspädagogik, Pädagogische Hochschule Reutlingen

Hasenfratz, Hans-Peter, Dr., Professor em. für Theologie der Religionsgeschichte, Ev.-Theologische Fakultät, Universität Bochum

Hauser, Linus, Dr., Professor für Systematische Theologie, Institut für Kath. Theologie, Fachbereich Geschichts- und Kulturwissenschaften, Universität Gießen

Heimbrock, Hans-Günter, Dr., Professor für Praktische Theologie und Religionspädagogik, Fachbereich Ev. Theologie, Universität Frankfurt a.M.

Hell, Leonhard, Dr., Professor für Dogmatik und Ökumenische Theologie, Kath.-Theologische Fakultät, Universität Mainz

Hermann-Pfandt, Adelheid, Dr., Privatdozentin für Religionswissenschaft, Fachbereich Gesellschaftswissenschaften und Philosophie, Universität Marburg

Hilberath, Bernd Jochen, Dr., Professor für Dogmatische Theologie und Dogmengeschichte, Direktor des Instituts für Ökumenische Forschung, Kath.-Theologische Fakultät, Universität Tübingen

Hock, Klaus, Dr., Professor für Religionsgeschichte – Religion und Gesellschaft, Theologische Fakultät, Universität Rostock

Huber-Rudolf, Barbara, Dr., Wissenschaftliche Mitarbeiterin bei der Christlich-Islamischen Begegnungs- und Dokumentationsstelle (CIBEDO), Frankfurt a.M.

Hübner, Jürgen, Dr., apl. Professor für Systematische Theologie, Theologische Fakultät, Universität Heidelberg, Emeritus Forschungsstätte der Ev. Studiengemeinschaft e.V. (FEST), Heidelberg

Hummel, Reinhart, Dr., Pfarrer i.R., ehem. Leiter der Ev. Zentralstelle für Weltanschauungsfragen, Berlin

Jans-Scheidegger, Franz-Xaver, Spiritueller Leiter des VIA CORDIS-Hauses St. Dorothea, Flüeli-Ranft/Schweiz

Kessler, Hans, Dr., Professor em. für Systematische Theologie, Fachbereich Kath. Theologie, Universität Frankfurt a.M.

Klaes, Norbert, Dr., Professor für Religionsgeschichte, Philosophische Fakultät III, Universität Würzburg

Klinger, Elmar, Dr., Professor für Fundamentaltheologie und Vergleichende Religionswissenschaft, Kath.-Theologische Fakultät, Universität Würzburg

Köhle-Hezinger, Christel, Dr., Professorin für Volkskunde, Leiterin des Bereichs Volkskunde/Kulturgeschichte, Philosophische Fakultät, Universität Jena

Konnertz, Ursula, Wiss. Mitarbeiterin an der Professur für Moraltheologie und Sozialethik, Fachbereich Kath. Theologie, Universität Frankfurt a.M.

Kunstmann, Joachim, DDr., Professor für Ev. Theologie/Religionspädagogik, Pädagogische Hochschule Weingarten

Kuschel, Karl-Josef, Dr. Dr. h.c., Professor für Theologie der Kultur und des interreligiösen Dialogs, Kath.-Theologische Fakultät, Universität Tübingen

Lemhöfer, Lutz, Referent für Weltanschauungsfragen des Bistums Limburg

Lenkersdorf, Carlos, Dr. Dr. h.c., Professor für Mayasprachen, Philologisches Forschungsinstitut, Autonome Universität Mexiko/UNAM, Mexiko D.F.

Lesch, Walter, Dr. Professor für Philosophie und theologische Ethik, Kath. Universität Louvain-la-Neuve/Belgien

Mette, Norbert, Dr. Dr. h.c., Professor für Religionspädagogik und Praktische Theologie, Fakultät Humanwissenschaften und Theologie, Universität Dortmund

Meyer, Uwe, Dr., Wissenschaftlicher Mitarbeiter Philosophie, Fachbereich Kultur- und Geowissenschaften, Universität Osnabrück

Neuner, Peter, Dr. Professor em. für Dogmatik und Ökumenische Theologie, ehem. Direktor des Ökumenischen Forschungsinstituts, Kath.-Theologische Fakultät, Universität München

Nocke, Franz-Josef, Dr., Professor em. für Systematische Theologie, Institut für Kath. Theologie, Fachbereich Geisteswissenschaften, Universität Duisburg-Essen

Nünning, Ansgar F., Dr. Professor für Englische und Amerikanische Literatur- und Kulturwissenschaft, Institut für Anglistik, Universität Gießen

Okano, Haruko Kunigunde, Prof. Dr., Professorin für Religionsphilosophie und Sozialethik, Rektorin der Seisen-Universität Tokyo/Japan（岡野治子）

Pauly, Wolfgang, Dr., Akad. Direktor am Institut für Kath. Theologie, Universität Koblenz – Landau, Campus Landau

Platter, Guntram, Dr., Professor für Kommunikation und Öffentlichkeitsarbeit, Fachhochschule Eberswalde

Raske, Michael, Dr., Professor em. für Praktische Theologie/Religionspädagogik, Fachbereich Kath. Theologie, Universität Frankfurt a.M.

Sattler, Dorothea, Dr., Professorin für Geschichte und Theologie der Kirchen und kirchlichen Gemeinschaften aus der Reformation (West-Ökumene), Direktorin des Ökumenischen Instituts, Fachbereich 02 – Kath.-Theologische Fakultät, Universität Münster

Scheer, Brigitte, Dr., Professorin em. für Philosophie, Institut für Philosophie, Fachbereich Philosophie und Geschichtswissenschaften, Universität Frankfurt a.M.

Scheiber, Karin, Dr., Wissenschaftliche Mitarbeiterin, Theologische Fakultät, Universität Zürich

Schmeller, Thomas, Dr., Professor für Exegese und Theologie des Neuen Testaments, Fachbereich Kath. Theologie, Universität Frankfurt a.M.

Schmidt, Thomas M., Dr., Professor für Religionsphilosophie, Fachbereich Kath. Theologie, Universität Frankfurt a.M.

Schorlemmer, Friedrich, Dr. h.c., Studienleiter an der Ev. Akademie Sachsen-Anhalt, Wittenberg

Schreijäck, Thomas, Dr., Professor für Pastoraltheologie, Religionspädagogik und Kerygmatik, Fachbereich Kath. Theologie, Universität Frankfurt a.M.

Schrödter, Hermann, Dr., Professor em. für Religionsphilosophie, Fachbereich Kath. Theologie, Universität Frankfurt a.M.

Siller, Hermann Pius, Dr., Professor em. für Praktische Theologie/Religionspädagogik, Fachbereich Kath. Theologie, Universität Frankfurt a.M.

Simon, Werner, Dr., Professor für Religionspädagogik, Katechetik und Fachdidaktik Religion, Kath.-Theologische Fakultät, Universität Mainz

Simonis, Walter, DDr., Professor em. für Dogmatik und Dogmengeschichte, Kath.-Theologische Fakultät, Universität Würzburg

Spiegel, Egon, Dr., Professor für Religionspädagogik und Pastoraltheologie, Institut für Kath. Theologie, Hochschule Vechta

Stendebach, Franz Josef OMI, Dr., Hon.Professor für Altes Testament, Fachbereich Kath. Theologie, Universität Frankfurt a.M.

Suess, Paulo, Dr. Dr. h.c. mult., Professor für Missionswissenschaft am Instituto Teológico São Paulo/ITESP, São Paulo/Brasilien

Trocholepczy, Bernd, Dr., Professor für Religionspädagogik und Mediendidaktik, Fachbereich Kath. Theologie, Universität Frankfurt a.M.

Vieth, Andreas, Dr., Wissenschaftlicher Mitarbeiter am Philosophischen Seminar, Fachbereich Geschichte/Philosophie, Universität Münster

Wagner, Wolf, Dr., Professor für Sozialwissenschaften am Fachbereich Sozialwesen, Fachhochschule Erfurt

Wenzel, Knut, Dr., Professor für Fundamentaltheologie und Dogmatik, Fachbereich Kath. Theologie, Universität Frankfurt a.M.

Werbick, Jürgen, Dr., Professor für Fundamentaltheologie, Fachbereich 02 – Kath.-Theologische Fakultät, Universität Münster

Wiedenhofer, Siegfried, Dr., Professor für Systematische Theologie, Fachbereich Kath. Theologie, Universität Frankfurt a.M.

Willaschek, Marcus, Dr., Professor für Philosophie, Institut für Philosophie, Fachbereich Philosophie und Geschichtswissenschaften, Universität Frankfurt a.M.

Zirker, Hans, Dr., Professor em. für Fundamentaltheologie, Institut für Kath. Theologie, Fachbereich Geisteswissenschaften, Universität Duisburg-Essen

索　引

あ行

愛　**13**, 39, 41, 48, 100, 105, 132, 150, 170, 197, 203, 223, 234, 245, 266, 295
アイデンティティ　**15**, 58, 140, 223, 259, 264, 268, 274
悪　**18**, 27, 132, 146
アブラハム的宗教　**20**, 42
移住　17, **24**, 30, 50, 53, 80, 92, 116
イスラム教　19, **26**, 42, 47, 50, 76, 83, 110, 113, 135, 149, 183, 228, 266, 286
一神教　228
移動　**24**, 30, 80
イニシエーション　**31**, 62, 209
いのち（命）　14, 137, **161**, 227, 230, 265
祈り　29, **34**, 52, 131, 159, 245, 279
異文化（間）　45, 50, **52**, 85, 88, 117, 134, 189, 191, 201, 223, 226, 259, 270
意味　34, **37**, 46, 47, 100, 112, 115, 123, 135, 140, 150, 164, 166, 219, 227, 246, 252, 258, 268
宇宙論　**40**, 108, 203, 238, 244
エキュメニズム　**42**, 66f, 75, 95, 116, 186, 194,
エスニック・グループ　25, 55, 58, 93, 134, 258, **273**
オーソドキシー　**185**
恩寵　43, 60, 63, 66, 82, 106, 125, 160, 170, 204, 228f, 234, 286

か行

価値　17, **44**, 69, 86, 108, 190, 201, 204, 208, 252, 258, 264
加入礼　32, **219**
神　14, 21, 26, 36, 39, 41, 43, **47**, 59, 63, 65, 72, 82, 90, 104f, 115, 121, 126, 138, 144, 152, 154, 159, 202, 210, 214, 216, 225, 230, 262, 275, 279f, 294
関係（性）　38f, 41f, 48, 52, 80, 106, 109, 147, 150, 171f, 180, 200, 203, 216f, 221, 225, 227ff, 230, 232, 234, 287f
間宗教　31, 45, **50**, 80, 85, 149, 223, 226, 259
観想　222, 245
間文化　45, **52**, 85, 88, 223, 226, 259, 284
寛容　29, 53, **54**, 135, 195
記憶　36, **57**, 85, 93, 103, 258
儀式　29, 35, **60**, 108, 120, 226, 250
規範　36, 44, 46, 69, 79, 83, 109f, 121, 127, 164, 171, 200, 202, 270, 281, 288f, 293
救済　30, 36, 59, **62**, 106, 110, 125, 152, 192, 228, 244, 247

309

教育　17, 51, 53, 79, 115, 151,
　154, 219, **230,** 270
教会　41, 51, 61, 64, **65,** 67, 70,
　75, 92, 97, 110, 126, 140, 142,
　158, 176, 192, 206, 212, 225,
　240, 264, 283, 286
教会一致運動　**42,** 66f, 75, 95,
　116, 186, 194, 196
教職　44, 66, 111, 118, **177**
共生　53, 54, **67,** 117, 226
共同体　28, 44, 58, 63, **69,** 141,
　197, 200, 224, 227, 252, 268,
　289, 293
教養　17, 51, 53, 79, 98, 115,
　151, 154, 219, **230,** 270
キリスト教　13, 19, 22, 36, 42,
　47, 50, 58, 60, **71,** 83, 105,
　113, 123f, 126, 135, 144, 149,
　175ff, 182, 203, 209, 216,
　220, 223, 225, 228, 234, 240,
　264, 279, 281,287
近代　38, 69f, 73, 89, 105, 118,
　121, 124ff, 143, 154, 168,
　188, 193, 207f, 210, 218,
　237ff, 263, 268, 275, 291
苦　24, 30, 39, 48, 101f, 109,
　130ff, 149, 216, 229, 247ff,
　253, 256, 294
クルアーン　21, 27, 48, **76,** 83,
　183
グローバリゼーション　17,
　47, 50, **79,** 127, 148, 191, 226,
　256, 271, 289
啓示　26, 36, 48, **82,** 90, 118,
　151, 153, 176, 182, 188, 195,
　214, 219, 236, 246
芸術　20, 78, 123, 157, 165,
　167, 171, 207, 235ff, 254
啓典　**181,** 286

言語　38, 57, 79, **84,** 87, 96, 98,
　115, 123, 127, 166, 184, 198,
　205, 224, 235, 252, 259, 273
現実　47, 63, 66, 70, 84, **86,** 90,
　97, 104, 123, 131, 148, 165,
　187, 203, 210, 221, 258, 278,
　290
原理主義　**89,** 112, 184, 188
権力　40, 43, 56, 79f, 119,
　120f, 130, 136, 146, 168, 174,
　208, 223, 230, 254, 271
幸福　71, 101, 109, 256, 260,
　287f, 294
故郷　17, 25, 74, **91,** 97
互恵性　**200,** 226, 252
こころ（心）　**179,** 250
コスモロジー　**40,** 118, 203
国家　25f, 29, 51, 59, 69f, 79f,
　112, 115, 119ff, 129f, 143,
　145, 147, 168, 174, 186f, 191,
　194, 224, 270ff, 283, 294
コンテクスト　16, 52, **94,** 122,
　158, 214, 219, 224, 227, 274

さ行

差別　**97,** 225, 281
死　30, 41, 63, **100,** 122, 164,
　171, 227, 247, 252, 289
ジェンダー　170f
時間　15, 87, **102f,** 149, 192,
　256, 278
自然　38, 56, 93, 114, 118f,
　130, 133, 145f, 155ff, 161f,
　165, 168f, 171, 181, 184, 188,
　200, 202f, 215, 220, 222f,
　227f, 255, 258, 276, 291f
支配　72, 111, 114, 119ff, 123,
　206, 219, 221, 260, 271, 280

社会倫理　44, 289, 294
自由　14, 18f, 47, 56, **105**, 116, 131, 138, 195, 219, 228, 230, 254, 263
宗教　17, 21, 26, 34, 39f, 47, 51, 57, 69, 98, 105, **107**, 114ff, 123, 131, 134, 157f, 178, 182, 187, 190, 195, 203, 206f, 215, 218, 224, 234, 252, 259, 261, 264, 268, 273, 275, 287
宗教改革　75, 105, 175, 193, 208, 219
宗教学　26, 51, 110, **113**, 118, 194, 240, 269, 284
宗教間　31, 45, **50**, 53, 68, 80, 85, 117, 149, 160, 189, 191, 223, 226, 259
宗教性　18, 50, 52, 110f, 158, 228, 239
周辺化　225
儒教　113, **117**, 144, 220
祝日　64, 167, 186, 188, 226, 241, 246, **268**
出自　25, 71f, 91f, 94, 97f, 134, 148, 204, 225f, 234,
象徴　90, 108, **122**, 157, 171, 199, 215, 223, 226, 240, 250, 252, 268
職務　51
諸宗習合　**134**, 239, 269
自律　112, 118, **124**, 203, 228, 263, 289
しるし・徴　13, 38, 66, 90, 96, 124, 159, 164, 199, 212, 220, 230, 240ff, 250, 274, 281
神学　41, 51, 53, 67, 82, 88, 96, 105, 123, 125, **126**, 136, 151, 165, 194, 197, 206, 217, 219, 224, 227, 236, 264, 289, 294

神義論　39, **130**
シンクレティズム　**134**, 239, 269
人権　20, 29, 55, 81, 169, 190, 195, 270ff, 288
信仰　14, 27, 41, 51, 57, 65, 82, 89, 92, 96, 100, 106, 109, 123f, 131, **136**, 148, 194, 198, 209, 213, 217, 220, 226, 234, 254, 258, 275
人種差別（主義）　20, 53, 98, **142**, 283
神秘主義（思想家）　49, 114, **148**, 159, 189, 221
新メディア　79, **150**, 209
真理・真実　27, 38, 90, 96, 128, 137, 143, **153**, 172, 206, 210, 219, 245, 261, 292
人類学　197, **227**, 253, 258, 291
神話　39, 40, 61, 123, 141, 145, 153, **156**, 215, 246
スピリチュアリティ　18, 52, 92, **158**, 187, 223, 270
生　14, 37, 40, 42, 100, 122, 136, 157, **161**, 166, 171, 197, 220, 227, 230, 265, 286
生活　37, 40, **161**, 166, 197, 265
生活世界　34, 92, 112, 127, 137, 151, 156, 161, **165**, 212, 237, 252, 258
正義　81, 107, 159, **167**, 171, 173, 197, 234, 253, 289, 294
性差別　20, 25, 97, **170**, 225, 234
政治（学）　19, 28, 53, 79, 98, 105, 148, 154, **172**, 191, 207, 222, 226, 234, 259, 271, 289

311

聖書　40, 43, 58, 65, 83, 100, 123, 151, **175**, 182, 189, 203, 205, 210, 219, 227, 280, 284, 291
聖職　28, 44, 66, 111, 118, 127, 169, **177**
精神　41, 64, 88, **179**, 250, 291
聖典　175, **181**, 245, 286
聖なるもの　51, 109, 114, 145, 159, **187**
生命　14, 137, **161**, 227, 230
世界エートス　51, 53, 80, **190**, 261
世界教会　127, **192**
セクシュアリティ　123, 172
セクト　140, **194**, 238
宣教　68, 73, 95, 111, 129, 134, 142, 193, **197**, 225, 249
戦争　50, 121, 154, 172, 174, 260, 272
相互性　128, **200**, 226, 252
創造　36, 39, 41, 43, 47, 88, 118, 131, 145, 154, 188, **202**, 205, 211, 214, 227, 276, 278, 287

た行

対話　31, 36, 49, 50, 53, 56, 68, 80, 114, 117, 126, 128, 189, 191, 198, 201, **205**, 223, 226, 256
多元主義　15, 45, 53, 117, **207**, 215, 263
多神教　27, 49, 244, 264
魂　64, 82, 146, 230, **290**
知覚　46, 70, 84, 157, 165, **210**, 236, 250, 264, 278
超越　39, 90, 109, 115, 117, 124, 158, 164, 189, 211, **213**, 238f, 277
罪　19, 48, 63, 100, 106, 147, **216**, 228, 242, 248
哲学　20, 40, 44f, 58, 82, 87, 94, 105, 118f, 121, 127, 148, 153ff, 171, 179, 181, 183, 191, 206
デモクラシー　117
伝統　25, 43, 73, 76, 127, 135, 139, 148, 151, 168, 178, 182, 185, 210, 215, **218**, 224, 243, 252, 269, 274, 279, 290
典礼　29, 35, **60**, 66, 108, 120, 226, 246, 250
道教　19, 113, 119, 144, 149, 178, **220**
東方正教会　36, 43
咎・負い目　106f, 216, 228f
土着の神学　96, 142, 156, 193, 198, **224**

な行

内在　39, 109f, 131, 147, 159, 161, 215, 232, 256, 269
二元論　19, 171, 180f, 255, 291f
人間学　18, 118, 171, 195, 197, 206, **227**, 231, 253, 291
人間形成　17, 51, 53, 79, 98, 115, 151, 154, 219, **230**, 269
人間論　18, 171, 203, 244

は行

ハビトゥス　157, 159, **233**
美学　15, 51, 79, 124, 155, 232, **235**, 252, 264

彼岸　30, 32, 49, 64, 164, 215, 238, 242
秘教　111, 142, **238**, 250
秘義　111, 142, **238**, 250
秘跡　44, 61, 64, 76, 192, 199, 220, **240**, 246
ヒンドゥ教　47, 113, 149f, 183, 228, **243**
布教　68, 73, 95, 111, 134, 197, **249**
複文化　86, 198
仏教　113, 121, 144, 149, 183, 220, 228, **247**
文化　13, 17, 18, 25, 39, 42, 45f, 51f, 61, 70, 84, 87f, 96, 99, 105, 110, 114, 127, 134, 156, 166, 191, 207, 218, 222, 224, 231, 234, 250, **252**, 261, 263, 268, 271, 273, 280
文化科学　51, 53, 114, 200, 227, 253, **257**, 289
分派　145, **194**, 238
文脈　**94**, 113
文明　54f, 127, 142f, 157, 254f
平和　19, 80, 107, 159, 189, **260**, 279, 294
弁神論　39, **130**
暴力　19, 29, 40, 50, 56, 98, 136, 188f, 248, 261f
ポストモダン　62, 109, 139, 207, 236, 253, **262**
ホスピタリティ　**265**, 269

ま行

祭　64, 167, 186, 188, 226, 241, 246, **268**
密教　33, 111, 142, 238, 250
民主主義　57, 98, 117, 168, 174, 208, 264, **270**
民族集団　25, 55, 58, 93, 98, 134, 200, 225, 258, **273**
瞑想　52, 159, 222, 245, 248, **277**
メディア　**150**, 259
もてなし　**265**, 269

や行

ユダヤ教　22, 27, 35, 42, 47, 58, 71, 83, 110, 113, 125, 138, 149, 182, 203, 228, 261, **280**, 284
由来　19, 42, 65f, 71, 89, 153, 165, 177, 220, 280, 286f
預言者　26, 72, 76, 83, 134, 169, 176, 179, 182, 189, 195, 225, **284**

ら行

隣人愛　227
倫理　18, 30, 44, 51, 79, 109, 147, 164, 172, 190, 195, 200, 216, 222, 227, 230, 248, 261, **286**, 294
倫理学　14, 30, 44, 79, 216, 227, **286**
霊　64, 82, 230, **290**
霊魂　37, 48, 227
霊性　52, 112, **158**, 187, 223, 238, 270, 278
歴史　19, 24, 26f, 29, 43, 58, 64ff, 72f, 78, 84, 88, 91ff, 96, 104f, 109f, 113f, 116, 125, 127, 129, 134f, 139f, 144f, 149, 154f, 159, 166, 171f, 176f, 182, 184, 187, 193,

196f, 211, 213, 319f, 224,
228f, 230, 232, 244, 255,
258f, 268ff, 274f, 279, 288f
連帯　132, 150, 159, 209, 234,
252, 270, 289, **293**
ロゴス　156ff

編著者：トーマス・シュライエック
フランクフルト大学カトリック神学部教授。「異文化の間の神学」プロジェクト代表。神学博士 (Dr.theol)。宗教教育理論、実践神学の視点からラテンアメリカのコンテクスト神学を専門とする。主著に『諸文化のなかのキリスト』（マティアス・グリューネベルク社 2009）、『自己肯定と自己課題の間にある文化の変遷と宗教』（リット社 2011）など。

編著者：ベアーテ＝イレーネ・ヘーメル
フランクフルト大学カトリック神学部助手を経て、現在はタウヌス／シュヴァルバッハ市のアルバート・アインシュタイン・ギュムナジウムの教員。神学博士 (Dr.theol)。ドイツ語と宗教教育を専門とする。主著に『テキストによる教育』──東フィルダルンにおける文化変容とアイデンティティ形成に関する宗教教育的考察──』（シュヴァーベン社 2007）など。

監訳者：岡野治子（おかの　はるこ）
元清泉女子大学学長。元フランクフルト大学客員教授。哲学博士（Dr.phil）。宗教間対話、フェミニスト神学を専門とする。主著に『日本文化のなかのキリスト教神学』(独文。イコー社 2002)、『希望の倫理学』(知泉書館 2012）など。

訳　者：硲　智樹（はざま　ともき）
広島大学大学院文学研究科・准教授。博士（文学）。ヘーゲル哲学研究を専門とする。主な論文に、「精神の教養形成における否定の契機としての訓育について」（日本ヘーゲル学会編『ヘーゲル哲学研究』vol. 17,2011）など。

訳　者：岡野　薫（おかの　かおる）
立教大学非常勤講師。博士（国際）。比較文化論、日独交流史を専門とする。主な論文に「エンゲルベルト・ケンプファーの日本宗教理解」（堀池信夫総編、石川文康／井川義次編『知は東から』明治書院 2013）など。

文化と宗教　基礎用語事典
2015 年 5 月 25 日　第 1 刷発行

発行所：㈱海鳴社　www.kaimeisha.com　kaimei@d8.dion.ne.jp
〒 101-0065　東京都千代田区西神田 2－4－6
Tel.：03-3262-1967　Fax：03-3234-3643

発行人：辻 信行／組版：海鳴社／印刷・製本：モリモト印刷

JPCA 本書の無断複写などは著作権法上での例外を除き禁じられています。複写（コピー）・複製、その他著作物の利用については事前に日本出版著作権協会（JPCA：電話 03-3812-9424, e-mail:info@e-jpca.com）の許諾を得てください。

出版社コード：1097　　　　　　　© 2015 in Japan by Kaimeisha
ISBN 978-4-87525-317-4　　落丁・乱丁本はお買い上げの書店でお取替えください

――――― 海鳴社 ―――――

我らの時代のための哲学史
――トーマス・クーン／冷戦保守思想としての
　　パラダイム論――
スティーヴ・フラー著、中島秀人監訳、梶雅範・三宅苞訳／ギリシャ以来の西洋哲学の総決算。学問することの意味を問い、現代の知的生産の在り様を批判した評判の書。　　A5判686頁、5800円

原子理論の社会史
――ゾンマーフェルトとその学派を巡って――
M.エッケルト著、金子昌嗣訳／現代物理学の源流―ローレンツ、ボーア、アインシュタイン、ハイゼンベルグなどとの交流を激動する歴史の中で捉える。　　46判464頁、3800円

オリバー・ヘヴィサイド
――ヴィクトリア朝における電気の天才
　　　　その時代と業績と生涯――
P・ナーイン著、高野善永訳／マックスウェルの方程式を今日知られる形にした男。独身・独学の貧しい奇人が最高レベルの仕事を成し遂げ、権力者や知的エリートと堂々と論争。A5判320頁、5000円

――――― 本体価格 ―――――